孩子的情商是培养出来的

马紫月 著

北京联合出版公司
Beijing United Publishing Co.,Ltd.

图书在版编目（CIP）数据

孩子的情商是培养出来的 / 马紫月著 . —北京：
北京联合出版公司，2021.11
ISBN 978-7-5596-5564-6

Ⅰ . ①孩… Ⅱ . ①马… Ⅲ . ①儿童教育—家庭教育—
通俗读物 Ⅳ . ① G781-49

中国版本图书馆 CIP 数据核字（2021）第 186183 号

孩子的情商是培养出来的

作　　者：马紫月
出 品 人：赵红仕
责任编辑：徐　鹏

北京联合出版公司出版
（北京市西城区德外大街 83 号楼 9 层　100088）
三河市中晟雅豪印务有限公司印刷　新华书店经销
字数 220 千字　700 毫米 × 980 毫米　1/16　17.25 印张
2021 年 11 月第 1 版　2021 年 11 月第 1 次印刷
ISBN 978-7-5596-5564-6
定价：49.80 元

目录

为什么父母从外部制定大量的规则，给孩子设定前进的路径，但孩子总是没有动力？

真正好的养育，是尊重孩子成长的规律，为孩子的成长塑造一个安定、充满营养的心理氛围。只有在这种环境下，孩子才能迸发出巨大的内在能量，能够自发地成长。

04 自主学习力：帮助孩子建立学习的自信 / 159

很多家长都会给孩子报各种课外班，结果孩子学得越多，反而成绩越倒退。其实，家长这时候应该静下心来想想，到底是孩子学习能力不行，还是孩子对学习这件事产生了畏难情绪，不自信，主动想要逃避。

在本章，我会教给你一些引导孩子走出逆境、重新建立自信的方法，帮助孩子提高对抗挫折的能力，提高学习力。

社会高速发展，孩子能跟上这个时代的变化吗？

焦虑的父母们每天培养孩子这个技能、那个才艺，其实都治标不治本。

在这一章，我会跟你分享一些具体的方法，帮助孩子在日常生活中养成社会交往和社会适应能力，成为生活中的强者。这样，无论外界怎样变化，孩子都能自如地应对。

序言

孩子的情商从何而来

什么是人工智能时代最重要的能力

一位家长曾向我感叹："中国历史上可能没有任何一个时代的父母像我们这个时代压力这么大、危机感这么强。"

为什么会这样？我想第一个原因在于，随着当代社会信息量的爆炸，父母们变得更加重视教育了，生怕因为自己的失误，对各种信息关注得不够，耽误了孩子的发展；第二个原因在于，很多父母已经意识到，这个世界不断变化，未来社会的发展充满了更多挑战和不确定性，他们都希望在养育过程中为孩子的人生增添更高的胜算概率。然而，我们所有的期待都只源于今日的判断，似乎现在付出的一切努力，从某种意义上来讲，都只是盲人摸象。

2017 年年初，第二代 AlphaGo（阿尔法围棋）以 60 : 0 的成绩完胜全世界顶级的围棋高手，似乎宣布了一个新时代的到来：人工智能或许在不久的将来会取代相当一部分以技能需求为核心的职业岗位。在这种情况下，拥有怎样的能力，才能够帮助我们的孩子在未来世界取得成功？在机器越来越智能化的时代，人类本身所具备的洞察力、创造力、团队协作能力、自我调节能力、自我实现能力等软实力的重要性渐渐凸显出来。在这里可以借用《人类简史》的作者尤瓦尔·赫拉利教授的一句预言："在人工智能时代，人类最强的竞争能力实际上就在于情商和韧性。"

情商绝不只是"会说话"那么简单

究竟什么是情商呢？虽然"情商"这个词多年前就已在社会上风靡一时了，但是大部分人对于情商的概念是存在很多误读的。比如，我和很多父母聊过，在他们眼中，高情商的孩子就是表现为性格活泼、表现力强、懂礼貌等，甚至市面上一些书籍把情商直接等同于"会好好说话"。还有另外一种误读，有些父母认为，可以通过固定的方法和技巧把孩子塑造成自己期望中的样子。于是，社会上各种各样的儿童情商指导中心应运而生，大家趋之若鹜，不惜投重金把孩子送过去，仿佛这样就能塑造出一个高情商的精英儿童。

然而，情商绝不仅仅是"会说话"那么简单。最早提出"情商"（Emotional Quotient，简称"EQ"）这个术语的人，是以色列心理学家巴昂，他于20世纪80年代编制了一套问卷，专门测查人们适应环境的情绪和社交能力。后来，美国心理学家萨洛维和梅耶在1990年提出了"情绪智力"这个概念，即"Emotional Intelligence"，指的是"一个人识别和理解自己和他人的情绪状态，并利用它来解决问题和调节自身行为的能力"。这个概念又被《纽约时报》专栏作家戈尔曼所发展，并出版了风靡全球的同名畅销书《情绪智力》，此书传到中国后又沿用了巴昂的术语，被翻译成《情商》，便于与智商（IQ）相对应。

从心理学家的解释中你会发现，所谓的情商，也就是情绪智力，其实就是一种自我认识、理解和控制情绪的能力。萨洛维和梅耶把情绪智力定义为五种重要能力：认识自我的能力、自我情绪调节的能力、认识和理解他人情绪的能力、自我激励的能力以及社会交往的能力。将这五方面再概括一下，其实就是在学会认识和调节情绪的基础上，最终能够处理好三种关系的能力，即一个人和自己的关系、和他人的关系以及和社会的关系。无论面对困境还是机遇，都能够做到有的放矢、知己知人、确信自如，这样才能精准地朝着目标前进。

科学培养“情商”就是帮孩子成为他自己

读到这里，你是不是更加相信培养孩子情商的迫切性了呢？其实自从戈尔曼的《情商》一书风靡全球以来，情商就被宣传成“比智商更为重要的能力”，甚至与当下流行的“成功学”相关联，于是“情商”这个概念便牢牢地在中国父母的心目中扎下了根。我认识的不少家长，为了把孩子培养成能在未来获得成功的高情商人才，甚至来向我咨询高情商都包含哪些标准，他们希望能把这些标准“量化”，就像每个科目考试一样，一项项训练，让孩子去达成。

遗憾的是，越是对孩子期待很高，往往越容易适得其反。我在工作中遇到的那些表现出所谓“低情商”行为的孩子，例如自控力差、脾气暴躁、性格敏感脆弱、退缩不前等，他们的家长并非没有教育和管理孩子，然而我发现他们的行为和思考方式竟异常统一，仿佛被同一所机构培训过。那就是，家长们总是先和我吐槽一番孩子种种“糟糕”的表现，然后就伸长脖子，焦急地询问：“老师，怎么才能让我的孩子变成（各种父母期待中的样子）……”而我所期待的问题是“我的孩子需要的是什么”，却从未有人问过。

在我的成长过程中也有过类似的经历。我的父母都是知识分子，从我出生伊始，就对我寄予极高的期望。母亲读过不少教育书籍，为了培养我的独立性，我 2 岁半就被送入一所全托寄宿制幼儿园，一周只能被接回家一天；为了让我拥有坚强的性格，我不被允许在幼儿园因为想家而哭泣，并被告知“爱哭的孩子不是好孩子”；为了让我学会在群体中谦让、大度，我曾因不愿把自己的食物让给表妹，而挨过大人的揍……然而，在童年的很长一段时期里，我非但没有成为父母期望中的阳光开朗、独立坚强的孩子，相反，还胆小自卑，不合群，不敢真实地表达情绪，生怕不被大人所接纳而遭受惩罚。我好像被一种莫名的力量所牵制，遇到困难和挫折，不是过度退缩，就是强烈地反抗叛逆，时常被恐惧和羞愧所包围，甚至还曾因无法适应学校生活而休学。

我的父母无疑是爱我的，正如我遇见的大多数父母一样，只不过他们往往看不到孩子真实的存在，习惯把自己的期待覆盖在孩子的需求之上，甚至把自己的需求当作孩子的需求，而忽视孩子的成长规律、真实的心理需求。一个孩子无论多优秀，如果他所做的一切努力仅仅是为了满足别人的期望，而不考虑自己的需求，那他最终将难以成为一个人格健全的人。

幸运的是，我的父母从未放弃过努力。儿时我总是出现种种问题，母亲甚至去重新学习儿童教育，在和我的互动中不断反思和纠错，不断进步和成长。多年以后，母亲和我通过学习和探索，终于走出了痛苦的泥潭，各自在儿童教育研究领域有了新的建树。

相信正在阅读此书的你也是为了孩子持之以恒地去努力学习的父母。通过相处，你会发现孩子的需求往往很简单：始终被尊重和信任，即使做得不够好也能被接纳和获得帮助，付出的努力能够被看到，在父母的爱与耐心中一点点成长。那么，这些需求，你能满足孩子吗?

真正的情商教育，不是让孩子成为你期望的人，而是一个亲子共同成长的过程，一个让孩子成为他自己的过程。这也正是我写这本书的初衷。这本书绝不是只教给父母如何培养孩子情商的简单养育之术，而是希望通过一个个鲜活的案例，和各位父母共同探讨如何让孩子更好地成为他自己的教育之道。

五个方面，培养高情商的孩子

我根据萨洛维和梅耶提出的情绪智力的五种重要能力，把本书分为五章。

首先，本书在前两章讨论如何帮孩子处理好和自己的关系。

我们会发现，在工作、生活的各个领域发展得比较好，并且受周围人欢迎的人，都有一个共同的特点，那就是具备相对稳定、正向的自我评价系统。也就是说，了解自己的优势和短板，能够感受和觉察自己的情绪状态，知道自己是谁，想要什么，怎么做才能实现自己的目标。他们不会总是随大流，更不会为了刻意迎合外界或他人而委屈自己。因此，他们知道在什么样的环境中去展现不同的自己，无论在工作中还是在日常人际关系中，总会显得充满自信又谦逊有度。

一个人能否客观地认识自己，这和他父母在早期教育过程中对他的期望和评价是息息相关的。因此，在第一章中，我会和你聊聊怎么才能让父母的期望适合孩子天性的发展，这关系到孩子是否能比较客观地认识和了解自己，这是培养他们独立人格的基础。

接下来，我们将会讨论一下如何帮孩子认识和管理好自己的情绪的话题。

孩子动不动就发脾气怎么办？孩子做事一失败就甩手怎么办？这些都是家长们在教育中遇到的难题，这些难题的根源就是孩子的情绪能力尚未获得很好的发展。情绪能力，就是一个人是否可以比较明确地感知自己当下的情绪状态，一旦对情绪有了清晰的认知和体验，就会让大脑更精准地调整身体的应对状态，用更积极的方式表达自己的真实意图，因而能有效地解决当前遇到的问题。情绪能力会直接影响一个人潜能的发挥，在很大程度上决定了一个人未来人际关系的成败。

一个人所拥有的比较高的情绪能力，是需要从小培养的。本书第二章，我将通过对我所接触的大量实际案例的分析，结合前沿发展心理学原理，帮你获得处理孩子常见情绪问题的实用技能，让你的孩子成为拥有幸福生活能力的人。

其次，认识他人情绪的能力是建立良好的社会和人际关系的基础。孩子从小和父母之间形成的沟通与互动关系，将会直接影响他在未来社会关系中的沟通模式。自身情商不高的父母很难和孩子建立起良好的亲子关系，更谈不上有效地帮助孩子发展情商了。

本书第三章将通过亲子互动中最常见的六种场景——建立同理心、说谎、逆反行为、批评、立规矩和家庭教养观念不一致的处理方式——来为父母们提供积极有效的亲子沟通方法，为孩子搭建健康、温暖的成长空间。

再次，如何培养一个抗挫力强、有韧性的孩子，是当今父母最关心的话题之一。一位父亲和我说："现在孩子之所以那么脆弱，老师、家长批评两句就大哭大闹，不肯上学，甚至要自杀，就是因为被夸得太多了，恃宠而骄，经不起挫折。就应该带他们去多吃些苦，多受些打击，这样才能变得坚强一些。"

这话听起来有道理，实则经不起推敲。事实上，孩子在成长中的各个阶段肯定会经历各种挫折：做事比别人慢、考试失败、被伙伴误解或欺凌、被老师批评和忽视……培养孩子的抗挫力，并非刻意让他承受压力和打击，而是让孩子在面对困难时获得更多的理解和鼓励，因而能够用积极的态度去看待和处理问题，逐渐拥有自我激励的力量。本书在第四章将以孩子在成长中最常遇到的挫折——学习困难为例，教给父母们如何引导孩子走出逆境、重新建立自信的方法，帮助孩子提高抗挫折的能力。

最后，我将在第五章和你分享如何培养孩子适应社会的能力，提升人际关系。这里会谈到培养孩子社会能力的一些基本原则，帮你在顺应孩子天性的基础上，尝试和孩子一同改变。孩子在成长过程中会面临一些常见的问题，你要不断激发其适应社会的能力，因为这是决定孩子未来成功的重要因素。

养育孩子是一个痛并快乐着的经历。我们在陪孩子成长的过程中，不得不走出自己的心理舒适圈，不断应对大环境和自身情绪所带来的压力，既要勇敢地面对自己成长中的创伤所带来的老问题，又要解决时代带来的教育新问题，这确实会令我们暂时品尝到苦痛。但令人喜悦的是，只要我们坚持学习和探索，不断寻找各种方法解决问题，就会像游戏中的升级打怪一样，每闯过一关，就会获得更高层级的能力，眼前一片明亮，最终化茧成蝶，在培养了一个高情商孩子的同时，也收获了一个更好的自己。

我衷心地期望你能带着问题打开这本书，相信你会在这里获得启发，也希望你能随时把从本书中获得的感悟和方法运用到和孩子的日常生活中，开启你和孩子共同的高情商成长之路。

尊重孩子的天性

为什么父母从外部制定大量的规则，给孩子设定前进的路径，但孩子总是没有动力？

真正好的养育，是尊重孩子成长的规律，为孩子的成长塑造一个安定、充满营养的心理氛围。只有在这种环境下，孩子才能迸发出巨大的内在能量，能够自发地成长。

怎样向孩子表达期望与要求

在我的工作中，每天都会收到家长们发来的各种问题，其中很多问题都是在家庭教育中普遍存在的，例如：

“我孩子做事特别磨蹭，尤其是写作业的时候，你催几十遍，他都写不了两行字。我要怎么和他说，才能让他快点写？”

“我家孩子胆子特别小，7岁了还不敢一个人睡觉，在外面和人打个招呼都脸红，我要怎么做，才能让他变得胆大？”

“我发现我家孩子很自私，自己的玩具别的小朋友碰一下都不行，这样下去会不会对他以后发展不利呀？”

……

我发现，大部分提问的家长首先会对孩子的问题做出一个负面的定义，例如“磨蹭”“胆小”“自私”，然后，再提出一个期望，想要迅速改变孩子身上所谓的“负面特质”。

也许，正是这些被家长定义过的负面特质，限制了孩子正向行为的发展。

心理学研究发现，一个孩子是否能够客观地认识自己，这和父母在早期教育的过程中对他的评价是息息相关的。你常常会发现，当你对孩子表达期望或者提出要求时，孩子所接收到的信息，可能和你真正要表达的信息是完全不一样的。

作为父母，我们的本意是希望孩子成长得更优秀，因此，我们会本能地去纠正孩子行为上的缺点。但孩子更关注的是你对他的评价和态度——你是不是爱他、信任他。当他从你那里得到的大都是负面评价，就会陷入自我怀疑，觉得自己不够好，开始自卑。

那么，当父母想要让孩子变得更好时，应该用怎样的方式来表达期望呢？

要解决这个问题，我们需要克服两个“期望悖论”。

所谓“期望悖论”，通俗来讲就是和你本来的期望相互矛盾、背道而驰的行为过程。比如，你希望孩子更自信，但你与孩子交流的方式反而让他更内向、更自卑，这就是一种期望悖论。

父母和孩子的日常互动中，最容易出现的两个期望悖论是：撞树理论和墨菲定律。

第一个期望悖论：撞树理论

不知你有没有发现，在很多情况下，我们在对孩子表达期望或者要求的时候，容易强调一些带有否定意义的词语，像胆小、娇气、马虎、磨蹭等。比如，带孩子出门遇到熟人，但孩子却不肯打招呼，这时你可能会说：“不要这么害羞啊，要懂礼貌！”孩子写作业时，你会叮嘱：“你做题不要那么马虎，要专心写。”如果孩子今天要去参加考试，你可能也会提醒一句：“好好考哦，不要紧张！”

怎么样，这些场景听起来是不是很耳熟？

你可能会说，这么提醒孩子没有错啊，让孩子不要害羞，是希望他能大大方方地和别人打招呼；告诉他别马虎，是希望孩子做题专心一点，正确率更高一点；叮嘱孩子考试时不要紧张，是希望他能够放松心态，正常发挥就可以。

但是，孩子真能听明白你话里包含的这些意思吗？恐怕很难。

当你说“别马虎、别磨蹭、别紧张”的时候，核心词是什么？是“马虎”“磨蹭”“紧张”这类相对负面的词。

从心理学角度来讲，人往往只会对话语中有意义的主要词语印象深刻，而前面那个“别”“不要”其实只是个修饰性的副词，很难减弱我们对后面这些负面词语的印象，所以孩子听了你的话以后往往会变得更马虎、更磨蹭、更紧张。

你可能还是对这样的说法半信半疑，那咱们就举个例子来看看。

你还记得自己小时候学骑自行车时的情景吗？你是不是先让爸妈帮你扶着车骑几圈，接着他们逐渐撒手，你自己来骑，这个时候你心里肯定非常紧张吧？

你正诚惶诚恐地骑着，没想到，前面突然出现一棵大树，你爸妈就在后面拼命地喊：“小心啊，不要撞上树，不要撞上树！”

结果怎么样？十有八九你会撞上去。为什么呢？因为在那个紧急的状态下，你的耳朵会直接忽略掉“不要”这样的词。你脑海里自从有了那棵树，就只会想着那棵树了。于是，你就带着“撞树，撞树”这样的想法，“咣——”就撞上了。

这时你一定会问，那么要怎么做，才能够避免撞上那棵树呢？其实很简单，在后面陪你练车的那个人只需要对你这样喊：“哎，往路中间骑！扶正车把，往路中间骑！”这个时候，你大脑思考的重点就变成了“路中间，路中间，路中间……”嘿，你自然也就把车把扶正，不会撞到树啦。

从这个例子里你有没有获得一点启发？同样的道理，当你期望孩子做好一件事的时候，只要注意到以下三点，孩子就会真正领会你对他的要求究竟是什么：

（1）多用一些正面性的词语来代替否定性的词语。

（2）告诉孩子要达成这个目标的具体标准。

（3）示范有效的方法。

我来举个例子，你可能就会更加明白了。有个二年级的小男孩写作业特别慢，每天都拖拖拉拉到很晚。时间一长，不仅家长心里着急，孩子自己也非常受挫。后来，家长观察了一下，发现这个孩子抄写的策略不太好，总是看一个字抄一个字，在抄写过程中频繁地抬头、低头，不但很快就会因为感到疲惫而愣神儿，而且容易抄错，速度自然上不去。这个时候，家长要想教给孩子一种更好的方法，把速度提上去，该怎么做呢？

可能大部分家长都会这样提醒孩子："哎呀，你这样太慢了，什么时候才能写完！能不能别看一个字抄一个字，你不会看一句抄一句吗？"

这么说的效果会怎样呢？据我观察，大部分孩子虽然能够暂时按照家长的话去做，但是用不了多久，又会恢复到自己的方法中。而且你提醒得越多，反而更容易加深孩子自己就是个动作慢、爱磨蹭的人的印象，导致孩子改善的动力越来越小。

然而，这个小男孩的妈妈并没有这么做，而是利用休息的时间对孩子说："妈妈不知道你的记忆力怎么样，你猜你一次可以记住多少个字？妈妈觉得你大概能记住五个吧。"孩子仔细思考了一下，觉得自己可以记八个字。妈妈用不可思议的语气问："真的吗，能记住这么多字？那咱们来做个实验？看你一次性能记住多少字，再把它们抄写在本子上。"

孩子尝试后发现他居然可以一次把十多个字的一整句话都记住，并一字不漏地写到本子上。妈妈用“简直惊呆了”的表情赞许说：“哇，这是我儿子吗？太厉害了吧，居然一下子可以记住十几个字呢！”孩子自己也有些得意地说：“就是你儿子才这么厉害呀！”这时妈妈才建议道：“如果用这种方式抄写作业，会不会比看一个字抄一个字更快呢？你要不要试一试？那样的话你就更厉害了。”孩子开心地答应：“好嘞，我猜我多记几个字一定能更快！”

这位妈妈在向儿子表达期望的时候做到了什么？

首先，她没有直接批评孩子哪里做得不好，而是鼓励孩子挑战记忆力，主动去发现并体验抄写的好策略，孩子反而对这个过程充满了兴趣。

其次，不是笼统地告诉孩子“你要看完一句话再抄写”，而是启发孩子自己思考和对比，看哪种抄写策略是更有效的。这就相当于给了孩子一个具体化的行动指南，而且这个标准是在妈妈引导下孩子自己总结出来的，他特别有获得感，所以才会自觉地按照这个标准进行练习。

这样一来，孩子不仅接受的都是正面的反馈，还能看到自己达成目标的过程。虽然他可能不会马上明显地提升写所有作业的速度，但别急，你一定要给孩子成长进步的时间，只要他能够照着这个标准去做，就会越做越好。这时，你再让孩子做前后对比，看到自己在不断地进步，他就会越来越有自信。

第二个期望悖论：墨菲定律

墨菲定律本来是美国人爱德华·墨菲提出的一个心理学效应，主要是指你越担心某种情况发生，那么这种情况就越有可能发生。这个定律放在咱们家庭教育上，其实也一样适用。很多时候你会发现，你越担心孩子身上的某个问题，结果呢，孩子的这个问题反而更加严重了。

我在中国农业大学给大学生做咨询的时候，曾经遇到过这样一个大三的男生，他认为自己性格太懦弱，不坚强，觉得非常自卑，后来甚至严重到不敢和同学打招呼的程度。眼看马上就要大四，该去规划找工作了，他却因为不敢面对可能到来的各种面试而痛苦不已，觉得自己可能什么都做不了，最后会一事无成。

通过交流，我了解到这个男孩的成长经历。原来，这个男孩从小就一直被他爸爸批评太懦弱，不像个男孩子。为了让儿子变得坚强、勇敢一点，爸爸不但花钱让男孩参加训练营，还经常拿性格开朗的表妹给他做榜样，甚至说就连女孩子都比他有“血性”。

可是这位爸爸所有努力最后都打了水漂。男孩甚至觉得爸爸不爱自己。只要一想到自己总是让爸爸失望，他就非常痛苦，甚至放假都不愿回家。其实爸爸只是希望培养儿子坚强、勇敢的性格，可为什么到最后适得其反呢？原因就在于他对孩子的不接纳。

心理学发现，儿童在幼年时期，自我评价能力是比较弱的，但他又很想知道自己是个什么样的人。这个时候，父母的言行对孩子来说就太重要了，这些言行就像一面镜子，孩子会无意识地接受从父母那里反映出的自己的样子，哪怕这个样子可能是负面的、歪曲的。

就像这位父亲，他以为批评孩子性格懦弱，就能够刺激孩子使他变得勇敢。但在孩子听起来，就会认为“爸爸觉得我很糟糕，我被嫌弃了”，反而变得更自卑、更脆弱。接着呢，父亲看到儿子不但没进步，还更加懦弱了，就会产生更多的失望、更多的负面批评，这样就形成了一种恶性循环。我针对这个例子配了一张图，你可以更直观地厘清这个循环。

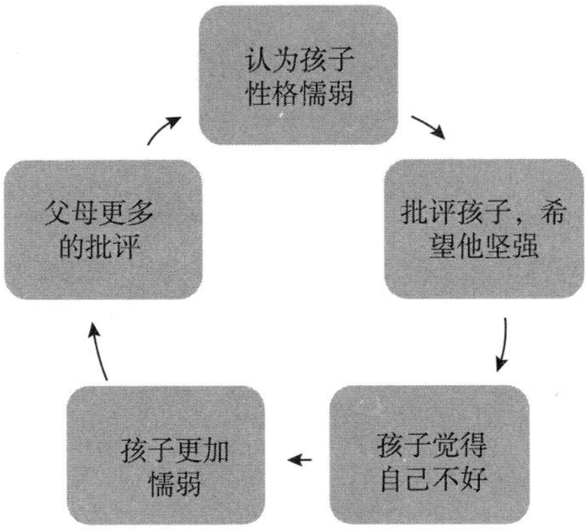

那么作为父母，你要怎样破解这个“墨菲定律”的怪圈呢？很简单，就是反其道而行之：你越希望孩子拥有什么品质，就越要在孩子身上寻找能表现这种品质的行为，一旦发现，就要及时鼓励孩子，促使孩子的这类行为越来越多地发生。这在心理学中叫作“正向强化”。

读到这里，可能有家长会着急地说：“孩子身上明明没有这个品质，我怎么可能找得到呢，更别说去强化了！”

其实，在没有外界影响的情况下，每个孩子仍然可以自己想出解决问题的策略。只不过一开始结果可能不那么尽如人意，孩子付出的努力也不容易被察觉到。这就要看作为父母的你能不能善于观察并且站在孩子角度去思考问题了。

我的一位朋友给我讲过这样一个故事。有一次，他的儿子第一次参加演讲比赛，心里非常紧张，他哆哆嗦嗦上了台，却因为心里太慌，没说两句就忘词了。他一个人站在台上，想了好一会儿，怎么也想不起词来，最后哭着下了台，没能成功地完成比赛。这看起来是一场失败的经历，这时家长要怎么和他说，才能让孩子下次不会惧怕失败呢？

这位朋友本想只是安慰一下儿子：“你讲得很不错，就是太紧张啦，下次再勇敢点就好啦。”可见到哭得双眼红肿的儿子，他停了下来，突然意识到，这样泛泛地安慰孩子，起不到太大作用，孩子可能仍然会担心：那万一下次我还紧张，又忘词怎么办？

所以，这位朋友先是紧紧地拥抱了一下孩子，等到他情绪平复下来，才对他说：“宝贝，这是你第一次参加比赛，心里一定很紧张，如果换作爸爸上台，肯定也会紧张的。可是你还是鼓起勇气上台啦，而且你在忘词的时候并没有马上放弃，而是尽量去回忆，真是个勇敢的孩子，而且特别能坚持。有了这次经验，咱们回家再去检查一下什么地方还不熟悉，把它练得更熟一些。到下次比赛时，咱一定会比这次做得更好。”

在和爸爸的这种交流中，孩子获得了什么？第一，无论结果怎样，他都是被爱、被接纳的。第二，爸爸在这个过程中，在什么什么地方，看到了他积极坚持的态度。第三，成功不仅是一个结果，更是不断努力的过程，每一次坚持都会为下一次做得更好而增添经验。

这个时候，孩子既能看到自己的勇气和进步，也能感受到从爸爸身上而来的信任和力量，那么下一次他真的会更有勇气去挑战自己。

根据天性，发展孩子的学习潜能

性格迥异的小姐妹

朋友菁性格开朗，总是快人快语，表达能力也强，以往朋友们在一起聚会，都喜欢听她侃侃天南地北的逸事，时而还伴随着她爽朗的笑声。后来菁做了母亲，有了一对可爱的小姐妹花，她聊天的主题也就此固定了下来，总也绕不开小姐妹的成长故事。我有时去她家做客，和两个小家伙也成了朋友。

7 岁的姐姐北北性格腼腆，喜欢安安静静地看书。无论别人问她什么，她都先垂下头，非常认真地想一下，然后开口回答。5 岁的妹妹南南却像个马力十足的小炮弹，一刻也停不下来。菁时不时地找我诉苦，说南南的老师经常向她告状，20 分钟的课堂，别的小朋友都可以坐在椅子上听课，可南南却经常安静不了 5 分钟就开始找事儿做了，一会儿要折纸，一会儿说她口袋里的糖掉地上了，于是钻到桌子下面去找，一会儿又举手说她实在憋不住了要上厕所，反正她上课总是找千奇百怪的理由乱动，让老师哭笑不得。但是，老师也认为南南是个机灵又暖心的小姑娘，鬼主意特别多，嘴又甜，见谁都喜欢大声地打招呼，妈妈给她买了什么好吃的，也会惦记着给老师带一份。

“还真是这样。”菁苦笑着说，“感觉妹妹是比姐姐机灵，送姐姐去学跳舞，她一个动作学了好几节课都做不好，可妹妹在一旁跟着做了几个动作，居然就跳得有模有样了。但她就是坐不住，不像姐姐那样爱看书，眼看还有一年就上小学了，专注力这么差，以后上学听课、写作业是不是都会成问题呀？”

我通过一段时间的观察，告诉菁，其实北北和南南这对可爱的小姐妹并不存在谁机灵、谁不机灵的问题，她们之所以在学习行为方面存在差异，一方面是性格使然，而另一方面是她们属于不同类型的学习风格。

什么是学习风格呀？这是指人们在面对学习任务时，最偏爱或最常采取的某种学习方式。美国心理学家班德勒（Bandler）和麦克唐纳（McDonald）结合暗示心理学和暗示习得理论，将学习风格分为视觉刺激偏好、听觉刺激偏好、动觉刺激偏好。后来的研究者又根据他们的理论，总结出人们在学习新的知识和技能时最常用的三种不同类型的学习风格：视觉学习型、听觉学习型和触动感觉学习型，这揭示了我们通常最习惯优先选择哪种感官渠道来接受信息。

当然，这三种学习风格在每一个孩子身上都是同时存在的，只是因为遗传或者环境因素的刺激，比如说，孩子成长的家庭氛围，你和孩子交流、互动的方式，可能决定了三种学习风格中的某一种或某两种，在孩子成长发育过程中会优先发展，而其他学习风格就相对不那么明显。换句话说，就是在你没有专门引导并让孩子刻意练习的情况下，孩子会自主地选择一种能让他更加舒适和高效学习的方式。

下面我就来详细地介绍一下这三种不同学习风格的孩子的主要特点，以及爸爸妈妈在引导他们学习时所用的不同方法。只有做到因材施教，才能更有效地发展孩子的学习潜能。

视觉学习型

这可不是说这个孩子的视力一定就非常好，他也可能是近视眼，但是他通常喜欢通过读书、看图等方式来学习，而且对文字、图像、表格和实物都会十分敏感；当他在想说什么之前，脑子里会出现相应的画面来帮助他思考，并喜欢通过反复书写、画图等方式来辅助记忆。

一般来说，视觉思维比较突出、听觉思维较弱的孩子，性格会相对安静内向，爱看书，不爱说话，观察力十分敏锐。在学习的时候，喜欢用眼睛专注地看着学习材料。而且，他们很喜欢思考、理解和分析事物的意义。

菁的大女儿北北就是一个典型的视觉学习者，她喜欢一个人静静地看书和思考，年龄不大就可以熟记百来首古诗词，作业也书写得很工整。但是相对于“看”，她通过“听”和“动”来学习的能力就不是很强。上课的时候，如果不仔细注视老师的板书，北北就会跟不上老师讲课的节奏，被点名回答问题时，总是会想一想再答，在有的老师眼里，就显得有些缓慢。所以，在舞蹈课上，学习新动作的速度也会相对慢一些。

如何引导像北北这样的视觉学习型的孩子学习呢？

1. 给孩子观察和适应的时间

视觉学习型的孩子，做事比较谨慎，习惯“眼见为实”，在做事之前总是先经历这样一个心理过程：

· 观察：这件事应该怎么做？

· 分析：做这件事都有哪些步骤？

· 思考：做这件事有用吗？在我的能力范围内吗？

想清楚这些，然后再去尝试。

所以，爸爸妈妈在教视觉学习型孩子一项技能，比如说游泳时，千万不要着急催孩子：“你怎么还不下水？”“不要这么胆小，勇敢点！”这样只会让孩子因为不自信和挫败感而想逃避。

你需要先给足孩子观察的时间，让他熟悉环境，引导他在岸上熟练动作，并且看看别的小朋友是怎么玩的，玩得开不开心，之后再鼓励孩子下水去尝试。你会发现，孩子一开始学东西可能相对比较慢，一旦真正掌握，就可能会比其他孩子学得更深入，坚持得更长久，动作也更熟练。

在我的建议下，菁再带北北去上舞蹈课时，就不会急着催北北马上跟上老师的动作，而是注意看北北的哪一个动作做得更好看，专门把这个美丽的瞬间抓拍下来让北北自己去欣赏。菁还向老师求助，要了舞蹈视频，回去一遍遍放给北北看，增强她对跳舞的感觉和自信。几周后，北北开心地告诉妈妈，她觉得自己跳得挺美的，并且她越来越喜欢跳舞了。

2. 预习

不少视觉学习比较突出，而听觉学习相对弱的孩子，因为对听觉材料的思考比较慢，所以在课堂上很容易显得“慢半拍”。为了提升这种类型孩子的听课效率，父母需要引导孩子养成预习的习惯。

小学中低年级的孩子的功课不难，预习不需要占用太多时间，只需要每天拿出 5 ～ 10 分钟时间，让孩子自己用阅读的方式，把第二天要学习的知识浏览一遍，对新知识有所印象的同时，检查一下要学的新知识是否会用到之前学过的和这个有关的旧知识和技能，并且顺便回忆一下这些知识和技能。孩子对课堂上学习的东西有了信心，第二天听讲就会更专注，掌握起来也会更快。

对于小学高年级和初中的学生，父母还要鼓励他们做预习笔记，笔记不要太复杂，可以包含以下问题：

“这一章将要学习什么？”

“会用到哪几个知识点？”

“你觉得这一章的难点是什么？”

“你打算用什么方式去解决？”

通过预习，孩子可以养成用视觉优势带动听觉的习惯。他一旦在课堂听讲时获得自信，学习潜力就会慢慢凸显出来。

听觉学习型

和视觉学习型不同，听觉学习型孩子更习惯通过耳朵来获取信息，对听过的事情能像刻录机一样记得特别牢。在学习语言时，对听、说的技能掌握起来要比读和写更快更好。他们的性格相对开朗，自信，有主见，能说会道善表达，是可爱的好奇宝宝，特别喜欢围着大人问问题，也爱好讲故事和辩论。

我们经常会看到一些孩子，他们在课堂上眼睛可能并不总是看着黑板，有时甚至喜欢懒散地趴在桌子上听课，或者忍不住插嘴、接下茬，但是对于老师的课堂提问却可以迅速给出正确回答。他们看似心不在焉的状态背后，却展示出了对听觉信息超强的敏锐度和理解力。

这种类型的孩子很容易被成人认为“机灵但太淘气，聪明但不够努力”，他们在课堂上积极活跃，对于课堂知识似乎一学就会，然而在阅读和做作业方面显得不耐烦，“没长性”。甚至在做题的时候容易因为读题错误，出现令家长头疼不已的“马虎”“不认真”的现象。

然而，爸爸妈妈们却不知道，这些所谓的“马虎”“不认真”背后，一是因为孩子对课堂知识的吸收和理解仅停留在表面，再加上灵敏的听觉学习反应，无论是成人还是孩子自己，都容易忽略孩子对知识掌握得并不牢固这个事实；二是由于孩子通过视觉阅读来获取信息的能力发展得相对较慢，读题时经常丢字落字，忽视了一些重要的信息。而且因为视觉记忆不佳，有些孩子做题时抄错数字的现象也经常发生。

如何引导听觉学习型的孩子学习呢？

1. 亲子互动阅读

父母可以利用听觉学习型孩子爱说和好奇心强的特点，通过和他互动阅读，来提升他读书的兴趣。

比如，听觉学习型的孩子通常比较有主见，非常喜欢提问和发表自己的观点，你可以和孩子玩一些“头脑风暴”这样的游戏，在遇到问题的时候，让孩子快速思考：“想想看，这件事有多少种解决方法？”并和孩子讨论这些方案的可行性和实施过程，启发孩子深入思考，提升自主解决问题的能力。

2. 视觉注意小游戏

现在有很多孩子喜欢的小游戏，都可以锻炼孩子的视觉注意力和记忆能力。比如，6 岁以下的孩子可以玩走迷宫、拼图、找不同和寻找物品的游戏。6 岁以后，孩子开始认识数字、数字的顺序，数数能力也提升后，就可以利用国际通用的舒尔特方格游戏，锻炼孩子的视觉辨别和注意分配的能力了。

3. 注重复习和总结

复习和总结是引导听觉学习型孩子学会学习的重要方式。对于学龄后的孩子，爸爸妈妈们可以每天抽出 10 分钟的时间（有条件的家庭，最好安排在孩子写作业之前），让孩子对他今天学习的课程（可以先从他学得相对弱的那一门开始）进行简单的复习和总结。

为了让孩子对总结的过程感兴趣，不至于厌烦，可以采用“小老师”游戏的方法，让孩子给父母当老师，教给父母他今天在课堂上学到的知识。听觉学习型的孩子往往能言善道，也“好为人师”，平时学习或许动力不足，可一说要给别人当老师，立刻来了劲儿，积极性也会很高。

在这个过程中，可不是孩子讲一讲、你听一听就完了。你一定要注意，要针对孩子口述的具体内容的细节进行提问。比如，今天孩子学习了表示长度的计量单位，回家讲给你听。你就可以问：“老师，你能教教我，一张公交卡的长度，用什么单位来表示比较好呢？我可以用米、厘米还是毫米呢？”

这时你一定要摆出一副很虚心、好学的样子，孩子会从你的眼神和表情中获得鼓励，从而更加认真地思考，而且会耐心地讲给你听。这么做呢，可以使孩子在自己的复述当中对听觉信息进行二次接收，这样他对新知识的掌握就更牢固了。

触动感觉学习型

和前两种学习风格的孩子不同，触动感觉学习型的孩子既不习惯通过看也不习惯通过听来学习，相比之下，他们喜欢通过触碰实物和动手操作来学习新知识和技能，他们的运动和身体协调能力都很好，而且动手能力和创造力也很强，喜欢研究事物的构造，对于任何需要动手操作的事情都很感兴趣；他们的肢体语言丰富，非常重视自己的身体感受，因而显得多动、坐不住。即使是老师和家长极力强调不许做的事情，强烈的好奇心和行动力也会促使他们“以身试法”，亲自验证其可能性，故而导致“祸事不断”。然而，正是在这种不断地运动和操作体验过程中，孩子很自然地熟练掌握了知识和技能。

前面说的活泼可爱的妹妹南南，是一个触动感觉比较突出的孩子，这也就是为什么她在学习舞蹈动作的时候，要比自己视觉学习型的姐姐快得多。但是南南也具有触动感觉学习型孩子普遍存在的特点：在课堂上难以专心，好动，坐不住。这样的孩子很容易因为在学习上受到老师和家长的批评、惩罚，而对学习失去信心，产生厌学的心理。

好在南南年龄还比较小，妈妈有足够的时间帮助她扬长避短，保持对学习的兴趣。如果你也有一个触动感觉学习型的孩子，可以通过以下几点进行有效的引导：

1. 在实践中让孩子看到学习的意义

和前两种学习类型不同，触动感觉学习型的孩子，在学龄前和小学低年级中所占比率比较大，但是随着年龄的增长和心智的发展，到了小学高年级和中学，身体感觉刺激在孩子学习中所占比率会急速下降。触动感觉学习型的孩子需要通过更多身体感觉、实际操作来体验事物对他的意义，这种特征在年龄小的孩子中间是非常明显的。

你可以多通过一些实践性的活动，例如科学小实验（现在一些购物平台都有适合亲子共同玩的科学实验工具以及实验方法介绍，很实用，父母可以和孩子一同去挑选）、手工制作或亲子共同郊游等活动，让孩子理解他所学的学科知识对他的意义。也许他会有这样的感悟：

“哦，原来数学这么有用，可以让我解决生活中的这么多问题。”

“我喜欢做科学小实验，因为能学到很多有趣的知识。”

“今天和妈妈去踏青了，认识了十多种不同的花，它们的样子、颜色和味道都是不一样的，将来我要当植物学家，认识世界上所有的花。”

当孩子发现知识的实用性和趣味性以后，会更专注地投入学习之中。

2. 玩情景剧游戏，帮助孩子提升语言学习能力

对于一些不太爱阅读、语言能力相对弱的孩子，父母可以通过家庭情景剧的方式，引导孩子通过情景剧中的动作表演，提升语言学习的能力。这是一种需要视、听、动作等学习方式共同参与的学习形式，不但可以帮助孩子更好地理解和记住故事书的情节，学到更多的知识，还能锻炼孩子的语言表达能力，从而培养孩子阅读的兴趣。

3. 点读练习和朗读

视觉辨认和视觉理解能力偏弱的孩子，如果在平时阅读和做题时漏字丢字或抄错数的问题比较严重，父母可以用“点指认读法”来训练孩子的视觉注意能力。这里有三个步骤：

（1）父母需要和孩子商量好，每天拿出 10 ～ 15 分钟的时间，根据孩子本身的阅读水平，找出一篇比较短小并且孩子自己感兴趣的文章（孩子 2 ～ 3 分钟内可以读完的文章）或者孩子平时容易看漏出错的应用题（每次 3 道），让孩子用食指点着阅读材料中的每一个字，大声读出来；

（2）让孩子用自己的话复述这篇文章的意思或应用题的内容；

（3）让孩子检查自己复述的是否正确，如果不正确，需要重新点读。

这里需要强调的是，点读的目的就是让孩子在这个过程中做到点一个字读一个字，要手到、眼到、读到，做到手、眼、口、耳、脑这些学习器官配合协调，不会落掉阅读材料上的每一个字，这样才能真正提升视觉注意的能力。你只要每天坚持帮孩子做这样的点读练习，大概一到三个月，孩子的“马虎”问题就会得到很大的改善啦。

有关孩子学习风格，你还必须知道的

关于学习风格的问题，学术界一直存在很多争论，在这里我就不展开讨论了。但需要注意的是，父母了解孩子学习风格的目的，绝不是说必须让孩子按照与他们学习风格相适应的方式去学习，这既不科学也不现实。比如，一个爱阅读、喜欢思考的视觉学习型的孩子，并不意味着他最有效的学习方式就只是通过看和阅读，而是说，在孩子学习新知识的时候，父母可以让孩子通过阅读的方式进入学习，先阅读材料去思考，掌握大概的知识结构，然后再带着从阅读中获得的知识和发现的问题，在课堂上听讲学习，这样他的听讲效率会更高。同样，一个听觉学习型的孩子，在阅读学习之前，可以先用听觉信息刺激他，使他对所要阅读的材料感兴趣，这样就使他更容易进入下一步的阅读学习中。总之，在孩子学习初期，从他最舒服的学习方式入手，逐渐过渡到多种感官相互协调配合，这样才能更加有效地学习。

自卑：成长的动力

付姐是我社群中的一位会员，性格爽朗。她找到我，说自己三年级的女儿蓉蓉怎么也不肯上体育课，哭着闹着让她给体育老师写假条。

“体育课上发生什么事了吗？”我问。蓉蓉这孩子我见过两次，印象中她相貌清秀，很爱读书，学习成绩也不错，一直是付姐的骄傲。所以，她这次不肯上体育课，一定是遇到了她认为自己面对不了的困难。

“唉……”付姐叹了口气说，“这事怨我，是我大意了。”

昨天放学后，蓉蓉一见到付姐就哭着说，班里的同学嘲笑她，说她跳绳像熊猫。原来，学校要举行跳绳比赛，体育老师让每个学生都试跳一遍，然后选拔出跳得最好的。结果，全班只有蓉蓉不会跳绳，勉强跳了3下，感觉非常吃力，还差点把自己给绊倒。于是班里的几个孩子在一旁起哄，甚至有个调皮的男生大声地吆喝：“快来看熊猫跳绳喽！”

付姐一听宝贝女儿受委屈了，情绪也不太好，就直接告诉蓉蓉：“那咱就好好练呀，把跳绳练好了，堵住他们的嘴！”

没想到蓉蓉反而哭得更厉害了，坚持说自己天生没运动细胞，动作不协调，和妈妈一样。付姐这才想起来，前段时间，蓉蓉也是因为别的同学立定跳远都比她跳得远，情绪非常沮丧。当时付姐为了安慰女儿，就告诉蓉蓉，她也是从小没有运动细胞，动作不协调，有时候走路都能把自己绊倒，但这并不妨碍自己学习好，其他功课样样出色。所以，不必为自己的一个小缺点而难过，她的优势其实有很多呀。

令付姐感到懊悔的是，当时为了安慰女儿说出的话，反而被她记在心里，相信自己就是一个天生缺乏运动细胞的人，甚至产生了自卑和逃避的心理。因为这两周体育课都练跳绳，蓉蓉就闹着让妈妈给她请假，不愿去上体育课。

付姐的做法，反映了一些家长在引导孩子面对困难和自己的一些不足时容易出现的两个误区：

1. 否认或忽视孩子的感受

当孩子面对挫折和困难，向父母哭诉时，父母自己通常也会因此而感到焦虑。这时不少父母会有一个心理，就是根据自己的想法和判断，急着帮孩子去解决问题。这样一来，因为忽略了孩子真实的感受，反而难以找到真正解决问题的切入点。

当蓉蓉两次哭诉自己在体育课上的遭遇时，付姐都只是根据自己当时的心境随口安慰女儿，却没有关注女儿真正要表达的感受。这样会给孩子带来两个影响：

· 感到不被接纳和理解。一方面，孩子的情绪无法得到疏解，他很容易长时间沉浸在负面情绪之中，难以理性地看待问题；另一方面，孩子的感受无法获得理解，他在最需要帮助的时候，却被父母推开了，产生深深的无助感，这给以后的亲子沟通造成了影响。

· 影响自我认知的发展。第一节提到过，孩子在幼年阶段，自我评价能力相对弱，这时父母的言行就像一面镜子，孩子会无意识地接受从父母那里反映出的自己的样子。当孩子自己的感受时常被忽略，而被强加以父母的判断时，他会对自己的感觉产生强烈的怀疑：哦，别人嘲笑我时，委屈和生气是不对的。慢慢地，这会阻碍孩子的自我感受和判断能力的发展。

2. 回避问题

在帮助孩子面对困境，尤其是引起他自卑感的挫折时，父母切忌回避问题。蓉蓉在提到自己运动方面不如别人时，妈妈并没有正面引导女儿直接面对自己的弱项，而是急着转移到“没有运动细胞，学习成绩好就行了”的话题上，使女儿相信自己的运动弱点是一个天生的“缺陷”，并且无法解决，因而产生一种失去控制的无助感，反而加重了她的自卑感。

帮孩子战胜自卑的一个最普遍误区就是不肯面对和接纳。不少人的潜意识中都会有这样一个判断：我之所以自卑，是因为我不够好、不够强大，等我做得足够完美，我就能战胜自卑了。我自己在青春期也曾有过一段沉浸在强烈的自卑感中的经历。当时我给自己起了一个笔名叫“越勍”，意为“超越强大”，幻想着自己有一天能够特别强大，无所不能。可一旦在现实中，却发现自己不但无法做到“无所不能”，还时常“无能为力”，反而容易陷入更大的自卑和恐惧不安中。

其实，自卑本身并不可怕，而是一种非常正常的心理。著名心理学家阿德勒在他的著作《自卑与超越》中就提到：“自卑感人人都有，它是人类文化的基础，是推动人类进步的动力。”很久以前，人类生活在远古的丛林，敏捷不如猎豹，嗅听不如柴犬，力量不如狮虎……然而正是这些先天优势不足而导致的自卑，激励着人类不断突破自身缺陷，通过合作的方式，发明和使用各种工具，在征服和改造世界的过程中不断进化。所以，自卑最大的意义，是让我们有足够的动力做出改变。

引导孩子接纳自己，喜欢自己

因自卑而生的正向改变是有前提的，不懂接纳的改变，只会让努力失去方向，反而使孩子容易陷入更加不安的情绪中。

蓉蓉当时哭着向妈妈抱怨自己立定跳远不达标或者跳绳被嘲笑，她想表达的是什么呢？从孩子当时表述的情境中可以推测，全班同学都可以做到的事，只有自己做不到，而且还因此在同学面前丢了脸，这时，她的感受中既包含了"自己比其他人都弱"的自卑，同时也有因同学嘲笑而产生的尴尬、愤怒和委屈。妈妈让孩子多去看自己做得好的地方，固然可以暂时帮她转换思路，但是以后每当孩子面对自己的不足时，又会陷入羞愧和逃避中，这会严重影响她建立自信心和解决问题的能力。

因此，在孩子面对困难和挫折时，父母首先要做的，不是马上帮孩子解决问题，更不是故意否认事实，而是及时回应孩子的感受，引导她接纳自己，并用更积极的眼光看待问题。

在我的帮助下，付姐整理出一套引导女儿的方法。回家后，她尝试重新和女儿沟通跳绳的问题。

"蓉蓉，妈妈知道，你跳绳确实不如别人，你还因此被同学笑话了，这种事儿让谁遇上，都会感到委屈和难受的。你不想再被同学嘲笑了，对吗？"

这句话好像一下子抓住了蓉蓉的心，她"哇"的一下哭了出来。她告诉妈妈，之前自己在班上很受欢迎，不想因为运动能力差这件事，让别人瞧不起。这下妈妈就知道了，女儿是因为担心自己运动能力不好，影响自己在小伙伴中的形象。于是，妈妈对女儿说："妈妈知道你不想让别人觉得你弱。但有一件事，我需要向你道歉，上次妈妈说你随我，缺乏运动细胞，这是不对的。咱们之所以跳不好，不是天生能力差，而是因为平时很少去练习。”

“真的吗？”蓉蓉半信半疑。

“平时你最爱做的事是什么？读书，对吗？你书读得越多，阅读和理解能力就越强，能力越强就越喜欢读，所以你感到学习是件轻而易举的事。但运动就不一样，你们班跳绳很厉害的同学，是不是都喜欢做跑跳的游戏？他们把你用来读书的时间，分出一半做运动了，这方面能力就会很强。可妈妈和你都喜欢宅在家里，所以运动方面暂时就没别人好了。你看，爸爸运动能力就很好，因为他平时一直坚持和同事打球啊。其实你运动能力一点儿也不差。还记得上次咱们去爬山，那么高的山，你却坚持了下来，爬得比我和爸爸都快，最后第一个到达了山顶吗？这怎么可能是缺乏运动细胞呢？如果说真的缺，那缺的只是练习啊！”

蓉蓉一听，脸上立刻露出了笑容：“哎，真是这样的！”

看见蓉蓉兴奋起来，妈妈又借机给女儿打气：“应该不是所有人都嘲笑你吧？笑话你的人，只是平时爱开玩笑的孩子，他们也没恶意。当然，嘲笑别人是不对的。你平时看见那些学习没你好的同学，一定不会嘲笑他们，还会帮助他们，对吗？如果你希望跳绳能和别人一样好，那就真的需要加强练习。不过，假如你还是不想参加这周的体育课，妈妈也可以帮你请假。”

付姐在这次和女儿的交流中做到了什么？

（1）正面回应并且理解了孩子的感受。

要让孩子知道自己的委屈和愤怒被妈妈看见和接纳了。先理解孩子的感受，这是让孩子的情绪快速恢复平静，开启理性思考的前提。

（2）引导孩子面对和分析自己造成劣势的原因。

通过蓉蓉爱读书的例子，帮她看到了优秀和熟练练习之间的关系，并列举爬山这个反例，让女儿发现自己并非缺乏运动细胞的人，帮她建立信心。

（3）区分自己的问题和别人的问题。

妈妈让蓉蓉去了解那些嘲笑自己的人，可能只是他们自身有问题，同时又让蓉蓉懂得了“己所不欲，勿施于人”的道理。

（4）把自主权交给孩子，让她自己去决定下一步该如何处理自己面对的问题。

果然，这次沟通效果斐然。通过和妈妈的这次交流，蓉蓉选择接受自己暂时不太会跳绳这个事实。她决定勇敢地面对问题，没有再要求妈妈在上体育课的时候给自己请假，甚至还提出要向跳绳厉害的同学请教。

帮助孩子塑造力量，超越自卑

刚才说到，帮孩子接纳自己，只是引导她走出自卑的第一步。所谓“超越自卑的重要过程”，就是一个先接纳再进行改变的经历。接下来，孩子还需要通过实践来验证自身的力量，逐渐克服当前的困境带给自己的心理弱势。

在这个阶段，父母要怎么做呢？我们需要做到以下两点：

（1）心理准备：引导孩子预先评估并接纳压力。

（2）坚持行动：通过练习超越自卑。

还是从蓉蓉的例子来看，她虽然下决心要去面对自己不会跳绳、动作不协调的问题，但真要改变自己的弱势，还是要不断加强练习，在这个过程中，需要家长和孩子都付出努力和不断坚持。很多父母会先替孩子揪心：“孩子遇到困难打退堂鼓怎么办？”“他坚持不下去又该怎么办？”其实这样是不对的。

教育心理学中有一个策略，叫作“塑造”，也叫“连续接近技术”，简单地说，就是在引导孩子做事的时候，不要等到孩子完全达到目标，才告诉他完成得不错。而是要在他做这件事的过程中，通过引导孩子阶段性地达成小目标，不断看到孩子的进步，像给文章画重点一样，把孩子展现力量感的过程一一提炼到孩子面前，为孩子的每个进步感到开心。

当蓉蓉再一次上体育课之前，付姐特意问她：“你觉得自己有可能一下子赶上那些跳绳跳得好的同学吗？”

蓉蓉头摇得像拨浪鼓：“那怎么可能？他们已经练了那么久了！”

付姐笑了，其实我和她在咨询时已经商量好了，先帮孩子降低一下期望，让她正视自己的问题，然后再制定一个合理的目标，帮孩子塑造力量。

付姐对蓉蓉说：“看见别的孩子跳得比你好得多，千万不要着急，咱们暂时肯定追不上他们，但只要坚持练习，我相信你一定会让自己都感到惊讶的。现在，咱们先制定一下这节课的目标，你这节课希望自己最低可以跳多少个？还有，你打算怎么去练习呢？”

于是，蓉蓉先和妈妈设定了一个小目标：这节课争取做到连续跳 8 ～ 15 个，具体练习的方法，可以向体育老师以及平时关系要好的同班女生请教。同时，妈妈也引导蓉蓉预估一下她在体育课练习时可能面对的困难：心里会容易紧张，并且还可能会被调皮的男生嘲笑。但是，妈妈和蓉蓉商量好了：他们嘲笑是他们的问题，我们只盯准一件事，按照老师提供的方法，一遍遍地练习，向着目标前进，一个月后我们再看成果。

结果这天放学，蓉蓉就兴奋地告诉妈妈，这节课她按照老师的方法跳下来，最多的一次跳了 17 个，已经比预设的最高目标超出了 2 个。至于那些嘲笑她的调皮男生呢，蓉蓉拍拍胸脯说：“我告诉那些孩子，每个人都有自己的特长和缺点，我会努力练习超过他们的，他们要是不练习，也会赶不上比他们更强的人。”

妈妈感到很惊讶，她并没有教蓉蓉怎么去应对别人的嘲笑，但是蓉蓉自己想出的答案，却显示出她已经越来越能接纳自己暂时的弱势了，并为自己搭建了一个安然自得的环境，让她有力量去迎接更多的挑战。

接纳的意义：当你忍不住冲孩子发火时

前段时间，我看过一则新闻：一位母亲因为三年级的儿子考试没有达到自己期望中的分数，就大发雷霆，对孩子拳打脚踢后，仍然怒不可遏，干脆把孩子直接丢到了路边，自己开车扬长而去。被吓蒙了的孩子独自站在路口，欲哭无泪。

后来，闻讯赶来的民警找到了男孩的母亲，准备说服教育，劝她领回孩子。怒气未消的母亲却在电话里喊道："反正我不要他了，我就是不负责任，你们起诉我吧！"

读这则新闻的时候，我不由自主地替这孩子打了个寒战。遭遇考试失利，孩子已是压力最直接的承受者，他的内心一定充满深深的失落和愧疚感。这时，作为孩子最亲密、最信任的人，母亲不但没有给予孩子鼓励和安慰，反而把怒气、挫败和焦躁不安的情绪一股脑儿全撒在孩子身上，甚至把孩子直接推开，这对孩子无异于一场灾难，会严重影响他的安全感和自我认同。他之后无论遇到什么困难，都有可能把这些与自己"不够好"、不被爱和无价值感联系起来，在不断的自我否认中节节败退，最后，丧失很多本可以发挥潜能的机会。

虽然这个事件只是个例，毕竟很少有家长会不顾安危、不分轻重地把孩子推出家门，但是，我在工作时却发现，父母的情绪问题，在处理亲子关系和决定家庭教育成效的过程中，越来越多地凸显出来。

孩子刚出生时，几乎每位初为人父人母的家长，望着孩子粉嘟嘟的小脸，看着那安然酣睡的可爱模样，都会暗自发誓，一定要好好疼爱这个粉妆玉砌的小生命，不让他遭受一点委屈和伤害，并幻想出一幅未来母慈子孝的家庭和谐场景。

可是，不少父母的誓言，通常要不了一两年工夫就会被现实纷纷“打脸”。孩子们在成长的道路上各显神通：得不到想要的东西时，会没完没了地尖声哭闹；你上班马上要迟到了，催促了无数遍，人家还在若无其事地逗猫；更不用说，你口干舌燥地教了几十遍功课，你家“神兽”却还是瞪着大眼睛做游离状……面对这种种场景，我不相信你从未有过想要爆发的冲动。轻则唠叨责备，重则吼叫打骂，这是父母们最常见也最无奈的招儿。

来向我求助的爸妈们，通常都是发完火后立即后悔。一位妈妈说：“我听过很多教育讲座，知道时常对孩子发脾气不利于她的成长。特别是每次冲女儿发火后，看到她又惊恐又委屈地望着我，好像不认识我了，我的心也一起揪着痛，恨不能给自己一记耳光，发誓下次她有问题，我一定好好和她说。可真到了下次，火气还是一下子蹿上来了，大脑全是蒙的，就是控制不住想要去吼她。”也有的父母，就算这一次勉强忍住不发火，然而却对孩子越来越没有耐心了，积累几次后，会迎来一场更强烈的爆发。“老师，您不知道，憋火真能憋出内伤来。”一位爸爸唉声叹气地对我说。

为什么对孩子发火这件事这么难以控制？其实，多数父母在面对危机时，会着眼于马上解决问题和压抑情绪，很少有人会留意情绪背后的工作和复盘引发情绪的心理需求。

怒气为什么难以控制?

1. 神经生理机制

人们有时抑制不住自己的情绪，这是因为神经生理机制在起作用。心理学家根据人脑的运算方式，把大脑分为情绪脑和理智脑两部分。情绪脑运算速度非常快，不需要思考就能做出反应，工作之一是可以监测、接收到在我们的长期经验中，被认为具有威胁的这部分信息，并且迅速采取行动应对威胁。而理智脑则需要调动很多认知资源处理问题，因此速度较慢，主要负责冷静地观察和客观地分析所接收到的信息，设法去解决问题。

当我们在经历一些对我们来说刺激性比较强的事件，例如孩子反复磨蹭、吵闹、不听话，或者我们的另一半貌似不理解我们，就可能被情绪脑迅速识别为威胁和不利事件，于是闪电般地回应，让身体释放大量的压力激素，使我们的心跳加速、血压升高、呼吸变快，做出应对战斗一样的反应，瞬时就怒气冲天。

2. 父母自身愤怒的转移

当然，神经生理机制只是难以控制情绪的表面因素，隐藏在情绪背后的深层心理机制才是我们最需要面对的。有家长说："我也不想对孩子发脾气，但孩子经常做的那些事，真的让你忍不住要爆发。"真的是这样吗?

相信你也发现了，有时面对同样一件事，有的人即时暴跳如雷，有的人却能平和淡定；或者面对同一件事，你有时可以做到一笑了之，而有时却又火冒三丈。这是因为我们对孩子的怒气，有时并非来自事件本身，而是源于我们自身的情绪状态，甚至是童年的创伤经历。

一位妈妈给我讲过这样一个故事。一次，她多年未见的同窗好友从外省来看她，她准备了一些当地特产打算带给这位好友。可是，就在她去看望好友的当天，却发现本来要送给好友的一盒精致糕点不知什么时候被打开了，还少了好几块。因为丈夫刚好出差，偷吃糕点的人只能是自己 5 岁的儿子。果然，在她的逼问下，孩子承认了自己忍不住偷吃了糕点的事实。这位妈妈当时完全抑制不住火气，厉声冲儿子吼道："你怎么嘴就这么馋呀？我平时少给你买吃的了吗？连自己的嘴都管不住，将来能有什么出息呀！"

儿子委屈得号啕大哭，妈妈自己也气得浑身哆嗦。但愤怒过后，她突然发现自己完全没必要发这么大火，一个 5 岁的孩子忍不住偷吃糕点再正常不过了，那盒糕点也并非价格昂贵到无法补救，何况朋友也不会为少一盒糕点而计较。可是，自己为什么就是抑制不住火气呢？后来，她努力回想当时的感受，脑子里竟闪过自己儿时挨骂的场景。原来，这位妈妈小时候家里比较穷，很少有零食吃。一次，她放学回来肚子饿得不行，就带着妹妹偷吃了母亲放在橱柜中准备这一周做菜用的油渣儿，结果母亲不但骂她嘴馋、败家，还罚她饿了一顿。正因为这段童年经历，这位妈妈才对嘴馋、偷吃这样的事情特别敏感，总是伴有一种既羞耻又愤怒的感觉。当意识到这个问题的严重性后，这位妈妈才真正下决心去改变自己。

怒的根源，经常就在我们自身上。心理学家维雷娜·卡斯特在她的著作《怒气与攻击》一书中这样描述愤怒："它来源于我们内心隐藏的怒的潜质。"特别容易发脾气的父母，当你在生活中感到各种愤怒和压力时，不妨停下来，做一下自我觉察，探索那些突然蹿出的火气到底源于你过去或者现在的哪些念头和记忆。

3. 对孩子行为期望的执念

有次寒假，一位妈妈向我求助说："我刚刚打了儿子，他写作业时完全不在状态。春节我给他多放了几天假，让他有更多时间做喜欢的事。他也向我保证，春节后，一定会按时完成寒假作业和学习计划。春节过后，该学习了吧？可他一会儿嫌作业太多，一会儿说春节没玩够，没意思，还和我讨价还价，结果大半天过去了，他连当天计划的三分之一都没完成。我没忍住，就打了他。我也不想冲孩子发火，可他这种学习态度，我根本压不住火，难道说，让我完全不管他，随他去吗？”

我问这位妈妈：“孩子一边抱怨没玩够，一边磨磨蹭蹭写作业，你当时是怎么想的？”

妈妈说：“他开始抱怨时，我已经有些生气了。我明明很体谅他，给了他充足的玩的时间，可他却找各种理由偷懒。我当时就想，完了，计划又泡汤了，到头来还是这副懒懒散散的样子，我们又要回到原来那种没完没了的拉扯状态中，心里又急又气，火气也就控制不住了。”

“你觉得自己已经很体谅孩子了，孩子理应懂点事，自觉去把落下的作业补上，可他没按你的思路来，你心里是不是有种特别无所适从和挫败的感觉？”

“没错！”妈妈立刻说，“就是挫败感！我觉得无论怎么努力，怎么尊重他、体谅他，这些方法到头来都像被扔到一坨烂棉花上，得不到孩子行动上的任何回馈，他永远都是那副老样子，我就觉得自己特失败！”

你看，这位妈妈的情绪来自两个方面：一是挫败感，因为孩子的行为没有符合自己的预期。妈妈的做法是指责孩子，觉得孩子就应该表现好一些，符合自己的期望，这样她的心情才会好起来。二是内心的负面想法，比如，当孩子的表现不尽如人意时，她马上想到了孩子之前的种种不好的行为，担心孩子又回到之前的这些行为之中，进而激发了很多负面联想。于是，怒气就不可遏制地爆发了。

仔细想想会发现，这样做，其实是在通过纠正孩子的行为来处理自己的情绪。读到这里，估计很多父母都不认同：我明明是为了孩子好呀！那我就要问一句："你仅仅为了孩子着想吗？有没有为自己考虑的因素？"后来，那位妈妈反思了一下，说："确实有，因为他没按我的意愿来行动，让我觉得很麻烦，又要做那么多努力来处理。怎么就不能让我省点心呢！"

用外部的、他人的不可预测的行为来处理自己的情绪，这样的结果，挫败的概率必然很高。

管理好自己的愤怒，父母可以做些什么？

这是父母最关心的问题。咱们可以分三点来处理这个情绪：

1. 暂时隔离，争取调整时间

对，就是在你意识到自己情绪已经到了爆发的边缘，千万不要再尝试去教育孩子。你需要把自己和引发你愤怒的环境隔离开来，让自己有个缓解和调整情绪的时间。你可以直接告诉孩子："现在妈妈（爸爸）有些生气，需要先冷静一下，咱们过一会儿再来处理这个事情。"

有的家长说，隔离也没用啊，回来后再次面对孩子的问题时，刚压下去的火气又重新蹿上来了，而且有时越想孩子的问题，反而会越着急上火。这是因为，不少家长把这个"暂时隔离"的作用给理解错了。暂时隔离并不是最终目的，也不是给你一个压制火气或者舒缓情绪的时间，而是你需要利用这段时间为情绪管理做好工作。

首先，你要利用这段时间为情绪释压。比如，做几个深呼吸，或者做一些正念冥想的练习，让情绪脑的应激状态逐渐恢复平静，这样才能给理智脑留出空隙，思考解决的办法。

其次，厘清思路，重新复盘和评估一下这次事件的前因后果，问问自己：

· 这件事需要发脾气吗？

· 孩子行为让我生气的真正原因是什么？

· 我现在的困境和需求是什么？

找到愤怒的根源，是帮助自己走出坏情绪的最佳途径。当我们把导致发脾气的这些真实的心理过程捋清后，就会发现，其实很多时候发脾气和教育孩子本身并没多大关系，要想降低冲孩子发火的频率，就需要先解决自己的这些问题，这样才可能更加冷静地面对孩子。

接着，你也可以从当前的情境中跳出来，观察一下自己对孩子使用的方法：

· 这个方法是最佳的吗？

· 这个方法可以达到我对孩子的教育目标吗？

· 当孩子出现强烈的抵抗行为时，是说明我对待他的方法欠妥，没有看到他的心理需要，还是我太心急，没有看到孩子的能力暂时还达不到的现实？

或者，你找出一张纸重新梳理几个新的解决方案和对孩子表达要求的沟通方式。这样，既能让自己的情绪得到舒缓，又会找出解决事情的方式，再去面对孩子，也就容易多了。

当然，你也可以在平时就和孩子共同寻找不发脾气的好方法。注意啊，一定要在你和孩子都心平气和、心情愉快的时候来做这件事。

孩子对情绪和语气的敏感度比成人高很多。有位妈妈说："每次当我情绪有波动，我自己还没察觉时，我儿子就已经敏感地捕捉到了。他会说：'妈妈，你又要发脾气了。'他这么一说，我才发现我已经心跳加速，手心在冒汗了。可孩子是怎么察觉到的呢？儿子对我说：'妈妈，你每次发脾气前都会紧紧地咬住下嘴唇，发出刺刺的声音，我觉得好害怕！'"

你看，孩子是非常敏感的。我们不妨让孩子来做我们脾气的监督人，让他们自己来提出解决的办法。比如，你可以问孩子："你来想个办法，用什么方式提醒妈妈，妈妈就可以不发脾气了？当你写作业走神的时候，妈妈用什么样的方法提醒你，你会愿意接受，并且回到学习中呢？"

有一个 6 岁的男孩给妈妈出的主意是，每次感到妈妈要发脾气了，就冲妈妈喊一声"1、2、3，木头人"，妈妈听到这句话，就在 3 分钟之内既不能说话也不能动，利用这 3 分钟的时间调整呼吸，让自己平复下来。而他和妈妈商量好，代替吼叫和催促的提醒方法是，当孩子开始走神时，妈妈用手指有韵律地敲 5 下桌子作为提醒，连敲桌子的节奏和声音大小都是母子俩商量好的。这样，就达成了一个有效的默契。

2. 关注自身可以改善的点

前面说到，父母在和孩子沟通时，之所以不容易控制住火气，很多情况下是因为孩子的行为偏离了父母的期望，而造成的严重的挫败感。父母企图用控制孩子行为的方式来缓解自己的焦虑。但是，没有任何一个人愿意被他人所控制，孩子的反抗其实是非常正常的。父母这时能做的，是把目光暂时从孩子的行为上拉回来，放到自身可以掌控和改善的点上。

本文开头提到新闻中的那位妈妈，在看到儿子不那么理想的分数时，与其崩溃大闹、歇斯底里，倒不如思考一下自己此时能做些什么，来帮助孩子改善学习状况。比如，和儿子一起做一个考试的复盘，看看他主要都在什么地方扣分了，有多少分是因为注意力不够集中，没有好好审题；有多少分是因为概念掌握得不牢，或者哪几个知识点不熟。再或者是不是因为孩子自信心不够，没有发挥出应有的水平。如果是这样，是不是应该找到孩子做得比较好的地方，给予更多的欣赏和鼓励，并且和他一起制订一个合适的练习计划，及时把漏洞补上去？

父母调动自己的有效行为，及时且平和地给予孩子帮助，不但能让孩子接纳自己，理性地看待问题，也会帮孩子调动一切内在资源，提高他解决问题的能力。

那位因为孩子偷吃糕点而暴跳如雷的妈妈，在反思了自己的愤怒之后，也复盘了自己在这件事上没有处理好的地方。比如，在买回糕点后，只是把它藏在柜子里，却没有直接告诉儿子，这是送给她的一个非常要好的朋友的礼物，既然是礼物，所以他们自己不能吃。其实，妈妈可以这样做，可以把它当作一个任务交给孩子，让他帮助妈妈保护好送给阿姨的礼物，通过激发孩子强烈的责任感，来处理好孩子可能忍不住偷吃的问题。如果担心孩子真的很想吃糕点，妈妈也可以事先给孩子买几块散装的糕点，以解孩子的一时之馋。

当你不再把所有的注意力都放在孩子的行为上，而是不断调整自己的情绪，思考自己可以改善的关键点时，你会发现，你和孩子的冲突在不断减少，教育的效果反而更好。

3. 评估预期，未雨绸缪

什么是评估预期呢？就是在事情未发生之前，就对未来可能会出现的各种状况有一个预测，以便你提前做好心理准备和找到应对问题的方法，这就会有效地避免面对孩子突然出现的状况而手忙脚乱、对孩子生气发火的情况发生。

就拿前面那位在寒假里因为儿子写作业不认真而生气打了儿子的妈妈来说吧。这位妈妈其实完全可以事先就儿子可能出现的状况做一个大致的预测。站在孩子的角度想一想，在一个愉快的、自由玩耍的春节假期之后，即使孩子很希望自己能够补好寒假作业，完成学习计划，但根据妈妈以往对他完成作业情况的经验来判断，他能马上按计划去行动的概率有多大？

如果你一时回答不出这个问题，那么换个角度，就说说你自己吧。每年元旦，不少人都会给自己制订当年的小目标和学习计划，比如，每天坚持在健身房锻炼1小时，在2个月内减肥10斤，或坚持一周读完一本书；等等。咱想象一下，你有多大概率把你的计划坚持下去，并且达到这个目标？在我调查的所有父母朋友中，这个数字不到10%。大部分计划都由于种种原因，或者说他们给自己找的种种理由而付诸东流。那么我们凭什么就认定比成年人的自控能力和情绪调控力更弱的孩子应该或者必须马上完成既定计划呢？

接下来几天，孩子肯定需要一个逐步适应的过程，他出现情绪低落、磨蹭等问题是正常的。所以作为父母，一定要结合孩子本身的行为特点、能力和日常表现，把孩子的这个适应时期给考虑进去，对孩子的行为有一个合理的预期。事先有了心理准备和应对方法，你才不那么容易陷入因为挫败而引发的愤怒中。

比如，这位妈妈在预计到儿子可能会出现的问题，如心不在焉、磨蹭、抱怨、情绪低落、讨价还价、偷玩游戏等后，可以在和孩子讨论计划时，让孩子了解到，从一个愉快的假期状态转换到一个按部就班的学习状态中是需要一个坚持的过程的。那么在遇到困难和诱惑的时候，他用什么样的方法让自己能够坚持得更久一些？这时妈妈要怎么帮助他？你们的计划一开始可以不用做得太满，等孩子适应之后，再逐渐把目标向上调整。同时，妈妈自己也要有一个心理预期，当孩子还是出现磨蹭、烦躁等问题时，你打算怎么对待，如何调整自己的情绪，如何提醒孩子和及时给予孩子鼓励。

对于年龄较小的孩子也是一样。再举个例子，很多父母带孩子出门时，都可能会遇见孩子坚持要买一件玩具或零食而哭闹不止的情况。那么你在下一次出门的时候，就可以事先和孩子一起商量好规则，定好这次出门爸爸妈妈可以给他买什么，什么情况是不可以的。当然，你自己也需要提前做好心理准备，当孩子还是出现大哭大闹要东西的情况时，你会用什么样的方式来应对孩子的情绪。

像这样用事先评估和预测的方法，既可以有效地减少父母因为突发事件措手不及而对孩子发火的情况出现，也可以为孩子做一个如何增强自控力和正确解决问题的好榜样。

走出养育的误区，让父母的焦虑有处安放

我在接受咨询的时候，面对的最麻烦的问题，往往不是孩子们的各种行为表现，而是父母们的焦虑。焦虑感就像一种无孔不入的化学气体，渗透在每一位家长的提问中：

“我女儿马上就要升入小学了，写作业特别磨蹭，一说重了她就哭，完全没有时间观念。我也知道对孩子要有耐心，可时间不等人啊，孩子要是入学后跟不上，以后成绩更会一落千丈……”

“我儿子 4 岁了，记忆力明显比同班小孩差很多，一个汉字教他念了几十遍，转眼就跟从来没学过一样。有什么可以快速提高孩子记忆力的方法吗？”

“老师，我孩子二年级数学才考了 80 多分，是不是因为当时没让他上幼小衔接啊？这样下去会不会一直在班里垫底？”

……

诸如此类的问题在我接触过的案例中已成为一种常态，周围的父母朋友们都在感叹，现在养娃的成本太高，这种成本不仅是金钱的投入，还有父母心力的付出。前不久我被拉入了一个“鸡娃”微信交流群，发现里面

的故事都是这样的：4 岁多的孩子每天要坚持刷题 1 个多小时；5 岁的孩子数学已经达到小学四年级水平；剑桥的英语、学而思培优的授课方式等被家长们津津乐道；“来不及了”“时间不等人”“现在竞争这么激烈，不努力如何在社会上立足”是家长们挂在嘴边的口头禅。总之一句话，父母的焦虑已成为当代教育的一个常态。

我们姑且先不谈以上这些做法和认知的是非利弊，我只想和你聊聊家长的这些焦虑来源于哪里，尽可能地提供一些可行方法，缓解家长的压力，让家长的焦虑有处安放。

育儿过程中最容易出现的误区

1. 把别人的目标当成自己的目标

很多家长自身对孩子的教育缺乏一种宏观上的规划，难以判断什么时候该做什么、不该做什么，做到什么程度才算合适。心如同浮在半空中，找不到根基，因而很容易拿周围其他家长的行动当作自己的参照，把别人的教育目标当成自己的目标。这个问题通常表现为两点：

（1）从众

“周围朋友的孩子都在学英语，不行，我的孩子要是不学就落后了。我也要给孩子报英语班。”

当你对孩子缺乏相对客观的认识时，就会因为担心孩子被落下而选择从众。这不但会浪费不少时间和财力成本，更可能会失去发现和培养孩子真正优势、特长的机会。

（2）比较

“同事女儿和我儿子都是 4 岁，人家已经会背 30 多首唐诗，认识上千个字了，可我儿子只认得自己的名字，说话还‘大舌头’呢，这可怎么办？”

一代又一代，“别人家的孩子”是你永远战胜不了的敌人和无法企及的高度。其实比较本身不是坏事，我们在生活中也难以做到完全不去比较，甚至从某种意义上来讲，人在成长过程中，正是通过观察和模仿他人，学习良好的行为，掌握优质的经验的。但是，如果你的参照标准永远在别人身上，就很容易陷入困境。一方面，我们观察事物的角度，往往是“只见树木不见山”，寻找参照物时习惯去发现我们自己想要看到的东西，因而容易拿别家娃的“能说会道记性好”来反衬自家娃的“笨嘴拙舌反应慢”，却不知道自家娃身上的“勤于思考好创新”的品质也被别人所羡慕呢。缺乏整体性思考，往往只会使你在比较的焦虑中磨损自尊。另一方面，过度的比较会让孩子的目光常停留在别人身上，看不到自己的优点、特长。孩子的一切努力只是为了赢过别人，从而保持自尊。一旦看到别人比自己强，就会感到焦虑，无所适从，反而迷失了自己努力的方向。

2. 缺乏坚定的长远目标

在我的一次家长课上，有位爸爸感慨道：“感觉我现在对孩子的教育，就好像带着她在没日没夜地奔跑、追赶，哪怕停下1分钟喘口气，都担心被甩在后面。可跑着跑着，总觉得不对劲，因为不知道疯狂追赶的目标究竟是什么，是把她送进最好的小学，让她考上最好的中学，再挤进‘985’‘211’，还是将她培养成一个心理健康、家庭幸福、有能力面对以后生活上一切问题的成熟的人？”

这位爸爸的话，代表了不少勤于思考的父母共同的困惑，也是很多育儿焦虑的来源。我在咨询中遇到的问题通常是这样的：“孩子写作业太磨蹭！老师，怎么才能让孩子写得又快又好？”“马上小升初了，花钱给孩子报了冲刺班，他就是不肯学，再这样下去进不了好学校，怎么办？”家长们所追逐的大都是渡过眼前的一关又一关，如何应对考试，如何完成作业，如何考上好小学、好初中、好高中、好大学。当你只盯着眼前的事和问题，自然难以看到如何将孩子培养成一个适应未来的人这样一个真实的长远目标。缺乏培养人的定力，必然在面对孩子成长中的每一件事时都会感到迷惑，从而自乱阵脚、随波逐流。

焦虑来自不确定性

我听说过一个有趣的心理实验：实验者招募了一些大学生，分为三组，让他们做一个情境想象。第一组想象自己期末考试没考好，面临挂科风险，但是成绩还没有出来。这时看到一则度假广告，是一个自己期待已久的旅游胜地，还有诱人的优惠，机会难得，这时他们会选择前往吗？结果大多数人都选择忽视广告，理由很简单：马上可能要挂科，揪心哪，哪有心情去度假！

第二组和第三组人则被要求想象在已经知道考试成绩后，看到了这则广告，只不过第二组收到的是已经挂科的结果，而第三组收到的是成功通过的结果。令人意想不到的是，虽然第二组、第三组收到的结果截然相反，但他们做出的决定却出奇地一致，那就是：去度假。挂科的人给出的理由是：既然已经挂科了，何不慰藉一下自己“受伤的心”？没挂科的人就更不用说了，这么难的考试都通过了，必须庆祝一下！

从这个实验中你会发现，令人感到焦虑万分的并非事情结果的好坏，而是对事情的不确定性本身。不少父母都体验过这样的心情，看一看周围各家的孩子，他们有的进入了学而思培优，有的正在参加编程考级，有的钢琴已达 10 级，而且英语、绘画样样精通，似乎周围的每个人都有资本和特长，唯独自己不知道该给孩子选哪条路。选了这个，担心会丢掉那个机会，选多了又怕孩子吃不消，影响心理健康，得不偿失。父母们小心翼翼，生怕自己一步走错，耽误孩子的前途，结果反而却被一个个紧急的事情推着走，无法看到更多的可能性。

给焦虑父母的三点建议

那么，如何才能让父母们的焦虑有处安放，不被各种不确定性所绑架？你可以从以下三个方面来做：

1. 确定具体目标和实现目标的条件

焦虑源于不确定性，要想摆脱这种不确定性的困扰，你首先要把目标具体化，确定什么是你能够掌控的。

一位满面愁容的妈妈向我咨询，说儿子刚上一年级，特别顽皮好动，注意力不集中，老师多次找她谈话，希望家长能在孩子身上多下功夫，争取在低年级培养良好的学习习惯，才不至于等高年级的时候不好管抓瞎。这位妈妈目前正值事业的上升期，为了能腾出更多精力照顾孩子，为孩子学业发展打好基础，她打算辞掉现在的工作，一心一意培养儿子。可同时，她又担心在自己做出了这么大的牺牲之后，儿子还是达不到期望中的目标，该怎么办。

这位妈妈在谈及选择时用了“牺牲”二字，在担心得不偿失的焦虑中踌躇不已。“牺牲”是个代表失衡的字眼，你一旦想到“我为孩子做出了怎样的牺牲”，内心就会不自觉地计算成本，很难做到不求回报。于是，孩子每天一睁眼，就背上了沉重的债务，这个债务可能会把他压弯、压垮，难以使其成长为一个健康快乐的人。我建议，这位妈妈与其担心“付出是否值得”的问题，不如先弄清楚培养孩子良好的学习习惯，当下最需要做的是什么。

我问她："假如你辞了职，打算怎么陪伴孩子？你希望孩子养成哪些学习习惯？"

这位妈妈有些吃惊，她光想到了辞职后就可以有大把的时间来监督孩子改掉毛病，却没有真正计划过要怎么培养孩子的习惯。结果她发现，问题的关键不在于是否辞职，而在于找到培养儿子学习习惯的最佳方式。认识到这个问题就好办了，我们一起列举出了孩子最需要养成的学习习惯是什么，如提高注意力，自觉整理学习用品等，又讨论了要实现这个目标的条件和步骤，最后具体到在这个过程中根据孩子的能力水平和性格特点制订的计划、妈妈扮演的角色以及爸爸的参与。

通过这个过程，这位妈妈的头脑逐渐清晰起来，焦虑一下子得到了缓解，对于如何培养孩子也有了信心。

通过这个例子你会发现，从焦虑（不确定）到胸有成竹（笃定）的过程，其实就是一个从"明确问题"到"规划问题"，再到"制订计划"，最后"行动"的过程。具体来说，无论做什么事，都应该包括以下这五个步骤：

（1）确定具体的期望；

（2）明确实现这个期望需要具备的条件；

（3）在这些条件中，你已经具备了哪些条件；

（4）弄清尚未具备的条件——这些条件就是你当前的具体目标；

（5）根据具体目标制订计划，并付诸行动。

任何时候，抓住自己可以掌控的条件并付诸行动，不断评估，不断改善，才终能"守得云开见月明"。

2. 理解孩子的感受，接纳成长的规律

这几乎是个老生常谈的话题，但是相当大一部分父母却很少去理解它的真正含义。

我每天接到的大部分家长求助都是这样的问句："孩子不听话，咋办？”“孩子写作业边做边玩，怎么才能让他快点写？”很多时候，父母太过于热衷去解决问题，追求所谓“正确”“高效”的方法，一旦一个方法被证明“无效”（往往是试过一两次，没有达到自己期望中的效果），就马不停蹄地去寻找另一个。我们执着于寻找满足自己需要的那味“灵丹妙药”，并常常困惑，我什么方法都试过了，为啥孩子还是不听话？

然而，你的一切行动都是从“我”出发的，“我想”“我要”“我怎么做”，这是典型的父母视角，而孩子真正的感受和需求却被忽视了。

著名精神分析学家唐纳德·温尼科特说过：“只要父母足够健康，我们应该相信自己的本能的爱，而不是一味追究‘正确’。”再科学有效的方法都只是教育的“术”，它们必须建立在爱和接纳这种发自父母对孩子的情感本能的“教育之道”的基础之上。

我认识的另一位妈妈，自认为非常重视对孩子的教育，儿子5岁时，她没让儿子直接升幼儿园大班，而是费了好大力气，争取到一个口碑还不错的全日制幼小衔接学前班的名额。结果孩子死活不愿意去，说是幼儿园有很多他的好朋友，不想离开他们。“可哪能依着孩子的想法来啊，小学竞争多激烈！不在学前打好基础，上小学跟不上可怎么办？”妈妈理直气壮地说。

没想到，孩子虽然进了学前班，但能力并没有如她期望的那样提高，反而还没上小学就已经厌学了。为啥会这样？因为这位妈妈忽视了她最需要觉察孩子的感受这个问题。

我们来想一想，这个阶段的孩子是什么心理状态？教育学家做过一个实验，问5～7岁的孩子最恐惧的事情是什么，结果孩子们的回答是统一的：“害怕没人和我玩。”“害怕没有好朋友。”前段时间网上流传过这样一个视频，一个小姑娘在幼儿园毕业的当天哭得撕心裂肺，说：“我舍不得毕业，舍不得老师，舍不得好朋友，我再也不会像以前那么快乐了！”很多网友评价说，这孩子太有先见之明了，知道上小学之后就不会像幼儿园那么快乐了。其实孩子焦虑的不是学习，而是之前让她感到快乐、安全的关系没有了。

这时，如果父母不帮助孩子适应，而且一上来就直接让他报各种学习班，做各种作业，甚至直接告诉孩子“你不学就落后了，老师也不会喜欢你了”，给孩子造成的影响就是：学校是个可怕的地方，没有好朋友，老师很凶，写不好字就要挨妈妈骂。那孩子直接会得出结论：上学是件糟糕的事。

如果这位妈妈能够花时间和精力去观察，跟随孩子去体会他的感受，就会发现，孩子离开了原来熟悉的环境、玩得很好的好朋友、喜欢的老师，到了一个陌生的环境，这对他来说是天大的事。他可能会孤独，感到不知所措，不知道他下一步要面对的环境是什么样的，自己会不会被新的老师和朋友接受。幼小衔接阶段父母的工作绝不是灌输知识，而是帮孩子搭建一个桥梁，让他先适应小学生活，喜欢学校，对学习感兴趣。

当你不断去体会孩子的感受，尊重孩子成长的规律，遇到问题时必然迎刃而解。

3. 以终为始，用时间维度看问题

“以终为始”这个理念最初来自长期占据《纽约时报》畅销书排行榜榜首的《高效能人士的七个习惯》一书，是一个人成功做事的重要习惯之一。谈到这个，我想起一则寓言，估计你也听说过。

三个工人在建筑工地上砌墙，有人问他们在做什么，第一个工人头也不回地回答：“没看到吗？我在砌墙。”第二个工人认真地回答：“我在建大楼。”第三个工人则自豪地说：“我在建一座美丽的城市。”10年后，第一个工人还在砌墙，第二个工人成了建筑工地的管理者，第三个工人却成了这个城市的领导者。

这个寓言说明，真正做好一件事，需要把目光放长远。只有从大局出发，从时间的维度看问题，你的内心才更有定力，不致被眼前的困境所牢牢束缚。读到这儿，有的家长可能会感到很不服气：我现在培养孩子就是为他的未来着想啊，我知道我在干什么。

真是这样吗？我们可以用“三步提问法”来检验一下自己的说法：（1）我在做什么？（2）我是怎么做的？（3）我为什么要这么做？（期望最终达到什么目的。）

举个例子，有位家长看见孩子写作业太磨蹭，不停地走神，想让他快点写，于是止不住催促：“能不能快点，别磨蹭了，这么点东西早该完成了！”这个时候，如果用三步提问法帮家长厘清思路，就是这样的：

（1）我在做什么？——监督孩子写作业；

（2）我是怎么做的？——不停地催他快点写；

（3）我为什么要这么做？——希望他能养成自我管理的习惯，不用我催。

回答完这个问题，家长愣住了，他最终期望达到的那个目的和他正在做的事情形成了矛盾——用外力强迫的方式只会让孩子产生厌学情绪，而不可能让他学会自我管理。如果把培养孩子自我管理作为最终的目标，那么你现在所有的措施必将从这个目标出发，倒退回现在要为达成这个目标而采用的方法。

自我管理的基础是自我，也就是做这件事要最大限度地出自孩子本人的意愿。有的家长可能会不以为然：“出自他本人的意愿？那他一定选择不学呀，动力为零。”

这种担忧或许有道理，但孩子的内在动力往往是复杂的，既被贪玩的欲望所驱使，也有着对爱和归属的需要，更被成就欲和自主感所吸引。关键在于，你能否知道孩子内心想要上进、获得成就的那种美好愿望，让孩子看到他自身拥有的自我管理的能量。以这个为前提，家长的引导方式就要发生变化了，比如：

（1）根据孩子当前的能力状况，让他自己提出想要达到的做作业时间管理目标，以及管理自己的方式；（2）父母调整心理预期，给孩子留足进步的空间，而不是期望他一下子就达成目标；（3）着眼于孩子每一个细微的进步，哪怕今天比昨天少走神 10 分钟，也要让孩子看到自己向上的力量；（4）给予孩子支持和鼓励，建立良好的亲子关系，让孩子感到来自父母的信任；（5）建立定时评估和复盘机制，让孩子随时了解自己的进步，并持续寻找改进的方法。

制订完这个新方案，这位家长表示一下子踏实了好多，连连说："这下好了，以后我再急火攻心，就对照着这个方案看一下，心里也就有了定力。"

是的，以终为始，从时间的维度看问题，尊重孩子成长的规律，其实就是为自己的内心找到一份定力，这也就为孩子的成长营造了一个安定、充满营养的心理氛围。只有在这种环境下，孩子才能迸发出巨大的内在能量，追寻属于自己的人生目标。

培养孩子的情绪力

孩子老是发脾气怎么办？孩子一失败就甩手怎么办？其根源就在于孩子的情绪力没有得到好好发展。

在这一章，我会通过大量实际案例，结合前沿的发展心理学原理，让你掌握处理孩子常见情绪的技巧，帮你引导孩子用语言表达情绪，并且理性地看待问题。

如何面对动不动就发脾气的孩子

如果你是低龄孩子的父母，可能也会有这样的烦恼：孩子动不动就哭闹，大发脾气。甚至有一位家长在给我的私信中用“歇斯底里”“地动山摇”来形容他家孩子哭闹时令人抓狂的“惨状”，而且，家长这个时候无论是哄劝还是打骂，似乎都收效甚微。

为什么孩子动不动就哭闹、发脾气？孩子闹脾气时，家长该怎么引导，才能让孩子学会合理地控制情绪？咱们下面就来聊聊这个话题。

我先来讲一个案例，看看如果遇到下面这种情况，你要怎么去处理。

周末，爸爸带着 4 岁的菲菲去儿童乐园玩。菲菲本来玩得非常开心，但是在玩一个摇船项目的时候却出了状况。这个摇船上只有 6 个供小朋友坐的座位，家长们呢，只能站在下面负责帮小朋友们摇船。

可是，菲菲上船之后有点害怕，坚持要爸爸陪她一起坐船，否则，她就拦着这个船不让大家玩，爸爸怎么劝她都不行。船上坐着的其他小朋友可不愿意了，其中有一个和菲菲年龄差不多的女孩子，大声地对菲菲说：“你要是不敢玩，就快下去吧，这么大了还让家长陪，真没羞！”

没想到菲菲听了就开始大哭大闹起来，一边哭，一边还伸出手要打那个说她的女孩子，幸亏爸爸及时把她从船上抱了下来。

好，下面我来问你一个问题：如果你是菲菲的爸爸，接下来要怎么做？这里有五个选项，看看你会选哪一项：

A. 孩子哭起来好可怜，哄哄她，给她买个冰激凌转移一下注意力。

B. 不理她！越理她越哭得厉害，先让她自己好好反省反省。

C. 孩子这么不懂事，不玩了，好好教训她一顿。

D. 耐心地给她讲道理，告诉她那样做为什么不对。

E. 先不说对错，给孩子一个温柔的陪伴，让她缓和一下情绪。

你选择哪个呢？相信不少家长已经做出了自己的选择。那我公布一下最佳的处理方式了，那就是选项 E，至于为什么，咱们待会儿再说。先说 A、B、C、D 四个选项为什么不够好。这其实代表了相当大一部分父母在面对孩子哭闹时非常典型的应对方式：一是尽可能想办法阻止孩子哭闹；二是急着教育孩子，解决问题。

不少父母一看到孩子哭闹，就很容易被孩子的情绪所感染，感到心烦意乱，既心疼又恼火，尤其是在做家务和急需处理一些事的时候，父母的情绪也会随之失控，仿佛只有让孩子立刻停止哭闹，自己的情绪才能恢复平静。

然而，孩子哭闹这件事实在太正常了。在婴幼儿时期，孩子是非常弱小的，当感到饿了、湿了、身上不舒服或者干脆只是无聊了，都只会用一种方式来表达，那就是哭。后来，孩子开始学习走路、吃饭等技能，学习遵守各种规则。而遇到困难时，在多数情况下，他也会首先用哭来吸引成人过来帮助。这是因为，孩子在缺乏对一些挫折和问题的应对技能的时候，哭闹就是他表达情绪和解决问题的重要途径。但是，随着孩子慢慢长大，他掌握的应对问题的方法和技能越多，经验越丰富，那么当他用更有效的方法来面对困难时，就逐渐不再哭闹了。

放慢速度，给自己和孩子时间平复情绪

如果你家有个爱哭闹的宝贝，你就要知道，这并不是孩子性格不好，也不是他在故意捣乱，而是暂时缺乏应对问题的能力，他在用这种方法告诉你：“我现在很难受。”“我需要你的帮助。”你这个时候不能用哄劝、妥协或者置之不理的方式马上制止孩子哭闹，更不能急着用自己的视角去解决孩子的问题，而是先冷静下来，接纳孩子的情绪，给他一个舒缓情绪的时间。

听到这个答案，你可能会感到困惑：孩子明明是无理取闹，作为父母，不但不批评、不处理，反而还要接纳和陪伴，这也太惯着他了吧？注意啊，我可不是说不批评孩子。但是，在批评孩子之前，你首先要问问自己：我批评他的目的是什么？

你肯定会说，当然是要让孩子知道他错在哪儿了，下次要怎么改啦。

那么你来想象一下，当一个孩子情绪特别激动的时候，他能不能接受你这些打骂啊、批评啊、讲道理之类的教育方式呢？实际情况是，当孩子的脾气上来的时候，他有可能根本听不进你说的任何道理和做人准则。

咱们在上一章已经了解到，人类大脑根据运算方式的不同可以分为情绪脑和理智脑。情绪脑负责唤起你的情绪，主要由脑干和处于大脑下部边缘系统的杏仁核组成。它发育得比较早，从孩子出生的时候就有了。而且它的运算速度还特别快，一旦感觉到环境中有什么情况出现，就会迅速引发强烈的情感，尤其是愤怒和恐惧。

当然，我们还有理智脑，它主要位于大脑前额叶皮层，是负责思考、共情、控制和解决问题等这些高级思维活动的。问题是，它的工作速度要慢于情绪脑；尤其是当你感到强烈的愤怒或恐惧时，情绪脑还会临时夺权，跳出来，暂时阻断理智脑对它的控制。

可以想象一下，有一天你工作不顺心，回到家里，正生着一肚子气

呢。你的爱人却过来和你讲道理，告诉你什么什么地方做得不对，你要改。这个时候，即使他说的真的很有道理，你会听得进去吗？十有八九是你不但不想听，可能还会将一肚子火气冲他发出来。

更何况，这理智脑的发育速度还远远慢于情绪脑，往往要到一个人 20 岁之后才能完全发育成熟。可想而知，当你家宝贝发脾气的时候，也就是他的情绪脑在“耀武扬威”，而理智脑却暂时“下班”的时候，你能和他讲道理吗？铁定说不通啊！打他、威胁他，那还不是火上浇油吗？

而这时，你可以给予孩子最有效的帮助，就是把自己的频率放慢，让自己和孩子处于同一节奏的状态中，给自己和孩子一个缓和情绪的时间。很多父母在孩子哭闹的时候，自己的情绪也会被带动起来，禁不住要发火，这样不但很难理智地去帮助孩子，甚至还会给孩子的情绪“火上浇油”。因此，面对一个大发脾气的孩子，父母能不能首先调节好自己的情绪，用比较理性的态度去引导孩子，就十分重要了。

比如，前面案例中菲菲的爸爸，他把正在大哭的菲菲带到一个安静的地方，对她说：“菲菲，你现在很难受，那爸爸先来陪你待一会儿，等你舒服些了，咱们再说。”菲菲依然哭得很伤心，但哭声明显小了一点。爸爸把手放在菲菲的肩背上，轻轻地拍着，让她感到自己的陪伴，同时做了几个深呼吸的练习，调节自己的情绪，让自己逐渐平缓下来。在这个过程中，菲菲在爸爸耐心的陪伴下，由大声哭闹逐渐转成小声抽泣，情绪也慢慢平静了下来。

这个过程很神奇，当爸爸在陪伴和抚慰菲菲的时候，并不是认同了她刚才不讲理和乱发脾气的行为，只是表示：爸爸理解也接纳你现在的情绪，知道你现在很不好受。可是，菲菲的情绪却因此逐渐恢复平静。这是因为，当一个人感受到自己的情绪被理解和接纳时，反而会很快恢复自控。一旦孩子的情绪得到平复，那也就是他的理智脑开始准备进入工作状态了。

认识情绪，让孩子学会理解和描述感受

心理学研究发现，当一个人情绪特别激动的时候，一旦可以说出自己的感受，就会发现原来的那些愤怒啊、恐惧啊、悲伤啊等感觉开始减弱了。这是怎么回事呢?

原来，人的大脑前额叶皮层，也就是俗称的理智脑，有一部分功能是感知、分辨和处理情绪。一旦你能够意识到自己处在一个什么样的情绪状态中，并把它说出来，这就说明理智脑已经开始出来主持工作，收拾被情绪脑扰乱的残局了。

但是小孩子跟成人不一样，他的理智脑还没有发展到可以自己命名情绪的水平呢。而且，孩子越无法描述自己的需求和情绪状态，就越容易用发脾气来应对事件，这就是为什么年龄越小的孩子越容易哭闹。

这时候，父母的作用就体现出来了，你需要帮助孩子去调动他的理智脑，引导他去认识和理解自己的情绪状态。孩子认识和会命名的情绪越多，就越容易用更理性的方式来表达需求。

咱们通过下面这个例子，来看一看你要怎样帮助发脾气的孩子来认识自己的情绪。

妈妈正在厨房做饭，突然听到客厅里爆发出一串尖叫声，紧接着 5 岁的苏苏大哭着从屋子里跑了出来，嘴里还喊着:“讨厌，你赔我!”手里抓着一张被撕烂了的图画纸。

原来，2 岁半的弟弟想要画画，就随手拿起了茶几上的一张图画纸。哪知这是苏苏昨天在幼儿园完成的图画作业，是到目前为止她最满意的一幅画，老师还给盖了一朵小红花呢，她宝贝得不得了。苏苏要弟弟把图画还给她，弟弟不肯，结果两个人在争抢中就把图画纸撕坏了。

这时妈妈要怎么帮助苏苏命名她的情绪呢?妈妈蹲下身子，把苏苏抱

在怀里，先确认了一下两个孩子在争抢中没有受伤，然后对苏苏说：“你现在很生气，也很伤心，是吗？因为你最喜欢的图画被弟弟弄坏了。”

妈妈说到这里就可以了，这会让苏苏感到：有人理解我，我的委屈有人看到了。这样她就会平静很多。另外，妈妈也在帮助苏苏理解她真实的感受：很生气，很伤心，以及感受的来源是图画被弄坏了。这样苏苏就学会了一种表达方式：我感到很生气，因为什么什么，而不是仅仅用发脾气和哭闹来表达了。

帮孩子命名和表述情绪的三个便利贴

关于帮孩子命名和描述情绪的这个问题，我给你准备了三个便利贴，可以帮助你更好地掌握这个方法。

便利贴 1：对孩子的引导话语一定要简短，不能表现出夸张和怜悯

比如说，一个孩子在幼儿园和小伙伴闹了别扭，回到家里找妈妈大哭。这个时候妈妈应该怎么说？

如果妈妈说：“宝贝，你受委屈了，他怎么能这么欺负我孩子呢？这太不公平了！不行，妈妈要找他去算账！”你猜猜，这个孩子会平静下来吗？肯定不会！相反，他会觉得自己很可怜、好倒霉。他以后再遇到问题可能会变得更脆弱，就像个永远的受害者，需要别人怜悯和安慰，很难学会自己去解决问题。因此，这个时候，妈妈只需要说“你觉得很生气，因为你不希望别人那么说你”就够了。

便利贴 2：多用一些形象化的表达方式，辅助孩子学会命名情绪

建议父母找一些代表不同情绪的表情卡片，像生气、害怕、伤心、无助、喜悦、吃惊、委屈、发愁等，总之，表情卡片越细致，越能够帮孩子准确地识别自己当时的感受。你在平时陪孩子玩的时候，就可以和他玩一个“猜心情”的游戏。这个游戏很简单，比如，父母先做出一种表情，让孩子从这些图片中挑出对应的表情，并且来猜一猜这个表情代表的情绪感受是什么；反过来，让孩子做表情，父母来猜。根据孩子的年龄和识别情绪的能力，可以适当地增减难度。

你也可以借助和孩子看动画片或者讲故事的机会，问问孩子这个故事中的人物现在是什么心情，是什么原因让他有这样的感受，等等。

在真实的生活中，当孩子遇到各种不同的情况，例如发脾气、难过或感到委屈时，就可以让他把能够表达他心情的表情图片挑选出来。

便利贴 3：引导孩子理解和体会他人的情绪和感受

这不仅仅是为了增强孩子对情绪的认知和表达能力，更是让他学习站在他人角度去理解问题，引导他去思考自己和他人的关系，尤其是当孩子的行为影响到别人的时候。

比如，前面讲到的菲菲在儿童乐园的案例中，爸爸就可以这样引导菲菲：“刚才你不肯让别的小朋友坐船的时候，你注意到他们的表情了吗？你觉得他们心里会怎么想？”

问题解决：引导孩子寻找合适的方法处理问题

一旦孩子开始学会理解和描述自己的情绪，也就说明他的情绪渐渐恢复平静，大部分身心已经在理智脑的掌控范围了。那么你就需要进入下一步，和孩子讨论他的情绪，并且找到处理问题的策略。

在解决问题阶段，引导孩子的原则有两个：

（1）少讲道理，多引导其思考；

（2）少用陈述句和祈使句，多用启发式的疑问句。

我们还是从前面苏苏的那个例子入手，看看妈妈是怎么引导苏苏找到解决问题的策略的。

妈妈问苏苏："弟弟弄坏了你的图画，你很生气。可是，咱们怎么做，弟弟就不会毁掉你的图画呢？"

苏苏想了想说："不要让弟弟看到我的图画！"

妈妈说："可是你把图画放到茶几上，那可是弟弟最容易看到的地方哦。"

苏苏说："那就不要放在茶几上，把图画藏起来就好啦！"

妈妈马上笑着说："嗯，这个办法不错，看来以后苏苏你自己的东西一定要收好，才不会被别人弄坏，对不对？"苏苏很用力地点点头。

妈妈接着引导苏苏："刚才你那么生气，好像也不太能解决问题啊，咱们先看看能不能找个好办法把图画修好。"

苏苏把图画纸拿在手里左看右看，说："可以把纸粘起来吗？"

妈妈说："好主意，走，找胶带去！"

从刚才妈妈和苏苏的对话中，你可以看出什么？妈妈几乎没有评价苏苏的行为，也没有直接告诉她要怎么做，对不对？

所有的对话，妈妈几乎都是在用疑问句，引导苏苏去反思自己的行为和情绪，这远远要比直接告诉苏苏"你以后不要乱放东西"，或者"你的图画纸不过被撕成两半了而已，完全不值得生这么大的气啊，妈妈帮你粘上就好了"这种说教式的话要有效得多。

这是为什么呢？因为运用疑问句引导孩子思考，可以充分地唤起他理性思考和解决问题的能力，也就促进了他理智脑的发育。

通过这个过程，你会发现，孩子慢慢就可以直接用语言，而不是哭闹，来表达情绪了，还学会了从更多的角度去看待问题，这都可以成为他自我调节情绪的经验。

在安全感和溺爱间找到平衡

我们在前文聊到了当年龄较小的孩子哭闹发脾气时，父母该如何处理的问题。

相信你已经了解到，由于孩子大脑中负责理智思考和控制情绪的前额叶皮层尚未发育完全，所以他了解事实、处理情绪的时间往往要比成年人更加漫长，当孩子情绪失控的时候，父母要做的第一件事不是给孩子讲道理，更不是用批评和打骂的方式“火上浇油”，而是慢下来，把自己放在和孩子同频的节奏上，给他一个舒缓情绪的时间。

一些父母学习后，仍然感到十分困惑，问：“当孩子哭闹，甚至明显无理取闹的时候，不批评教育，反而还要和他建立情感联结，这会不会相当于在纵容孩子的行为，让他变得越来越任性呢？”另外，还有一些父母有着与之相反的担忧：孩子年龄那么小，他的期望也不高，家长完全有能力满足，看他哭得那么撕心裂肺，总担心如果不及时满足他，会不会造成现在网络上常说的“安全感缺失”。

确实，在育儿过程中，面对孩子的一些突发状况，父母很容易陷入这种左右为难的状况。这时是否满足孩子的要求，是一个很模糊的判定，没有统一的答案，你需要根据你的家庭条件、对周围人的影响、孩子的安全健康、习惯的养成以及当时的情境等诸多因素做综合考虑。其实，关键并不在于你答应还是不答应孩子的要求，而在于你的目的是尊重孩子的自主意识，培养他解决问题的能力，还是仅仅阻断他哭闹的行为。

把感受和行为分开处理

通过上一节我们已经了解到，所谓的接纳孩子，目的是接纳他的情绪和感受，让孩子知道“你的感受我看得见”，并且“你是安全的”，陪伴他度过情绪激动时的那种最困难的时刻。相反，纵容却是无原则地满足孩子的一切想法和要求。

也就是说，接纳的指向是孩子的情绪、情感；而纵容则是指向孩子的行为和要求，但是孩子行为背后真正的情感需求反而被忽视了。这就要求当孩子大发脾气的时候，你在和孩子建立情感同频的同时，要及时制止孩子的不良行为。

不知你有没有注意到，在上一节菲菲和爸爸的那个案例中，爸爸在对菲菲的情绪进行安抚之前先做了一件事，就是及时把菲菲从游戏现场抱走，没有满足女儿继续玩游戏的要求。这是让菲菲知道：“既然你现在不能遵守游戏规则，那么让爸爸来帮助你。”

我有个朋友，也是一位在教育机构工作的老师，她在和她 3 岁半的小儿子互动时，就把情绪和行为这两件事区分得很清晰。有一天他们全家吃午饭时，发生了一件小事。儿子刚学会使用筷子，吃饭时边吃边玩，并且兴奋地用筷子去戳大人公盘里的菜，很快，菜就被戳得满桌子都是。于是，这位朋友指着儿子碗里的菜对他说：“宝宝，你要吃自己碗里的菜，不能乱戳公盘，这样别人就没法吃了。”

但是，没过一会儿，调皮的小男孩又忍不住去戳公盘中的菜了。于是，妈妈再次阻止他：“宝宝，虽然戳菜很好玩，但这会让别人没办法吃饭，也很不礼貌。如果你再这样做一次，就不要吃饭了。”

小男孩虽然当时点头答应了，但或许想引起妈妈的注意，没吃几口饭，又故意去戳公盘中的菜，一边戳还一边用带点得意和挑衅的目光看向妈妈。这回，妈妈没有再说话，而是很干脆地把碗筷从儿子的手中拿了过来，并把他抱下了餐桌，对他说：“既然你还没准备好要吃饭，那么我们都不要吃了。”

看见妈妈动真格了，小家伙才知道闯了大祸，“哇”的一声大哭了起来。这个时候，妈妈做出了一个举动，她把孩子搂在怀里，轻轻抚摩他的后背，疏解孩子的情绪，却坚持没有让孩子再回到餐桌上，直到孩子渐渐平静下来。这时妈妈知道，教育孩子的时机到了。

这位妈妈在对儿子的管教中做到了什么呢？

· 保持了前后一致性，及时阻止孩子不符合规则的行为。让孩子知道他需要遵守的规则是什么，什么样的行为是不被允许的，如果他违反了规则，就必须为自己的行为付出代价。

· 当孩子因为受到惩罚而放声大哭时，妈妈又能理解和接纳他的感受，实际上就是告诉他：我知道你现在很不好受，没关系，我会陪伴你度过这段时光。那么，孩子在学到要如何遵守规则的同时，也了解到，妈妈对他的爱一直都在。

尊重而非迁就

在家庭教育中，父母最容易陷入的误区，就是把对孩子的尊重和迁就这两种态度弄混。很多人习惯忽视孩子的想法的价值，觉得小孩子能懂个啥，当孩子提出要求时，往往不等其说完就根据自己的判断生硬地拒绝或加以斥责。我小的时候，也曾有过这样的经历。看见大人们在津津有味地聊什么话题，也兴致勃勃地想要参与一下，却被大人们无情地轰开：“大人说话小孩子不要插嘴，去，一边玩去。”于是我眼神黯然，委屈地离开。时间一长，孩子感到自己的想法不被尊重，遇到问题后往往会因为不想招致责骂而选择沉默，或只会用行为上的抵抗来表达不满。

另一种看似相反的态度是迁就和纵容。不少父母对孩子的一些哭闹、发脾气的行为感到抓狂，他们为了息事宁人，直接满足孩子哪怕确实不合理的要求，或者直接上手替孩子承担本该由他们自己承担的责任。这种处理方式虽然看似简单省事，节约了教育的成本，且双方皆大欢喜，却让孩子习惯了一种奇怪的沟通模式：要么控制，要么屈从，却越来越缺乏表达真实需求的能力。随着年龄的增长，冲突只会越来越升级。当一切交流只是工具性的手段时，孩子既无法获得别人的尊重，也不知道如何尊重别人。

那么要如何打破这种局面，让孩子学会正确地表达自己的情绪和需求呢？这就要求父母放弃主观判断，改变只对孩子行为做出反应的习惯，把孩子视作和自己具有平等价值的人，尊重他们表达的权利，认真回应孩子的需求。具体做法如下：

1. 专注倾听，认真回应

前面说过，在孩子哭闹、发脾气的时候，父母往往太习惯只关注如何改变孩子（哭闹）的行为，而忽略了孩子所要表达的真实需求，这就是所谓的本末倒置。这个时候，父母应该认真倾听孩子的需求，无论最后对他的需求是否满足，都要耐心地等孩子表达完，再引导他商量解决问题的方法。一旦孩子的需求获得回应，行为反而容易改善。

举个例子。一个 4 岁的小姑娘非常喜欢吃虾，吃晚饭时，她发现饭桌上没有她喜欢吃的虾，于是哭闹起来，吵着要吃虾，没有虾就不吃饭。孩子哭得梨花带雨、凄凄惨惨，这时你是拒绝她还是迁就她？妈妈可能会采取拒绝的态度："哭什么哭？都 4 岁了还这么不懂事！今天没有虾，你要是不吃饭就饿肚子吧。"奶奶则会因为心疼孙女而妥协："宝贝不哭，奶奶现在去超市给你买。"然而，妈妈和奶奶的这两种方法关注的还是孩子的哭闹行为，而非她的需求。

孩子的需求是什么？很明显：我现在就要吃虾。那么合适的做法是认真回应孩子的这个需求。你可以慢下来，注视着孩子的眼睛，等她表达完需求后说："嗯，我知道你想要吃虾，但今天的晚饭只有鸡肉。妈妈明天去早市上买你爱吃的虾，中午做给你吃好吗？"虽然你能想象，孩子多数是不肯的，她很可能继续哭闹，等待大人妥协，但是没关系，你已经在回应她的需求了，并给予了孩子选择的权利："虾，我们只能明天吃，今天你可以和大家一起吃晚饭，也可以选择不吃饭。如果你还想哭，妈妈就陪你哭一会儿。"

看出区别了吗？一种是只针对孩子的行为，批评或迁就；另一种是针对孩子的需求，认真倾听并回应。虽然父母可能依旧拒绝，却传递给孩子一种态度：你可以自由地表达自己的意见和想法，不必因此感到羞愧和担忧，有问题我们一起商量着解决。那么孩子逐渐也会习惯这样的沟通模式：表达需求时没必要哭闹，坦然面对，直接表达就好，总能找到一种大家都满意的解决方案。

2. 多用商议代替命令

除了倾听孩子的需求，父母对孩子表达需求的方式同样需要体现尊重的价值。不少父母都抱怨：孩子怎么还没到青春期就开始叛逆了？他们为啥变得越来越爱顶嘴、抱怨、反抗父母的说教，还"歪理一大堆"？其实在我观察的多个家庭案例中，引起孩子反叛的可能并非父母的要求本身，而是他们提要求的方式激起了孩子不被尊重的负面情绪。

有位9岁男孩的妈妈抱怨说，不知为什么，儿子在外对待每个人都很懂事有礼貌，唯独对她的话处处抵抗。她举了最近发生的一个例子。那天是周日，孩子姥爷过生日，全家十几口人一起出去聚餐。大家落座一会儿后，小姑和小姑父才匆匆赶到，妈妈发现缺了把椅子，忙招呼儿子去帮忙给姑父搬椅子。没想到儿子只瞥了她一眼，就断然拒绝："要搬你去搬，你想做好人，为啥使唤我呀？！"妈妈在大庭广众之下被儿子噎得够呛，当着亲戚们的面又不好发作，憋了一肚子火，等到回家后全部冲儿子发了出来，结果母子俩因为这事两天都没说话。

后来，我让母子俩回忆一下，当时妈妈让儿子帮忙搬椅子时是怎么说的，小男孩立刻抢着答："她就大声命令我：'你起来，去给小姑父从外面搬把椅子来！'特别横！"妈妈觉得自己的态度没有儿子说的那么差，但承认儿子说的大部分是事实。儿子说："我也不知为什么，一听我妈说话就有气，虽然知道不对，但就是忍不住想顶她。"

虽然孩子因为年龄的关系，还无法清晰地表达自己的感受，但我立刻明白了他反抗情绪的来源：妈妈说话的方式和语气，让他产生了一种被强迫和操控的压迫感，他若选择服从，好像是自己付出了辛苦，"获利"的却是妈妈，心有不甘；若不服从，又显得自己很不懂事，招致大人的指责，于是用顶撞和反抗来表达情绪。

美国传播学家艾伯特·梅拉比安曾提出过一个著名的沟通公式：有效沟通=7%的语言+38%的声音+55%的表情和肢体语言。双方沟通的时候，语言本身传递的信息只起到很小的作用，但你说话的语气语调、动作表情却可能决定了沟通的成败。当孩子感到妈妈的话语中包含着强迫和操控，可能就会感到自己选择的权利被剥夺了，即使去做事，也是在妈妈的意志强迫下的行动，没有任何获得感。

如果妈妈能用商议的语气表达同样的意思:“宝贝,小姑父没有地方坐,你愿意去帮他找把椅子吗?”这时,孩子不但从妈妈的话语中获得了尊重,而且知道自己有自由选择的权利,反而激发了主动性和力量感,在这种情况下,大部分孩子都会热心地承担起责任。等孩子把事做好,你再把功劳归给他:“我儿子现在越来越能干了,这么快就把椅子帮姑父找来了。”孩子就会感受到你对他发自内心的尊重和欣赏。这样的话,他以后在做事的过程中,也会形成自主性和掌控感。

建立明确的边界

可能还有些父母会担心,如果成人过于尊重孩子,倾听和理解他们的想法,多用商议的语气和他们沟通,会不会造成孩子过度任性,变得以自我为中心?其实咱们前面已经说过,父母对孩子的尊重主要表现在对他们情感上的接纳和需求上的倾听,但同时,对孩子需求的合理性、行为的正当性,仍需要做出准确的判断并保持权威,让孩子形成一套明确的边界,知道什么行为是被允许的,什么行为则不可以。

从上一节中我们已经了解到,哭是年龄较小的孩子面对困难时的一种宣泄情绪的方式,也是他们处理问题的途径——通过哭闹来迫使成人满足自己的愿望。但是,随着孩子年龄的增长,他们完全有能力通过更加理性的方式去处理问题,成人扮演的角色,就由孩子需求的满足者变为引导者,在帮孩子建立规则的同时,也帮助他们发展出更合理的解决问题的能力。

“家长课堂”的果果妈有次分享了她帮儿子建立边界的故事。一天,她带 3 岁的果果去离家不远的超市购完物,果果被门口的电动摇摇车吸引了(就是那种投币后就会晃动并发出音乐的卡通小车),但走过去一看,果果最喜欢的“喜羊羊”车已经被另一个男孩占用了，旁边还剩一辆“小猪佩奇”车。妈妈说：“我们坐‘佩奇’好不好？”谁知果果的倔劲儿上来了，立刻哭起来，说什么也要坐“喜羊羊”车。

那个坐在“喜羊羊”车上的男孩比果果年龄大一些，男孩妈妈好心安慰果果说：“不哭哦，我让哥哥把‘喜羊羊’让给你好不好？”但是果果妈对那男孩妈妈笑着摆摆手，礼貌地拒绝了。她对果果说：“‘喜羊羊’现在是小哥哥在玩，你想玩的话，要自己去和哥哥说。”果果眼泪汪汪，但还是在妈妈的鼓励下对那个男孩说：“哥哥，你能不能让我玩会儿‘喜羊羊’？”谁知，那个男孩没同意：“我还想玩一会儿呢！”果果一听，又大哭了起来，心想妈妈教的方法怎么不管用呢？

妈妈不动声色，学着小猪佩奇的声音对果果说：“哎呀，看来今天‘喜羊羊’很忙，但是‘佩奇’我好想和果果玩呀，你就和我玩会儿吧。”然后，静静地等待果果的回应。果果哭了一会儿，渐渐平息了下来，竟然主动上了“佩奇”车，还回头对“喜羊羊”车上的男孩说：“今天我要和‘佩奇’玩，明天我再和‘喜羊羊’玩。”

妈妈亲眼见证了儿子的这个转变，感动不已。当儿子哭闹着提出任性的要求时，即使另一个男孩的妈妈做出了“让”的提议，她还是坚持让孩子自己来处理。因为果果必须知道，这个世界没有谁必须主动让着他，想要达成愿望，就必须自己通过协商去处理；同样，当自己的要求遭受拒绝，他也必须发展出等待的力量。

果果一定是内心经历了一段十分痛苦的挣扎，最终，才很有“智慧”地帮自己找了个“台阶”下，心安理得地接受了事实。这对一个 3 岁的孩子来说，是一个了不起的转变。

适当“漠视”孩子的“缺点”：有趣的性格行为改译法

在本书的第一章，我谈到父母在和孩子互动的过程中，常见的一个期望悖论就是“墨菲定律”。也就是说，你越担心孩子身上的某一个问题，就越容易把关注点全部放在这个问题上，这反而强化了孩子身上的这种特质。结果，这种特质就像标签一样，牢牢地粘在孩子的身上，成为孩子一个所谓的“缺点”。

我给这个“缺点”打了个引号，因为从某种意义上来说，孩子的一些缺点可能是他在成长过程中被建构出来的。这里边可以分两种情况：

一种情况是，一旦孩子身上的某种所谓的“缺点”，比如马虎、胆小、不合群等，被不断地强调，孩子就会渐渐内化并且认同父母对他的这种看法，认为自己就是这样的人。

另一种情况是，孩子会发现“缺点”可能为他带来的一些“好处”，比如，娇气、爱哭可能会容易得到大人的特别关注；马虎可以作为做题出错的借口……结果你就会发现，这些缺点在孩子身上变得越来越明显了。

父母要想在孩子的成长过程中帮助他培养良好的性格和行为习惯，该怎么做呢？在这里，我给你介绍一个比较好用的方法，叫作“性格行为改译法”。

心理学上有这样一个理论：影响我们的不是事情本身，而是我们对事情的看法和评价。其实，将这个理论运用到你对孩子的教育上也是一样的：如果你不把孩子的某种行为看成缺点或问题，而是用一个全新的角度来看待，那么对孩子一定会有完全不同的影响。

在运用“性格行为改译法”时，你需要把握三个方面：

一、把“负面”改译为“正面”：把孩子的行为导向一个良好的动机

有一位年轻的妈妈找到我，想要咨询关于孩子胆小的问题。她告诉我，她觉得自己的女儿特别胆小、害羞，虽然她已经3岁了，每次下楼的时候还要大人抱，或者必须牵着她的手，才肯下楼，而且下得还很慢，总担心自己会摔跤。而别的小朋友，2岁就可以自己下楼了。平时带她出门散个步，遇到一些叔叔阿姨，让她和人家打个招呼，可她不是低着头涨红着脸一句话不说，就是干脆躲到父母身后，怎么叫她都不肯出来，弄得父母非常尴尬。尤其是这位妈妈看到那些比女儿年龄还要小的孩子都能大大方方、奶声奶气地叫“阿姨”“奶奶”，心里就更加不是滋味，担心孩子的性格是不是出了问题。

听了这位妈妈的倾诉，我对她说：“听起来，你女儿是一个做事很谨慎、很细心的孩子哦。”

听我这么一说，这位妈妈愣了一下，然后就眯眼笑了起来，说：“对呀，老师，这么一讲，还真像您说的那样，这孩子做事确实非常细心谨慎，别看她年龄不大，平时教她做点什么，她都看得很认真，模仿起来还真的像模像样。我平时陪她玩时，问她个什么问题，她都会说‘我想一想

哈’，认真思考一下，才会说出她的答案……”说到这里，妈妈突然停了下来，然后恍然大悟，“老师，您的意思是说，孩子并不是胆小，只是比较认真、谨慎吗？”

其实，孩子在婴幼儿时期，面对他不太确定的环境、不太熟悉的人，表现出一定程度的焦虑，是非常正常的现象，这和孩子的先天气质特征、大脑和心理发育过程息息相关。这时，父母要切记避免直接给孩子的这种阶段性的行为特点贴上一个负面的标签，认定孩子就是胆小、害羞、懒惰，否则，时间一长，孩子真的会无意识地接受父母的评价，相信自己就是一个胆小、害羞、懒惰的人。

相反，父母需要做的是先问问自己：这是个问题吗？是不是由于孩子暂时缺乏足够的经验和判断力导致的？或者，这只是孩子发展到这个年龄段所表现出的个性特点，他需要经历这样一个成长的过程？

然后，你尝试以一种接纳的态度去看待孩子的行为，把它“改译”为一个良好、正面的动机，看一看孩子这个行为背后的好处是什么。这样一来，不但能够迅速缓解父母自身的焦虑，而且有助于父母去理解孩子真正的心理需求。

这就是为什么，当我把这位妈妈形容女儿时用的一个相对负面的词“胆小”换成了“谨慎、细心”后，她反而开始静下心来主动去发现平时孩子身上被她所忽视的那些优点了。

这样一来，女儿一旦真的需要帮助，妈妈可以提供一些建议，比如，“宝贝，来，你下台阶的时候，试试扶着旁边的栏杆，看看是不是能下得快一些”。或者，当孩子不愿意与陌生人打招呼时，妈妈可以给孩子一个适应的时间，并且在这段时间内，每次碰到同一位朋友，妈妈都当着孩子的面和她热情地打招呼，并且告诉孩子：“这个是 × 阿姨，是妈妈很要好的同事，就住在咱家隔壁的院子里，你最喜欢的那个小兔子娃娃就是她送给你的。”平时，妈妈也可以通过和孩子玩游戏，来手把手教给她一些和别人打招呼的方式。

后来，这位妈妈慢慢发现，女儿真的长成了一个做事细心谨慎、喜爱观察和思考的孩子，而且她并不胆小，经过不断练习，与人交往的能力也逐渐提升了。

二、把“问题”改译为“正常”：减少对孩子所谓“问题行为”的关注度

我发现一个有趣的现象，当家长越把孩子身上的一个特点当成“问题”，并且想尽办法去解决它时，问题反而会变得越来越严重，最后，发现问题好像和孩子融为一体了，无论如何都难以解决了。

我认识一个叫程程的小男孩，已经上小学二年级了，还是特别爱哭，这件事让他的父母感到非常烦恼。写作业遇到难题，大人说“你再仔细想一想呗”，结果程程就坐在桌前哭了；课文没有背熟，妈妈检查时扣了分，当场就哭；他自己吃饭慢，耽误了时间，小伙伴出去玩时没等他，他也哭；想要小姐姐的自动笔，姐姐不肯给，还是哭。

这个家庭找到我后，我并不着急去帮父母解决孩子哭的问题，而是对程程哭的时候父母在做什么表示很好奇。

爸爸认为，男孩子这么爱哭，太没有出息了，必须治治他这个毛病。他对程程的策略是，遇到问题有事儿说事儿，如果他再哭，全家都不要理他。

妈妈却心疼儿子，每次程程哭时，都尽量耐心地哄他。她看了不少育儿的书籍，相信对待孩子的问题，应该以鼓励为主。于是，为了帮儿子改掉爱哭的毛病，妈妈还给程程定了一个奖励机制，如果今天程程没有哭，

就奖励他一面“坚强者小红旗”，小红旗积累到一定数量，还可以换程程想要的东西。

我问妈妈：“那么如果程程再也不哭了，他是不是可以每天都得到小红旗了？”

妈妈说，他不哭了也就不需要红旗了呀。

我笑着说：“看来，程程还是需要时不时地哭一哭，否则就没有好处了。”

程程妈妈望着我，眨了眨眼睛，似乎在思考着什么。然后，她也笑了：“老师，我有点明白您的意思了，这次我们回家再试一试。”

一段时间后，程程妈妈再次给我打来电话汇报孩子的进展，她非常开心地说：“谢谢老师，程程最近很少哭了，做事效率还提高了。”

原来，上次见面后，程程又因为背不出课文想要哭的时候，妈妈只是适当地表示了一下理解：“课文老背不熟，确实让人沮丧啊。那你先休息一下，哭一会儿吧，哭完把课文再熟悉一下。妈妈先去做好吃的红烧带鱼，等你待会儿不难过了，咱就可以开饭了。”说完，妈妈真的去做饭了。

说来也怪，那天妈妈做完饭后，只喊了声“吃饭啦，香喷喷的带鱼出锅喽”，程程就和大家一起过来吃饭了。饭桌上大家其乐融融地聊这聊那，谁也没再提程程背课文哭的事。吃过饭，妈妈再去找程程背课文时，多背了两遍，程程一次也没哭，就通过了。妈妈表扬了程程努力背课文的进步，程程自己也美滋滋的。慢慢地，程程动不动就哭的次数变得越来越少了。

咦，问题是怎么解决的？妈妈看起来似乎并没有做什么呀？对，恰恰就是妈妈的这个“不作为”，“治好”了程程爱哭的毛病。

我在工作中发现，其实孩子身上那些令家长焦虑不安的问题，本身算不上什么问题，有的是孩子成长中的一个阶段性现象，有的是亲子互动中形成的一种行为模式，还有的甚至只是生活中的偶然事件，只不过由于家长过度重视，对这件事所产生的影响十分担忧，以致投入太多精力想要去解决，在无形中给这件事赋予了特殊的意义，最后把它变成了一个严重的问题。

类似的“问题”还有很多，例如，你在面对孩子做事磨蹭的问题时感觉如临大敌，天天跟在孩子屁股后面当监工，不停地催他“快点，快点”，结果孩子的动作反而越来越慢；孩子不好好吃饭，你担心孩子饿着，缺乏营养，想尽办法哄他多吃一口，实在不肯吃，你就干脆拿起饭碗直接喂他，甚至不得不答应孩子的条件：多吃两口饭，奖励 10 分钟玩 iPad……

于是，处在“问题”中心的孩子很快就发现（在很多情况下，孩子的这种感觉是无意识的），他有一种了不起的能力，那就是只要做出某一种行为，就能百分之百地吸引大人的注意力。就像程程，虽然他哭的时候可能会受到爸爸的责骂和惩罚，而妈妈会温柔地安慰他，甚至想尽办法“奖励他”，但无论如何，只要他哭，爸爸妈妈关注的焦点就永远在他的身上，屡试不爽。爱哭这件事，实在是太有好处啦！既然时不时地哭一哭有这么大的好处，程程怎么舍得丢掉呢？

你看，要想让程程改掉爱哭的毛病，其实很简单，那就是反其道而行之，大人们不再把“哭”看成问题，而是把它改译成“一件正常的没必要太在意的事”。既然是再正常不过的事，那就没必要那么重视它，不需要太在意。之前在孩子眼中百试不爽的能力，一下子失去了效力。孩子也不傻，自然知道既然“好处”消失了，死抱着不放也是没用的。

所以，爸爸妈妈应该这样处理程程“爱哭”的问题：这件事让你不开心了，你哭一哭是很正常的，我们理解你，然后，我们继续该做什么还做什么。这就相当于告诉程程：你有权利去哭，当然也有权利选择更开心、更有效的解决方式——只要你愿意。

三、把“责骂”改为“具体的指导和积极的反馈”

当孩子犯错的时候，家长要改变处理孩子行为的方式，把批评和责骂变为提供一些替代性的建议。同时也要注意，一旦孩子的行为有所改善，父母要及时给予积极的鼓励和支持。

下面我们还是用例子来说明这个问题：

一位爸爸把他 6 岁的儿子从好朋友家接回来以后，发现儿子偷偷地把朋友阳阳的玩具小汽车揣到大衣兜里，带回了家。这个时候，这位爸爸是怎么做的呢？

爸爸对儿子说：“我看到你把阳阳的小汽车拿回家了，那是阳阳最心爱的玩具，他要是找不到，肯定会非常伤心的。你愿意看到好朋友伤心吗？”注意，这里爸爸直接告诉孩子，不给孩子隐瞒的机会，同时改译孩子的行为，不说“偷”，而是“拿”。

小家伙儿听了，马上摇摇头，眼泪就要掉下来了。

爸爸接着说：“我们把这个小汽车带回家，可能就失去和阳阳一起玩其他玩具的机会了哦。”爸爸这是在给予具体的引导，引发孩子对得与失的思考。

孩子一下就着急了：“那该怎么办呢？”爸爸说：“你看这样好不好，咱们现在就回到阳阳家，把小汽车还给他？”

孩子怯怯地说：“可是我害怕阳阳会生我的气。”爸爸微笑着说：“没关系，爸爸陪你一起去。”

就这样，爸爸把儿子带到好朋友家，让孩子当着自己的面把玩具还给了朋友。在这之后，爸爸还告诉儿子，他能够把“不小心带回家的玩具”及时地还给好朋友，爸爸特别为他感到骄傲，等他过生日的时候，爸爸也会给他买辆小汽车。

从这个案例中，我们可以看到什么？

首先，爸爸没有立刻评价孩子的行为，更没有用“偷东西”“坏孩子”这样的负面词语来批评孩子，而是用“把小汽车拿回家”这样的描述，改译孩子的行为以后，引发孩子去思考这个行为可能导致的后果。

一旦孩子真正去思考自己的行为了，再提出建议，让他自己去承担这个行为所造成的后果——立刻把玩具还给朋友。最后，又把孩子改善行为的功劳归到孩子自己的身上，让他得到及时的鼓励。

这样孩子既会认识到他这样做是不对的，又知道什么样的行为是被鼓励的，同时还能体会到“我虽然做得不对，但爸爸还是爱我的”。那么以后，这个孩子就会倾向于做出更多的良好行为。

抗挫力：如何让“输不起”的孩子正确面对失败

曾经有位妈妈找到我，说她 9 岁的女儿死活不肯参加区里举办的才艺比赛，只因为她在几个月前的一次小提琴比赛中失利，没拿到理想中的名次。

原来，这个小姑娘从6岁开始学小提琴，老师说这孩子拉琴很有天赋，是同一批学琴的孩子中进步最快的，她自己也非常喜欢拉琴。孩子开始拉得像模像样后，妈妈就让她试着参加一些小比赛，倒不是为了得奖，而是想要培养她对音乐的感受力。而小姑娘几乎在每次比赛中都能拿到名次，虽然不是顶尖的，但毕竟她年龄偏小，学习力又强，周围人对她的发展都很看好。

直到在几个月前的一场比赛中，由于疏忽，一首本来很熟练的曲目，她出现了明显的错误，没取得任何名次。当时孩子的情绪非常不好，哭着说再也不想参加比赛了。家长也没太在意，简单地安慰了一下孩子：“没关系的，一次没拉好说明不了什么，下次努力就行了。”

没想到，孩子真的再也不肯参加比赛了，家里人好说歹说，告诉她这就是场汇报音乐会，不算正式比赛，名次不重要。

可没想到，比赛前夜，这位妈妈无意中推开女儿的房门，却大吃一惊，只见屋子里的窗户大开，冷风呼呼地灌进来，女儿只穿了背心、短裤，躺在冰凉的地板上。

还好，孩子安然无恙。在妈妈的追问下，孩子哭着坦白说，她是因为害怕比赛失败，想把自己冻病了，这样就不用去参赛了。

这位妈妈非常惊愕，觉得女儿平时争强好胜，但这是有上进心的表现啊，可没想到，她却因为害怕失败，想出这样极端的方法来逃避比赛。

妈妈本想骂女儿一顿，可又担心会给她造成更大的压力，她不能理解，女儿为什么会恐惧失败到这个地步。

输得起的孩子具备两个基本特征

其实，怕失败是人类的一种天性。尤其在远古时期，物质资源极度匮乏，人类在和自然的对抗中，失败的结果可能就是挨饿，或者被其他物种所消灭。所以，在人的基因当中，保留了怕输的特性。

关键问题在于，失败对你意味着什么？

你是只看到失败的结果，并且把这个结果直接和自己的能力挂钩，认为失败就等于不优秀，还是相信失败仅仅意味着这一次做得不理想，并且从中仔细寻找原因，持续改进呢？

心理学研究发现，在遭遇失败的时候，有些孩子能够比较快地从沮丧中恢复过来，继续做事，这样的孩子往往有以下两个特点：

第一，在生活中和至少一位成人建立了亲密稳定的情感联结；

第二，具有很强的自主意识和行动力。

这两种特质，和孩子在成长过程中的心理发展需求有着紧密的联系。

我们首先来看第一点，拥有亲密稳定的情感联结。

孩子在婴幼儿时期，至少要和一位养育者发展出一份安全、稳定的情感支持关系。当孩子感到不舒适，开始哭闹的时候，你能够及时关注，使他的需求得到满足，比如，温柔地注视着他的眼睛和他说话，或者把他抱起来抚慰，去检查他是否出现饥渴、尿湿等生理不适。这种互动将促进婴儿被激活的压力反应系统回归正常基准，使孩子的压力容易得到缓解，大脑中调节愉悦的神经网络因而被不断刺激，他会逐渐形成积极正向的自我评价："我是重要的、被爱的，我感到很安全、很幸福！"

这样的孩子，在他以后的成长过程中遇到失败的时候，不太会陷在挫折感中出不来。因为他知道：没关系啊，即使做不好我也是可爱的，我再努力一些，做得更好就是了。

其次来看第二点，勇于面对失败的孩子，通常具有很强的自主性和行动力。

孩子在 1 岁以后，开始断奶，并学习走路、控制大小便、自己吃饭等各种技能，这时候他就要开始不断地经受失败和挫折了。

你会发现这个时期的孩子简直就是个"脆弱 – 坚强"的综合体。他走路跌倒了会哭，然后爬起来继续走；积木倒了会生气，发过脾气后继续搭……正是在这个"尝试—失败—再尝试"的过程中，孩子开始发展出自信和自主选择的能力。

这时，作为父母的你，既要给孩子足够的时间和机会，允许他尝试自己寻找解决问题的方法，又要在孩子需要的时候，提供各种支持和帮助，教给他一些克服困难的方法。

孩子在面对失败的时候，会自觉地不断去尝试、去体验。他会觉得："唉，看来这样行不通，那还有什么样的方法可以做到呢？不行，我一定要找更好的办法再试一试！"

用一句话概括，就是不怕失败、输得起的孩子，更容易相信自己做好事情的能力和享受做事过程的乐趣。

说到这里，有些家长也许会着急：如果孩子暂时不具备这两个特点，他就是害怕失败、回避失败，可怎么办？

别急，你只需要在和孩子日常的互动中做到“两个接纳，两个过程”就可以了。

两个接纳

两个接纳，接纳的是孩子暂时失败的结果和孩子自身的情绪。

1. 接纳孩子不太理想的结果

在很多情况下，孩子对失败的反应，往往来自他对父母态度的判断。

有一次，我陪一位朋友去一家儿童培训机构接她的孩子。路过一间教室时，刚好看见里面正在进行一场思维训练家长观摩课。一个小胖男孩在老师的反复引导下，仍然没说出正确的答案，老师只好笑眯眯地让小胖男孩坐下，去提问其他孩子。小胖男孩没有急着坐下，而是先紧张地扭头去看坐在家长区的妈妈的脸色。估计妈妈的脸色一定不好，小胖男孩低头坐下，开始抹起了眼泪。那天，我在教室门前足足站了10分钟，孩子的头一直也没抬起来过。

生活中，我们会遇到这种情况，就是父母和孩子的挫败感常常是缠绕在一起的。一些焦虑感比较强的家长，会因为一些很小的失误，就联想到孩子未来的人生可能会失败。父母把沉甸甸的挫败感和失落感投射到孩子身上，这往往模糊了孩子对人和事之间的界限的判断，使他做事时越来越畏首畏尾，常会因为一件事情不顺，而不自觉地联想到自己整个人可能会被否定。

他会担心："我搞砸了，爸爸妈妈还会喜欢我吗？""我做不好，还会是可爱的吗？"为了维护自尊，孩子变得不敢尝试，或者在遇到困难时，很容易出现攻击甚至情绪崩溃的状态。

可见，接纳并且发展出积极策略处理失败和挫折，不仅是孩子，更是父母需要具备的能力。

家长首先要向内观察，问问自己：孩子这次没做好，我是什么感觉？如果我的情绪很糟，是来自自己的挫败感，还是对孩子的担忧？要怎么认识这件事，才能以更积极的态度去面对孩子这一次的挫折？我该怎么引导孩子，对他的成长才是最有利的？

当孩子遇到挫败时，家长需要坚持不懈地引导孩子找到原因，用积极的态度面对问题，想出各种策略来尝试解决，这样孩子才会逐渐形成解决问题和抗挫的能力。

2. 接纳孩子的情绪

我在一些生活场景中，常常见到不少家长在面对孩子遭遇失败的哭闹和情绪低落时，会这样安慰孩子："哎呀，多大点儿事儿，至于吗？""没事儿，别哭了哈，下次保准能赢！"前面提到的那个拉小提琴的女孩，当她在比赛中发挥失常，成年人也是这么安慰她的："没关系的，一次没拉好说明不了什么，下次努力就行了。"

可是，令家长们感到疑惑不解的是，我们并没有要求孩子一定要做得多好，也安慰、鼓励他了，可为什么孩子还这么没完没了地闹脾气？

其实，本书在"如何面对动不动就发脾气的孩子"这一节中，分析了孩子在遭遇失败和挫折的那一刻，大脑刚好被情绪所控制，这时他是听不进任何道理的。如果只是对他说"没关系，没什么大不了的"，这种回应一方面会让孩子感到"我的感受是不对的，我不应该哭，这是不被大人接受的"；另一方面孩子会误认为，成年人口中的"没关系、正常"是在告诉他，“你本身的能力就是如此，所以结果不好是正常的”。

这时孩子就陷入了自己的情感和能力被双重否定的境遇中，他的压力不但没有减少，反而增加了。如果没有得到及时处理，这可能在一段时间内成为孩子一个失败的记忆，这就是为什么那个拉琴的女孩在父母安慰后，情绪不但没有缓解，甚至还惧怕再次参加比赛。

有的家长会感到疑惑，安慰孩子“没关系”都不行，难道要不理他吗？当然不是！估计这时聪明的父母已经觉察出来了：先去和孩子的感受同频，这才是正确的做法。

没错，孩子面对失败的时候，生气和哭闹都是正常的。咱们前面也说过，当孩子感到自己是安全的、被接纳的，才能够发展出对抗压力的能力。所以，那位拉琴的小姑娘，当她因遭遇比赛失利而伤心不已时，妈妈只需要陪伴在孩子身旁，感受她的处境和情绪，对她说：“妈妈能看出你特别失望、特别伤心，因为你太想赢这次比赛了。”

这就好像为孩子被负面情绪控制的大脑疏通了回路，她知道自己的感受有人理解，面前的困难有人会和她一起共同面对。这样，她才能逐渐从强烈的情绪中抽离出来，进入下一步解决问题的思考当中。

两个过程

说完了如何接纳，咱们再来看看怎么帮助孩子去看待失败和成功的过程。

1. 失败的过程

可能有的父母也会和那个拉小提琴的女孩的妈妈一样，这样来引导孩子：“哎呀，这不算比赛，就是一个汇报演出，不要那么在乎结果。”

但是，结果真的不重要吗？当然重要啦，做事的结果是检验你目前能力的标准。通过这个结果，你才能够知道自己平时那些努力有没有效果。比起“轻视”结果，更为合适的方法是引导孩子看到获得这个结果的过程，你需要思考两个问题：

第一，虽然成绩不理想，但孩子做得比较好的方面是什么？

这就把孩子的目光从面对失败时的挫折感中调开，让他看到他之前通过努力而获得的成就。比如说，孩子今天拿回的语文期中试卷只有 70 多分，但是你发现他的汉语拼音这一块，这次只扣了 2 分，你就可以对他说：“不错哦，你的拼音进步好大呀，看来咱们每天的拼读练习有效果啦！咱们再来看看这次是因为什么丢的分，怎么把它找回来，下次就能做得更好啦。”

孩子开始可能会很惊讶，哎，妈妈不但没有批评我，还认可我了！慢慢地他会启动自己内在的动力：既然我拼音可以取得进步，那语文的其他方面我也能做得更好，你看，妈妈就对我很有信心嘛。

第二，孩子这一次没做好是哪里出了问题，下一次要用什么方法避免？

你肯定知道有种能力叫作“反思”，就是说事前思考自己的行动步骤和方式，事后回顾自己做事的过程。对孩子来说，这是一种非常重要的能力。

还是拿那个不敢参加比赛的小姑娘来说吧，当她输掉小提琴比赛，情绪平复下来后，父母可以带她一起思考：这首曲目表现得不太理想，是什么地方出了问题？出问题的时候，你是怎么应对的？下一次咱们要怎么避免同样的问题出现？

孩子可能会思考：哦，平时这首曲子有一段我就拉得不熟，没想到比赛抽签刚好就抽到它，于是特别紧张，总是想着千万别出错啊，结果反而更容易错。看来以后我绝对不能抱侥幸心理，把不熟的地方一定要练熟了。

这样一来，孩子在以后的练习中，就会更有意识地去改进。等到她真的把这首曲子练熟了，就会产生一种愉悦感和获得感。这就是孩子从失败中获得的礼物。

2. 成功的过程

在孩子取得成功的时候，父母同样需要及时帮助他去思考成功的过程。你可能会感到奇怪，孩子成功了，有什么需要思考的呀？其实，在孩子获得成功时，你对他的引导，决定了他面对失败时的态度。

我们假设刚刚那个小姑娘在一场比赛中得了冠军。如果你是她的父母，你会怎么说？下面有三种说法，咱们来看看，哪一种会是你的选择？

A. 哇，宝贝，你太厉害了，像个小音乐家！

B. 嗯，你比那些高年级组的学生演奏得还要好，不愧是我的女儿！

C. 你进步真大，把这首曲子的难点都练熟了，而且拉得特别有感情。你这么喜欢小提琴，妈妈真替你高兴。

我之前接触过的家长，多数都认为第三种说法最好，但是也承认，他们更容易选择第一种和第二种说法。

其实这是可以理解的，我在第一章中也谈到过这个问题，就是父母不但希望自己的孩子做得好，而且希望他能够比别的孩子领先。

但是这种夸赞的方式，可能会带给孩子一种理念，就是比赛的唯一目的是赢；而且，除非我一直都比别人强，否则就不能获得大人的喜欢。那孩子即使这次赢了，下次一样会恐惧失败。

要激励孩子勇于面对失败，你需要在他成功的时候，就把他的目光导向成功过程中的获得，而不单单看重一个结果。就像前面说的最后一种说话方式，既告诉孩子她进步了，又具体到让她知道她能进步就是把原来不熟的难点都练熟了；而且，她之所以做得好，是因为她在演奏中投入了感情，妈妈为她真正喜欢小提琴这件事而感到高兴，而不仅仅是那个赢的结果。

这样，孩子就获得了比成功的结果更重要的东西，那就是成功的经验：我做得好，是因为我下功夫去练习那些难点了，遇到困难我坚持下来了；最重要的是，我喜欢演奏出美妙乐曲的那种感觉。

培养孩子自控力，绝不是学会忍耐那么简单

有位妈妈在微信里和我聊道："我儿子自控力特别差，还经常故意和我作对，每次他不好好写作业，我一说他，他反而更爱乱动了，坚持学习的时间连 3 分钟都没有！"

我问："您是怎么说他的？"

这位妈妈立刻给我发来一条视频，我打开一看，只见一个小男孩坐在书桌前，一会儿抠橡皮，一会儿摇头晃脑，没见他写几个字，背景中一直伴随着责备声，应该就来自他妈妈："到底写不写？你看你都磨蹭多长时间了……自控力怎么总这么差，永远管不住自己呢？"

听到这位妈妈对儿子学习磨蹭的反应，我大体知道这个小男孩为什么坚持学习的时间越来越短了。孩子可能并不一定是在故意和妈妈作对，但妈妈不断责备他，一会儿一个"自控力总这么差"，一会儿一个"永远管不住自己"，就让他产生了一种自我不信任和羞愧感，认为自己真的是一个自控力很差的孩子。

什么是自控力?

和这位妈妈一样，来找我寻求帮助的家长中有百分之七八十都会抱怨孩子自控力差，并投入极大的热情，寻找方法提升自家孩子的自控力水平。而在近年来的大量研究中，自控力也被认为是预测孩子学业成就和未来事业成功的重要因素之一。然而，自控力具体指的是什么呢?

根据美国心理学会（APA）的定义，自控力包含以下五个因素：

· 延迟满足（delay gratification）的能力，即为了达到长期的目标，而能够抵御眼前的诱惑的能力。

· 能够推翻那些无用甚至有害的想法、感觉和冲动的能力。

· 在行动的时候，采用一种更为冷静（cool）的认知系统，而不是一种冲动（hot）的情绪系统的能力。

· 能够有意识地给自我设定规则，并努力遵守。

· 一种有限的可能被损耗的资源。

你会发现，自控力其实是一种有意识地在现在与未来、冲动和理智之间不断权衡，并做出理性控制的能力。相信不少父母都听说过有关自控力的一个重要的心理学实验，对，就是50多年前美国斯坦福大学的那个“棉花糖实验”。他们招募了几百个3～6岁的幼儿园儿童，在每个人面前的桌上都放了一块诱人的棉花糖，并告诉他们，在工作人员离开的15分钟内，如果能忍住不吃这块糖，就能获得第二块糖的额外奖励。

结果这些孩子中的大部分都经不住诱惑，很快吃掉了糖，只有不足1/3的孩子真的坚持了下来，得到了第二块糖的奖励。后来的追踪研究发现，这些能够坚持到最后的孩子，比那些很快就吃掉糖的孩子，在10多年以后，获得了更加优秀的学业成绩。

由于关系到预测孩子未来的成就，这个研究结果曾被世界各大媒体、教育机构和更多的父母所追捧。虽然这个实验设计后来被证明是不严谨的，实验结论也充满了争议，但这并不是本文关注的重点。我要说的是，因为实验的影响，望子成龙的父母们对孩子自控力的培养存在一些误读，而这些误读可能还会对我们现在的家庭教育起作用，所以，必须引起父母们的重视。

常见的家庭教育中对自控力的误读

误读一：把自控力等同于成人强迫控制

有很多爸爸妈妈把自控力的培养简单地解读成锻炼孩子的忍耐力，让孩子学会努力克制自己的欲望，不能想要什么就必须马上得到。

有位爸爸说："我儿子平时自控力差，成绩总是上不去。为了培养他的自控力，我在平时的生活中就训练他学会延迟满足。当他非常想要一个玩具，我不会马上买给他，而是告诉他，必须忍耐一段时间，等到下一次考试，他努力考到满分，才能够得到这个玩具。"

这位爸爸的方法怎么样？我觉得是不合适的。对照一下前面列出的自控力元素，你就会发现，真正的自控力是为了达到一个长远的目标，自觉且有意识地抵挡当下的诱惑。比如，在"棉花糖实验"中，那些没有马上吃掉棉花糖的孩子，他们是为了一个更大的目标——得到更多糖，并不是工作人员强迫他们不能吃的。

而且，后续的研究发现，当孩子相信"是我自己在控制着事情的发展"时，他主动选择延迟的时间就会更长；相反，当孩子认为自己被别人所控制时，他的延迟时间反而会大大缩短。你看，引导孩子学会自控，是通过让他看到未来会出现一个更有吸引力的好处，通过他自己的权衡和思考，从而发展出自我控制的能力。这和在你的强制下，进行被动控制的结果是完全不同的。培养孩子自控力，绝不仅仅是告诉他要学会忍耐这么简单！

误读二：对孩子不切实际的期望

前面的那位父亲希望儿子能够通过坚持一个好的行为来换取奖励，但他忽略了一点，就是孩子自身的能力，以及要获得这个奖励的周期。你告诉他，想要玩具得学会忍耐，用好成绩来换。但这个成绩离他目前的水平有多远？具体要怎么努力、用什么样的方法、多长时间来达到？如果努力后还是达不到，该怎么办？这些都没有人来帮孩子分析。

我们已经知道，孩子大脑中负责注意控制、认知抑制等执行功能的前额叶皮层尚未发育成熟，即使他一开始被这个诱惑所激励，但很快就会发现，自己根本就做不到啊。于是，遭受现实打击的孩子不但容易放弃努力，还会认为“大人只是哄我，不想给我买玩具”。一旦丧失信心，他的自控力反而会更差。

关于人类自控力的研究，科学家还做过另一项实验。

参加实验的人，被要求空腹来到实验室，他们面前摆放了两盘食物：一盘是好吃但不利于健康的巧克力曲奇，另一盘是看上去似乎不太好吃但有利于健康的小红萝卜。被试者分为两组，其中一组被告知可以享用那盘香味十足的巧克力曲奇；另外一组就比较悲惨了，他们只被允许吃掉小红萝卜，至于那盘巧克力曲奇——只许看，不许吃。还好，结果令人欣慰，第二组的被试者凭借强大的自控力，抵制住了巧克力曲奇的诱惑，吃下了小红萝卜。

吃完食物后，研究人员把两组被试者带到另一个房间，让他们尝试解开一道十分复杂的几何难题。那么你猜猜看，自由享用美味巧克力曲奇的人和耐受住巧克力曲奇的诱惑吃掉小红萝卜的人，哪组在后面的解题过程中坚持的时间更长？

你一定会认为，当然是更有自控力的吃掉小红萝卜组啦。结果恰恰相反，只被允许吃小红萝卜的人，在抵制巧克力曲奇的诱惑时，用掉了太多自控力，他们在后面攻克难题时，反而显得很无力，坚持的时间还不到吃掉巧克力曲奇组的一半！

于是心理学家发现，自控力就如同你银行里的存款，是有限的，一下子取用太多，必然入不敷出。这就是为什么很多希望快速减肥的人，通常坚持不了多久，反而吃得更多、反弹更大。高强度的节食和运动，消耗的不仅是你的体力，还有你的自控力。成年人尚且如此，对于小孩子来说，过高的目标更容易让他们退缩。

那具体怎么做，才能正确地培养孩子的自控力呢？拥有良好自控力的孩子，其父母通常都会做到以下四点：

（1）合理的预期；（2）现实的规划；（3）发展孩子的自我调节能力；（4）支持信赖的亲子关系。

合理的预期

上面说到，自控力是一种有限的、容易被耗损的资源，过高的目标、过度的消耗，都会导致一个人自我控制能力直线下降，这就要求父母对孩子的期望要保持理智的态度，允许孩子在现有的能力状态基础上稍微拔高一点，让他“跳一跳，坚持一下，就能够得到”，切勿急于求成。

比如，一个 4 岁的小男孩，每天叫他去睡觉的过程，家长形容为“简直就是一场灾难”，孩子总是因为只想着玩不愿去睡觉而哭得“地动山摇”。有一次，男孩的妈妈又给我打电话，说孩子晚上照例坐在玩具堆里吭哧着不想去洗澡，后来干脆和大人谈起了条件，非要妈妈在他上床后多讲一个故事（之前每晚讲两个）。

我马上告诉这位妈妈：“这是好事呀，孩子的自控力开始提升了。”

妈妈感到奇怪，忙问我为什么。

我说：“之前孩子必须在你的强迫下去浴室，但其实他内心的感性和理性在拼命地作着斗争，看哪一方能赢。他和你提条件，就证明他已寻找到一个他能看到的未来的好处（多讲一个故事），在它和现在放弃玩玩具之间进行权衡，努力克制住想要继续玩下去的冲动。这对一个 4 岁的孩子来说，是多么不容易呀。”

妈妈听后很高兴，她接受了我的建议，赞扬了儿子能克制住自己想要继续玩下去的冲动主动去浴室——“真是了不起”，并答应给他加一个相对短一些的故事。结果孩子真的放下玩具，高高兴兴去浴室了。虽然在之后的日子中，小男孩仍会有闹着不肯去浴室的时候，但妈妈时刻提醒自己不要对孩子的行为有过激反应，而是耐心地等待他自己做出选择，在孩子犹豫不决时，又不忘及时给他鼓励，相信他是个能战胜自己的人。经过一段时间的努力，孩子已经能在少量的提醒下主动放下玩具去睡觉了。

研究发现，孩子能力的增长，往往取决于他接收的反馈。不少父母对孩子行为改变的定义总是泾渭分明，期望孩子立刻就能表现出良好的行为。而孩子真实的转变，往往是个润物细无声的过程。一开始他可能做出了十分之一二的转变，这已经是个了不起的进步了，这时如果你能及时给予孩子积极反馈，让他看到自己进步的过程，并留足空间，耐心观察，静待花开，孩子就会真正有机会发展他的能力，向下扎根，向上开花。

现实的规划

还是拿前面那位期望儿子提升自控力的爸爸为例。他认为儿子学习成绩差，自控力不高。你要怎么锻炼他？很简单，就是在现有的基础上，找到他最容易取得进步的地方，让他看到自己有能力通过努力获得的好处。

如果你通过和孩子一起分析试卷，发现这个孩子的计算题很容易出错，但是，计算能力可以通过练习来提高，那么最近一个月的目标就是让他提高计算能力。根据孩子的实际水平，你可以和孩子一起制订计划，比如，一天做 30 道口算题；研究他计算时容易出哪些问题，用什么方法去解决；等等。

你看，所谓“现实的规划”，其实就是在创造一种锻炼的机会，让孩子清晰地看到：我可以通过哪些步骤实现我对自己的期望，而且这些步骤并不太难，我有能力坚持下来，达到目标。那么之后，他再做类似的事情时，就愿意更加努力和坚持。这种相信自己有能力达成目标的感觉，就叫作“自我效能感”。当一个孩子的自我效能感逐渐提升，自控力自然会随之增强。

发展孩子的自我调节能力

现在我们已经知道了自控力增强的过程，就是在当下与未来、冲动和理智之间不断进行权衡，做出理智选择的过程，这和一个人认知策略的发展是分不开的。所谓“认知策略”，就是一个人有效地监控和调节自己认知过程的一些技能，而有意识地对自己的行为进行控制，这是认知过程中很重要的一个方面。

在前面的“棉花糖实验”中，科学家观察到，那些在实验中坚持下来并成功获得两颗糖的孩子，并不是简单地坐在那里盯着糖强忍，而是通过各种办法来控制自己，比如，扭过头去不看糖，或者干脆到一旁做游戏来忽视糖的存在，或者通过唱歌或装睡来转移注意力。

这些成功通过实验的孩子，之所以在后来的学习和职业发展中表现得更优秀，原因之一并不在于出色的忍耐力，而在于他们的认知能力从小就获得了很好的发展。

作为父母，你是可以通过合适的引导来帮助孩子发展认知策略的。我现在为你介绍一些有效帮助孩子发展认知策略的方法，供你参考：

1. 权衡现在与未来

研究发现，越让孩子切实、具体地理解他将在未来获得的好处，并且让孩子相信，“现在的我”与“未来的我”重合程度很高，他就越愿意发展出更强烈的坚持下去的意愿。

比如，对一个学小提琴时遇到困难想要放弃的孩子，你不能说：“你只要努力，琴技就会提高的。”这个太抽象，孩子听不懂。但是你可以让孩子欣赏一下一首曲子的录音，再引导他想象：如果录音中的优美旋律是你自己拉的，那种美好的感觉会是怎样的？而且，你要告诉孩子，他今天坚持下来，攻克一个小难关，能力就会提高一点点，这样坚持两周，他就可以听到自己拉出的优美旋律了。那时候再回过头来看现在的努力，是不是很值得？

这就是用一个非常具体化的思维（诱人的结果、代入式的想象和具体的时间），来引导孩子在现在的努力和未来的获得之间进行权衡。

2. 事先提醒

你知道吗，每个孩子本身都有意愿坚持去做好一件事情，只是孩子大脑中掌管理智思考的那一部分功能还没有发育全，一遇到让他兴奋的事情，就很容易忘掉他本该做什么了。

这就需要你在孩子每次做事之前，给他一个提醒，帮助他重新启动理智思考的阀门。

比如，对一个在公共场合很容易过度兴奋的小男孩来说，在出门之前，你就要问问他：“宝贝，今天咱们出去和阿姨吃饭，你要注意什么呀？”引导孩子自己说出你们之前约定好的需要遵守的规则。或者进一步提醒他：“如果你觉得太开心了，有点管不住自己，咱们要怎么做？”引导孩子自己思考如何管理自己的方法，并及时给予鼓励。

3. 游戏带入

关于自控力，科学家还有一个有趣的发现，就是当你能够从自己的感受中跳出来，站在第三者的角度去看待正在经历的事情，往往更客观、更理性。

这个方法同样适用于小朋友。你可以找出孩子平时最喜爱或最崇拜的人物，可以是故事里、动画片里或者游戏里的人物。当孩子遇到一些他难以自控的情况时（比如，不想写作业的时候），让他扮演一下他崇拜的这个人物，想象一下这个人物会怎么做。这就是启动孩子的理智脑进行思考，帮助他从自己的欲望中跳出来，用心目中人物的做法来处理事情。孩子有了内部力量，自控力也就会凸显出来。

支持信赖的亲子关系

关于自控力的研究发现，一个人的自控力水平和他的情绪状态，以及他对自我的评价息息相关。如果一个人总是对自己的能力充满信心，相信自己一定可以坚持很久，那么他确实更容易在做事时坚持到底；相反，认为自己肯定没有能力坚持把一件事做好，或者没有控制住自己的行为后，他会产生严重的自责心理，这反而会降低他自控力的水平。

本文开头提到过的那个小男孩就是这样，妈妈总是批评他自控力差，又不停地催促和责备，这反而会让他对自己说："反正我怎么也控制不了自己，那就干脆放纵一下算了。"于是自控力越来越差。那么妈妈怎么做，才能有助于孩子提升自信，发展出更佳的自控力呢？妈妈只需要走过去，用手轻轻地拍一拍孩子的肩膀或手臂，对他说："宝贝，你现在写得有些不太认真。来，把笔拿好，加快速度写。"

当然，妈妈也可以给孩子一些具体的示范，让孩子相信他有能力管理好自己，比如，告诉孩子："昨天你们张老师告诉我，你的课堂练习很有进步，专注力一直放在做题上，头一次都没有抬，及时完成，还得了满分。咱们来看看，今天的作业能不能完成得像昨天的课堂练习一样又快又好。"

重要的是，妈妈要让孩子从自己的语气和行为中感到信任和支持，要让他知道，你和他是站在同一战线上的，并且相信他有能力做到。这时候孩子的内心才能充满愉快且自我信任，坚持学习的时间就会越来越长。

有关"棉花糖实验"的不少后续实验都表明，儿童所处的家庭环境对他自控力的影响是巨大的。在孩子的成长过程中，如果父母能够认真履行对孩子的承诺，不因为孩子年龄小就敷衍他，那么孩子心里就是踏实的，充满了安全感，因为他知道：嗯，爸爸妈妈是爱我的，是说话算数的。这样，他就会比那些缺乏良好亲子关系的孩子更容易发展认知的策略，去追求远期目标，并且相信自己通过努力一定会获得更多的"糖果"。

尊重孩子的成长需要：从依赖到独立

我在英国的时候，经常会受到当地朋友的邀请，去参加教会或者社区举办的苏格兰舞会。

苏格兰舞是一种集体舞，参加的人，3～4人组成一组，并且在跳舞的过程中不断和旁边那组人变换阵形和舞伴，因此跳起来非常欢快。不论你会不会跳，都可以加入，这是当地人社交的一种方式。

舞会上，不少人带了孩子过来，孩子们的年龄参差不齐，从2岁到10多岁都有。这些孩子并不是旁观者，而是和大人们一样，开心地加入人群当中。

如果一个成人这一次交换到的舞伴刚好是个孩子，哪怕这个孩子只有三四岁大，这个成人都会尽可能地把身子弯到和孩子差不多的高度，虽然这样跳起来有些费劲儿，但是无论孩子还是成人都没有感到任何别扭，彼此之间很平等，玩得很开心。

我观察到这里的孩子一开始都能独立地参加活动，不过，有些第一次过来的外国孩子，可能会羞涩地依偎在妈妈的怀里。虽然每次都会有人过来邀请他们加入，但是包括他们的父母在内，谁都不会强迫他们。结果是，没过太久，几乎所有第一次来的孩子都会被欢快的氛围所感染，主动加入到活动当中。

我当时就在思考，现在的父母越来越重视对孩子独立性的培养，不过这种独立的能力可能不仅仅表现在孩子的行为上。那么，你能不能像这场苏格兰舞会中的人们一样，把孩子看成独立的个体，尊重他自己的思考、需求和判断，鼓励并且允许他按照自己的时间表，发展出独立的能力呢？

这也是我特别想和你分享的东西，培养孩子的独立性，一定要建立在他的天性和成长的阶段性需求的基础之上。我会从三个方面，来和你聊聊这个话题。

一、理解孩子先天的气质特性

有句流传很广的话，说孩子出生时像一张白纸。真是这样吗？如果把一堆婴儿放在一起，你就会发现，即使在同一环境下，每个孩子的表现都是不同的。

一些孩子对新环境的接受速度较快，好奇心强，能够在较短时间内进入状态；另一些呢，刚好相反，对环境和人都保持较高的敏感度，容易退缩，甚至惶恐不安，因而需要更长的适应期。这就是咱们说的儿童先天气质特性的差异。

读到这儿，你可能会担心：气质不是很难改变的吗？那是不是说，我的孩子天生就是一个依赖性比较强的人？

哎，千万别急着给孩子“贴标签”！研究表明，孩子早期的气质类型，对他未来的能力和社交水平只有很少的影响，后天环境才起着决定性作用。关键在于，你能不能根据孩子先天的气质特性，有针对性地进行引导。这种引导主要有两点：

1. 接纳

其实，没有哪一种特性一定好或不好，那些适应能力较弱、对环境敏感度高的孩子，往往有着绝佳的想象力和丰富的内心体验，这可是不少职业领域稀缺的特性。对孩子来说，只有真正地感受到你由内而外的接纳和欣赏，他才能在这种安全的关系中发展出独立探索的欲望。

2. 利用长板带动短板，给孩子成长的时间

我在英国参加过一位朋友的博士毕业典礼。在典礼过程中，朋友 5 岁的小女儿手里捧着一束鲜花，非常想要去祝福爸爸，妈妈也在不住地鼓励她上台给爸爸献花。可是，小姑娘踌躇了半天，直到把那束花攥出了汗水，还是不敢独自上台。最后，她干脆缩在妈妈怀里，伤心地哭了一个下午。

但是，3 年后我回国，再见到这个孩子时，上小学二年级的她已经能代表自己的班级参加学校的英语演讲比赛了，而且还获得了二等奖。她妈妈给我看她的照片，小姑娘满脸的灿烂笑容和自信。

这个孩子怎么变化这么大呢？原来，她妈妈回国后，一直在耐心地引导孩子。她从不强迫女儿一定要像其他孩子一样，很快就适应环境。相反，她给了女儿足够的适应时间，鼓励她利用自己的优势，逐渐在任何环境中找到适合自己的位置。

因为之前在英国生活过 2 年，女孩的英文口语要比同龄的孩子强一些，妈妈就以这个为出发点，鼓励她主动和别人交流，抓住机会大声说英语。孩子发现她每次都能说得很好，喜欢她的人也越来越多，就变得越来越自信，做事独立性也增强了。

二、增强孩子的自我掌控感

培养孩子的独立性，一个很重要的基础就是增强孩子的掌控感。什么叫掌控感啊？就是一种相信“嗯，这个我能搞定”“一切尽在我的掌控之中”的主观感受。

心理学家做过大量的研究，发现当一个人面对问题的时候，能不能有足够的自我掌控感，这关系到他是否能发展出健康的情绪和找到应对压力的方式。

孩子在成长的不同时期，获得掌控感的方式是不一样的：

1 岁之前孩子的掌控感来自安全、信任的依恋关系

你会发现，孩子在婴儿时期，当他饿了或者尿湿了，只要一哭，你就会过来抚慰他，给他喂奶、换尿布；你把一个东西放到孩子的小手里，他就会紧紧抓握住。

这个时期孩子的掌控感就来自：当我需要的时候，妈妈就会来爱我，帮我解决问题。所以，如果有人告诉你，从孩子出生起就要培养他的独立性，可千万不要相信。在孩子 1 岁之前，只有和妈妈建立起安全、信任的依恋关系，让他相信自己始终是被爱的，才能为他有信心进行独立探索打好基础。

1 ～ 3 岁孩子的掌控感来自自己决定事情的信心

孩子 1 岁以后，开始学习自己控制大小便；看到任何东西，他都会试着去摸、去抓、去啃；同时，孩子的自我意识开始飞快地发展，什么事情都想自己尝试。

一个 2 岁的男孩第一次玩乐高积木，妈妈想为他做个示范，搭好了一个乐高小人给他。哪知孩子拿到小人后，立刻就把它拆开扔到了一边。孩子准备拼一个房子，半天没找到适合的积木，妈妈又把正确的那一块递过去，孩子却偏不要，推开妈妈的手。几个回合后，小男孩突然把手里的积木一扔，“哇”的一声大哭起来。

孩子为什么会哭呢？因为他相信自己是最棒的、是有能力的，很希望能像大人一样，自己决定想要什么，自己来解决问题。但是妈妈的好心“帮忙”却让他严重受挫，他发现大人总是比他强，他不能做好自己想做的事情。

这时你要做的，其实就是给孩子机会，让他去做一些力所能及的事，并且用足够多的耐心不去干涉孩子，等待他逐渐熟练。例如，孩子想要画画，你把彩笔和纸给他，让他用自己的方式去玩耍创造；他哭着喊着要自己吃饭，你把勺子递给他，让他穿上罩衣自己学着吃饭……这时父母要对孩子的行为有足够的预期，孩子学会一件事情，从缓慢笨拙到游刃有余，一定会经历一个过程，并付出努力。他一开始会做得很慢、很费力，你眼睁睁地看着他把颜料或者饭菜弄得到处都是，这时你最需要做的就是克制住自己着急上前帮忙的冲动，给他时间自己去探索。一旦孩子用自己的方式成功地完成一件事，他对自我的控制感才会真正建立起来。

3 岁以后孩子的掌控感来自对自我做事能力的信任

孩子 3 岁以后，开始对周围的世界表现出强烈的求知欲和好奇心，看到别人做什么，自己也积极地想要尝试。通过独立、主动地完成事情，孩子会形成初步的自我评价：“我是好的吗？”“我很能干吗？”“如果做不好，我还会被爱吗？”

父母在这个时期，除了尽量让孩子拥有更多的主动做事的机会外，还需要给他持续的信任、鼓励和辅助性的引导。

4 岁的桃桃第一次尝试自己扣扣子，但扣了好几次总是扣得上下不齐。这时妈妈要怎么办？如果妈妈说：“哎呀，算了，还是我给你扣吧。”桃桃可能就失去一次成功的经验。但如果妈妈看到桃桃的努力，鼓励她说：

“你这一次速度比刚才快多了。要不要尝试从下往上扣，扣一个数一个，再来一次？你肯定能做到。”

当桃桃按照妈妈的提议，终于把扣子扣对了的时候，她的那种开心真是无法形容。这不仅因为她自己扣对了扣子，还因为妈妈的支持和鼓励，给了她坚持做事的信心，使她又多了一次“我能做到”的经验。

三、根据孩子的能力界限提供合适的帮助

读到这里，你可能会问：那有些事孩子确实做不了，我也不能去帮他吗？怎么判断哪些事是孩子能做或不能做的？

这就要看父母的耐心、智慧和观察力了。很多家长平时看到孩子做一件事比较慢，显得有些笨拙，就干脆冲上去替孩子做了。这样虽然可以帮助家长节省很多时间和心力，不用看着孩子起急，显得很省事儿，但从长远的角度来看，不但破坏了孩子的注意力和做事的连贯性，更让孩子产生了严重的挫败感，他会感到“大人什么都能做，而我却什么都不行”，那他再面对困难的时候，还没来得及想办法去解决，就会不自觉地生出沮丧、烦躁和无助的情绪，在困难面前不战而退。

教育研究发现，很多孩子在入学后出现的学习困难、做作业磨蹭、情绪急躁、抗挫能力差等现象，与他们在 1 岁半～ 5 岁时父母过度、热心地越界包办有很大关联。当然，有的父母为了培养孩子的独立性，完全不顾孩子成长阶段的需求特点和能力发展，想当然地把孩子推出去，任其自己发展出独立的能力，更是万万不可取。这不但直接把孩子置于绝望无助的环境中，更让他丧失了内心的安全依附，反而会形成自卑、怯懦的性格。

父母应该提供真正有智慧的帮助。可以通过以下这三个方面对孩子进行帮助：

1. 从最简单的动作开始

上面我们谈到，孩子 2 岁以后，自我意识开始飞速发展，他会产生一种自我的能力感，什么事情都想要去尝试。这时我给家长们的建议就是，只要孩子主动提出参与的事情，你都可以尝试支持，如果这件事孩子确实做不了，也可以让孩子先用他力所能及的最简单的动作参与进来，保护他跃跃欲试的好奇心。

有位妈妈给我讲过这样一件小事。一次，2 岁的儿子和他 1 岁半的小表妹正在客厅开心地玩，妈妈到书房取一本书的工夫，就听见客厅传来一阵哭声，她跑过去一看，发现表妹正坐在地上抽泣，儿子呢，正蹲在地上费劲儿地给表妹穿鞋。见妈妈走过来，儿子抬起头憨憨地说："她鞋掉了。"原来，表妹刚才不小心绊了一跤，把鞋摔掉了，儿子是想帮表妹穿鞋，可他的小手没力气，怎么也穿不上。

这时，妈妈并没有马上支开儿子，而是先哄好表妹后，再对儿子说："你是想给妹妹穿鞋吗？来，先帮妈妈把妹妹的这只脚抬起来。"儿子立刻兴冲冲地抬起了表妹的脚。妈妈把鞋套在表妹脚上，又对儿子说："能再帮妈妈把妹妹鞋上的粘扣按上吗？"儿子又开心地按上了表妹的鞋扣，还一丝不苟地多按了两下，确保扣子粘结实了。儿子照这样将表妹的另一只鞋穿好后，妈妈笑眯眯地对儿子说："谢谢你，都能帮妈妈给妹妹穿鞋了。"儿子脸上立刻绽放出自豪的笑容。

其实，生活中的其他事情也一样，孩子暂时无法自己刷牙，你可以先让他自己挤牙膏；他拿不动大人的瓷碗，你可以先让他摆筷子……先让孩子从简单的动作开始练习，逐渐过渡到复杂的事情，这样他的能力不断地获得提升，再遇到问题时就不至于不知所措。

2. 尝试让孩子做选择

在前面我们提到过，培养孩子的自主性和独立性，并不只体现在让他独立去做某一件事上。最重要的是，尊重孩子自己的想法和选择，培养他独立思考的能力。有时候，孩子的成长会受到很多外界因素的影响，孩子能不能逐渐养成独立思考的能力，和爸爸妈妈合适的引导是分不开的。尊重孩子自己的想法，往往需要你在和孩子平时的互动中去把握。

比如，在一些和孩子自己有关的事情上，你可以经常使用一些疑问句（而不是祈使句）来和孩子交流。“今天，你想要妈妈给你读哪本书？”“你想把自己的名字签在这本书的什么地方？”

对于尚未学会清晰地表达自己想法的低龄孩子，你也可以采用一些选择疑问句，就像搭台阶一样，启发孩子思考：“你今天希望穿哪件衣服，那条花裙子，还是这件海军服？”为孩子读绘本的时候，也不要仅仅念给他听，而是多指着书中的人物问他：“咦，小兔子爱吃什么，胡萝卜还是巧克力？”

像这样，在和孩子交流的过程中，多创造机会倾听孩子的想法和见解，引导他逐渐养成独立思考的能力。

3. 引导，而非代替

苏联教育心理学家维果茨基（Lev Vygotsky）曾经提出了“最近发展区”理论：“在孩子现有能力下，他几乎能够，但还不足以独立完成某一任务时，如果在更有能力的人的帮助下可以完成，那这个水平范围就是孩子的最近发展区。”说白了，就是在成人或周围更有能力的同龄人的引导下，孩子可以成功地解决比他现有能力稍高一点难度的问题，并且获得更多的收益，取得更大的进步。这就要求，家长在陪伴孩子成长的过程中，多“搭台阶”进行引导，而非代替。

一位朋友向我求助，说她 4 岁的女儿妞妞过于内向胆小。妞妞从小体弱多病，从小带她长大的奶奶因此一直非常宠溺她，像老母鸡一样时时看护着，生怕孩子生病受伤。结果妞妞上了幼儿园以后，各方面能力都要比同龄的孩子弱一些，连老师都说，妞妞胆子太小，依赖性强，平时只爱黏着大人，别的孩子抢了她的玩具，她都不敢争夺过来，一遇到事只会坐在那里哭。

这天下午，我应朋友的邀请，和她一起去幼儿园接妞妞，我们打算先带妞妞去附近一座公园的儿童乐园玩会儿，再去饭店吃晚餐。果然，和儿童乐园里其他独自自由玩耍的孩子不同，妞妞只肯在我们座椅旁边的滑梯上玩，远一点点她都不愿意去。

中间休息时，我见妞妞一直羡慕地盯着一个方向，我顺着她的目光望去，只见远处的一个沙坑旁，两个和妞妞差不多大的孩子正拿着一堆装沙子的玩具开心地玩着。我问妞妞："你也想玩沙子是吗？"她点头。妞妞妈立刻说："想玩就自己去找他们玩呀，勇敢点，别什么都缠着妈妈！"妞妞没说话，眼里却浮上来一层薄薄的泪光，一副特别委屈的小模样。我再试探着和她说："阿姨和妈妈陪你一起去好吗？"她又点头，我对妞妞妈示意了一下，就拉起妞妞的小手走到沙坑旁那两个孩子的身边。然后，我对妞妞说："现在你去和小朋友说，'我想加入你们'，好吗？阿姨和妈妈就在你身边看着你呢。"这时一般的孩子都会鼓起勇气加入游戏场景中，可妞妞踌躇了半天，还是摇摇头，站着不肯动，眼里却不禁透出期望加入的神色。

我并不着急，因为我知道，对一个从来没主动加入过别人游戏的孩子来说，怎么开始是最难的。于是，我干脆和那两个玩得起劲儿的孩子聊了起来，问问他们在搭什么。其中一个小男孩告诉我，他们挖了一条河，河上有一座桥，可惜河里没有水。我立刻抓住这个机会引出话题："呀，刚好妞妞带了一大壶水呢。"我转过头看妞妞，"你愿意分享一些水倒进这条漂亮的河里吗？"那两个孩子一听，也期待地望着妞妞。妞妞眼睛一下子就亮了起来，她只犹豫了一下，就忙不迭地从妈妈手里拿过自己的水壶，走过来，把水倒进了那两个孩子挖好的河里，一边倒还一边得意地说：“我这儿有好多水呢！”结果就借着这个契机，妞妞和那两个孩子融到一起了。过了一会儿，我和妞妞妈走开了，远远地看着她和小伙伴一起玩，她也没再急着跟过来，而是开心地继续玩着。

你看，引导孩子逐渐从依赖到独立的过程，其实就是家长通过不断地观察和试探孩子，逐渐发现她的能力边缘，留给孩子足够的成长时间。在必要的时候，帮助孩子在自己目前的能力和期望中的小目标之间搭一个“台阶”，然后鼓励孩子自己成功地跨过。在我接触过的案例中，孩子只要有过 2 ～ 3 次的成功，这些经验就会帮助他们在下一次表现得更独立、更有自信，也更有力量。

在亲子互动中，提升孩子的沟通力

孩子如果从小和父母之间形成良好的沟通，长大就能很顺利地与别人建立人际关系，成为社交小达人。

在这一章，我将与你分享亲子间不同类型的沟通模式和特点，并告诉你要怎么做才能够提升和改善你和孩子之间的沟通。

培养孩子的同理心

我认识一位小姑娘，是我朋友的孩子，她出生时早产，小的时候体弱多病，因此瘦瘦小小的，也没什么特别突出的才艺。她妈妈一度有些担忧：女儿上学后，会不会被同学欺负呢？

事实证明，妈妈多虑了。小姑娘从上幼儿园开始，到现在小学二年级，从来没有缺过朋友。不但如此，有一次学校老师告诉妈妈，班里最受欢迎的几个孩子当中就有她的女儿。妈妈知道后很欣慰，还别说，这孩子平时不言不语的，能量其实还蛮大的嘛。

直到有一次，几位要好的朋友来我办公室玩，由于是周末，这位朋友把女儿也带来了。当时我因为有咽炎，忙着招呼大家的时候，偶尔会别过头咳嗽几下。

没想到过了一会儿，小姑娘静悄悄地蹭到我身边，递给我两块川贝枇杷糖，说："阿姨，你一直咳嗽，还皱眉头来着，嗓子不舒服很难受吧？吃这个糖会好得多。"

这一刻，我才知道小姑娘受欢迎的原因了，她能够敏锐、准确地捕捉和体会别人的感受、情绪，设身处地为对方着想，并且还及时把她的回应和关注传递给对方。这种能力就叫作“同理心”，会帮助她很快地建立起良好的人际关系。

同理心来自哪里呢？其实，同理心是大脑对你所观察到的事件的一种综合反馈。

比如，当你看到一个人在哭泣，或者看到电视上的人被刀子割伤了手，这些情景首先会激活你大脑中感受情绪或者感知记忆的部分，让你体验到悲伤、委屈等情绪，或者疼痛的感受。接着，你大脑中负责理性分析和认知部分的区域可能会跟着反应，思考发生了什么，以及要怎么处理当前的情况。

可见，同理心是一种非常复杂的社会能力，它和人的感觉、认知、执行等能力都息息相关。美国心理学会主席杰拉尔德·库彻认为：“同理心是一个人重要的生存能力之一，它不仅决定了人的心智能力的表现，也决定了人生的走向与成就。”

哈佛心理学教授罗伯特·罗森索在他设计的一项非语言敏感度的同理心测验中发现，在 19 个国家中 7000 多个被测试的人当中，有的人对那些非语言信息判读力很高，也就是说，他们可能不需要对方用语言表达，就能领会对方的意思。这样的人在生活中都具有情感调适力较强、异性缘好、家庭和睦等特点。可见，同理心是一项重要的社会技能，也是建立良好人际关系的重要条件之一。

另一项针对 102 名儿童所做的测验也表明，同理心强的孩子在学校较受欢迎，情感也较稳定。而且，或许是这类儿童容易获得老师的喜爱，因此会得到更多的关注和鼓励，这导致他们的学业能力也高于那些同理心弱的孩子。

也就是说，能够敏锐地捕捉和感知他人的情绪和感受，并且及时做出合适回应的孩子，无论是在人际关系还是认知能力方面，都会表现得更加出色。

这种能力是需要通过学习和练习不断强化的，这恰恰就来自孩子从小和父母之间的互动关系。

咱们下面就来看一下，要怎么通过和孩子的互动培养他的同理心。

设身处地地观察和理解孩子的情绪与行为

孩子最先发展的同理心，是情绪唤醒，也就是孩子能不能快速地对外界的刺激做出反应。比如，你开心地呼唤他的名字的时候。这取决于孩子出生后，你和他的互动方式。也就是说，要想培养孩子的同理心，父母首先要会同理孩子。

那什么是最有效的互动方式呢？就是你在和孩子互动时，能够站在他的角度，理解他的情绪和行为，让他感到：哦，我是被爱的，我的感受是被关注的。

我看过一个视频：一位妈妈和她 8 个月大的宝宝做游戏。孩子和妈妈在床上爬来爬去，学小狗、小猫和鸭子叫。游戏正进行到高潮，笑容却渐渐从宝宝脸上淡去了。她突然背过身去，低着头，微皱着眉，开始吮吸自己的手指。

宝宝为什么不玩啦？相信大部分妈妈都会感到很困惑吧。那么这个时候，你要怎么做呢？

如果是性子急的妈妈，可能就会直接把孩子揽过来，说道：“你怎么啦？玩得好好的，怎么不玩啦？快来和妈妈继续玩呀……”

那么，视频中这位妈妈是怎么做的呢？当然，她并不知道宝宝这个行为和表情代表了什么，但是，她并没有急着把宝宝强行拉回到游戏当中，而是在确认过孩子没有生病和受伤以后，耐心地在她身后等待了一会儿。

几分钟后，孩子悄悄回过头，望向妈妈，妈妈立刻回给她一个鼓励的笑容。于是宝宝也跟着笑了起来，开心地转过身来，妈妈马上伸出双臂，召唤宝宝爬过来："哦，你又回来了呀！"母女俩再次兴奋地玩起来了。

玩了一阵之后，孩子又渐渐停了下来，并再次转过身，独自吮吸手指。几个回合下来，妈妈就知道了，宝宝的这个动作和表情只是在说："哦，我累了，我想要休息一会儿再玩。"

从这么一个简单的亲子游戏中，我们能看出什么呢？就是这位妈妈一直在积极关注宝宝的行为和情绪。

虽然 8 个月的孩子还不能用语言表达自己的情绪和想法，但是你会发现，妈妈通过耐心观察和"倾听"孩子的非语言表达，敏锐地捕捉到了她的细微情绪变化。在孩子疲惫的时候，会耐心等待；在孩子需要的时候，又及时地传递出鼓励和接纳。所以，母女俩的感觉是同步的，孩子也可以从妈妈的关注中习得准确地表达想法的能力。

映射孩子的情感，不评判，只陪伴

在本书的第一章中我就分享过，父母的言行就像孩子的一面镜子，孩子会从镜面中看到自己的形象和情感。这就要求父母这面镜子一定要映射出孩子本来的样子，既不歪曲，也不说教。

不能说，孩子一照镜子，镜子就说："哎呀，你脸怎么这么脏啊，真难看。还不快去洗干净，要不别人会笑话你的。"或者说："你怎么又哭了？别这么娇气，来，笑一个多好！"

这样的话，要么孩子再也不想照镜子了，要么他会忽视自己真实的感受，试图创造出一个镜子喜欢的形象出来，换句话说，就是给自己戴上一副面具。

你要知道，父母这面镜子对孩子最有用的帮助，就是帮他看到自己真正的感受和需求，这不但会让孩子清晰地了解自己是怎么想的，更能让他发展出站在别人角度去思考问题的能力。

给我留下深刻印象的，是前几年比较火的一部动画片 *Inside Out*，中文名称叫《头脑特工队》，讲的是 11 岁小女孩莱莉大脑控制中枢里住着五种基本情绪：快乐、悲伤、害怕、生气和厌恶，他们争当控制中枢的指挥人，并协同呵护莱莉。

影片中有一个片段，就是快乐和悲伤这两个小人不慎掉进了丢弃记忆球的管道，离开了控制中枢。在寻找回家的路时，他们和莱莉幼年时想象中的朋友小粉象相处了一段时间。

当小粉象因为自己的心爱之物火箭车被丢下悬崖而伤心时，快乐小人一心只想让他带路，去追赶通往回家之路的思想列车。所以，他就一味地用搞怪打气的方式告诉小粉象："别难过了，没关系，我们可以做到，要振作起来！"但是小粉象反而越来越消沉。

悲伤小人呢，只是走过去，坐在小粉象身边，体验他的伤心，问他："你最喜欢的东西被丢掉了，一定很难过吧？"并且陪伴小粉象一起回忆他当年和莱莉度过的美好时光。过了一会儿，小粉象自己站起来说："我感觉好多了，咱们去追火车吧。"

为什么小粉象在和悲伤小人聊过之后，痛苦的情绪很快得到了缓解？这是因为，悲伤小人既不否认和忽视他的情绪，也没有急着告诉他应该怎么做才更积极，而只是关注和回应他本来的感受，这就让小粉象体会到：我的感觉被接纳、被看到了，那他反而会感到放松，更快地恢复理智。

父母在和孩子沟通的时候也是一样。当孩子处在一种强烈的情绪中时，你要做的，不是先评价他的行为是错的，因为这时孩子的大脑是混乱的，听不进任何建设性的批评。相反，你要把他的情绪和行为分开，先把你看到的他的情感原原本本地映射出来：

“你看起来好伤心，来，妈妈抱抱。”

“你讨厌老师这样对待你。”

“你现在真的很生气哦，能和我说说吗？”

这种非评判式的情感映射，其实就是在帮助孩子理解自己的感受：我是怎么想的，我现在处在一个什么状态中。这不仅能够帮助他很好地调整情绪，恢复平静，理智地寻找解决办法，更有助于他在社会交往中敏锐地感受他人的情感，做到将心比心、换位思考。

通过亲子游戏培养孩子的同理心

在日常生活中，你和孩子所做的一些简单的亲子游戏，不仅可以有效地模拟孩子在人际交往中的各种互动情境，更能在这种亲子间温馨的陪伴中，让孩子认识自己，也理解别人。

下面，我就给你介绍两种非常适合培养孩子同理心的亲子游戏：

1. 角色扮演游戏

父母通过和孩子玩一些角色扮演游戏，来还原他在日常生活中的一些常见场景，比如，和小朋友打架抢玩具，运动会接力赛中小朋友摔倒了等，让孩子从不同的角度体会一下，不同的角色会是什么样的心情。

“如果你在比赛中摔倒了，你会是什么感觉呀？”

“小兔子嘲笑小乌龟的时候，小乌龟怎么想？”

让孩子通过在这些场景中对不同角色的感受和理解，来提升同理心和解决问题的能力。

2. 害羞的小木偶

这个游戏也很有趣。你找一个小木偶，可以是小蜗牛、小兔子等任何你和孩子想象出来的容易害羞的形象，然后为它设计不同的害羞的原因。

比如，第一天转校到陌生的幼儿园，小木偶衣服破了，它受了小朋友的欺负。

总之，由于某种原因，小木偶躲到桌子下面不出来。然后，你问孩子，在这种情况下，你要说什么或怎么做，小木偶就愿意从桌子底下钻出来，和你一起玩呢?

这个游戏也可以由一位家长或老师带着几个小朋友一起玩，如果孩子说对了小木偶的心情，或做出同理心的回应，你就让小木偶从桌子下面钻出来。

如果孩子暂时说不出来合适的话，你也可以通过为孩子“搭台阶”的方式，引导孩子思考：“如果你是小木偶，第一次到陌生的地方，你心里会怎么想啊？”这种游戏，对提升孩子在不同情境下对他人心情的理解力，以及与人沟通的能力，有比较有效的促进作用。

最美好的谎言和消失的红领巾

最近，在和家长学员们谈及如何处理孩子撒谎的问题时，我突然想起了自己上小学一年级时的一段往事，非常有意思，就把它重新整理出来，讲给家长们听。这个故事起初被我发表在了《少年儿童研究》杂志 2008 年 10 月刊上。

一年级下学期开学那天，老师在班会课上宣布："学校准备选出一部分在各方面都表现不错的一年级同学，成为本年级第一批加入少先队的队员。从今天起，会有同学接到入队通知，请接到通知的同学务必把它交给爸爸妈妈，让他们和你一起分享成为一名光荣的少先队员的喜悦。"她环顾了一下班里的同学，又补充说，"这几天，大家要特别注意自己在学习和纪律方面的表现，看看究竟哪些同学能获得第一批加入少先队的光荣。"

听完老师的话，"哇"的一声，全班都沸腾起来了。对我们这些一年级的"小嘎嘣豆"来说，一旦胸前飘起那团鲜红的颜色，简直就像高年级学生那样，成为半个大人啦。对这次入队活动，我更是充满了期待。我当然知道自己在学习和纪律方面表现平平，但是如果现在开始好好努力，说不定老师会转变态度，允许我入队呢。于是，我下定决心，无论如何也要争取入队，这样我就可以成为老师和爸爸妈妈眼中的好孩子了，爷爷奶奶也一定会高兴的。嗯，必须打赢这场翻身仗！

于是从这一刻起，我就像变了个人似的，连最难做到的“上课不玩文具”“不看小人书”都竭尽全力做到了。而且，我会特别注意老师的眼神，如果感到老师的眼神马上就要扫到自己了，我就把小身板挺得直直的，双手背在身后做认真状，甚至我还头一次主动举手准确地回答了老师的问题呢。

一天、两天……一个多星期就这样过去了。这些天来，班里几乎每天都有同学收到入队的通知书。每当有人拿着那张粉红色的通知书满脸得意地走进教室，就有不少孩子“呼啦”一下子围过去，羡慕地看着、评论着。在放学回家的路上，我也会看到本班或外班的孩子，远远望见妈妈的身影，就迫不及待地扬起手中的那份通知书炫耀着：“妈妈，快看……”

可是，那终归是别人的骄傲。我非常焦急地期盼着、期盼着，却一直没有等到属于自己的那份光荣。终于有一天，老师说：“到今天为止，第一批入队同学的通知书已经发放完毕，祝贺你们！没有接到通知的同学，希望你们再接再厉，争取下一次入队的机会。”

这个消息对我来说不仅仅是失望。将近 10 天的努力，不但没能实现入队的愿望，甚至没有一个人看见我的进步，哪怕说一句“你做得很好”也行呀。我的身子一下子失去了支撑的力量，软软地瘫在椅子上，鼻子开始有些酸酸的，我悄悄地用手背抹了一下眼睛。

中午回家吃午饭的时候，我向爷爷要了 2 元钱。爷爷问：“要这么多钱做什么呢？”

在我那个年代，2 元钱对小孩子来说真不是个小数目。我平时吃的冰棍儿只要 5 分钱，即便是那种高级的“北冰洋奶油棒”也不过才 1 角 2 分钱。我对爷爷说：“入队，买红领巾。”我知道，买红领巾是需要钱的，那些接到入队通知的同学首先要把钱交给老师，才能戴上红领巾。于是我想："这次没有接到入队通知，也许并不是因为我表现不好，而是老师'太忙了'，把我给忘了。要是把钱直接交给老师，她说不定就会想起让我入队的事，那样或许我就会得到一条红领巾吧。"

下午，我从同学那里打听到，购买红领巾需要 1 元 1 角 7 分钱，我手里的钱已经足够了。但我没有马上把钱交给老师，因为总觉得还有什么没有想到。

"要是老师真的不肯让我入队怎么办呢？"我站在教学楼旁的一棵大槐树下，倚着树干拼命地思考着。终于，我想出了一个好主意："如果只是交和别人一样多的钱，老师可能不会满意，可要是拿出更多的钱来的话，老师应该就不会拒绝了吧？"当年幼小的我的头脑中自然不存在"贿赂"这个概念，只是觉得把这作为自己还不够好的一种"补偿"，这个理由怎么也能说得过去吧。

于是，当天晚上，我又以入队的名义向爸爸要了 1 元 1 角 7 分钱。虽然知道欺骗爸爸和爷爷是不好的行为，但是我想："如果可以换得一条红领巾，爸爸爷爷一高兴，说不定就原谅我了。"想到这儿，我安心地进入了梦乡。

第二天，上午课间操结束的时候，我终于找了个机会，把已经在手心里攥出汗的那 3 元 1 角 7 分钱全部捧到了班主任老师的面前。老师看着这么多钱，惊讶地问："你这是干什么呀？"我浑身哆嗦了一下。虽然已经在心里演练过无数遍说辞，但是真的当着老师的面把这件事说出口，我还是非常不好意思。

"是……我想买红领巾。"我低着头，不敢看老师，小声地嘟哝着。"红领巾？"头顶传来老师疑惑不解的声音，然后，她好像突然明白了，推开我的手，耐心地解释说，"这次入队名单里没有你，但是你可以从现在开始努力，争取下次入队呀。”听了老师的话，我把头埋得更低更低了，却依然不死心地高举着那卷钱，希望老师能够收下它。可是老师却抓住我的手腕，强行把它放下来。她有些生气地用命令的口吻说：“这钱老师不能收，你把它带回去，直到有资格入队的时候再给我。”

老师走后，我可怜巴巴地在原地发呆了好一会儿，揣着尽管美好却已然破灭的心愿，拼命地忍着眼泪。那卷倒霉的钱此刻静悄悄地躺在我的手里，在与我默默地对视中，陡然有了些许五味杂陈的味道。

然而，我的霉运并未到此为止。

晚上爸爸妈妈一回到家，就严厉地质问我：“昨天你要走的那笔钱呢？就是你欺骗爸爸和爷爷，说要买红领巾的那笔钱。”爸爸从鼻子里呼出一口气，强压着怒气对我说：“今天你们老师已经给我打过电话了，这次入队的人里根本就没有你！”我本来还沉浸在希望破灭的阴影里，被爸爸的话一惊，不禁打了个寒战。可不是吗，本来要买回红领巾交差的，结果却……

我慌里慌张地去找外衣，硬着头皮在衣兜里翻来翻去。然而，可怕的事发生了，钱居然消失得无影无踪！“不对呀，明明就放在外衣口袋里的！”我满头大汗，忙忙叨叨找遍了所有衣兜、书包口袋、文具盒，连练习本和书的夹页也翻遍了，可是，就是没有找到。那卷钱像水汽一样蒸发掉了，一分也没剩下。

“这么小就学会了撒谎、骗钱，道德败坏，这样下去，将来还不得进监狱呀！”在一旁的妈妈已经忍无可忍，她认定我是把钱拿去买零食吃了。她一把拽住我的衣领，像老鹰捉小鸡一样把我拎到卧室里，准备痛揍一顿。我委屈极了，终于忍不住“哇——”的一声大哭起来，喊道：“我没有骗钱花，我真的是想买红领巾，想让你们……高兴……”

这就是我小时候关于红领巾的故事，伴随着我的憧憬、我的期盼、我的委屈。即使有一天我的胸前已然飘起了那团鲜红的颜色，可我仍然不会忘记，曾经有一条满载着美丽梦想的红领巾一直飘扬在学校操场的上空。我总能清晰地感觉到，它带着初春寒风的味道，带着浸透汗水却又在不知不觉中丢失了的那卷钱的味道，带着妈妈愤怒的巴掌的味道，也带着委屈的泪水的味道，越飘越高……

那天夜里已经很晚了，我路过爸妈卧室的门前，从门缝里瞥见他们还坐在灯下焦急地商量着什么，大意是为了及时帮我改掉撒谎、骗钱的毛病，是不是该去和老师沟通一下，往后学校需要收钱的时候，请老师专门为我开一张证明……

当孩子说谎的时候

我接到的所有关于孩子说谎问题的求助电话中，这些父母几乎和当年我的父母一样，担心同一个问题：孩子长大以后会不会谎话连篇、品行不端？他们希望尽快找到方法，把孩子的说谎行为扼杀在摇篮之中。然而，父母们通常会忽略一个重要的问题，那就是没有发现孩子撒谎行为背后真正的心理需求。

在心理咨询中有个著名的“事实不重要原则”。什么叫“事实不重要”呢？首先，认定什么是真正的事实是困难的。著名的心理学家、多伦多儿童心理发展研究中心的李康教授，在一次演讲中揭示了他 20 多年来对儿童撒谎问题的研究。他发现，不论是何种职业或角色，包括父母、法官、海关官员和警察，对孩子是否撒谎的判断，正确率只有 50% 左右。也就是说，我们有一半的可能在判断孩子是否撒谎的问题上误会了孩子。

另外，家庭不是法庭，比弄清孩子是否说谎更重要的，是发现孩子内心的真正需求，以及调整、改善亲子之间的关系。当一个人的需求能被看见和接纳，纠结的关系能被理顺，问题行为才有可能获得真正的改善。

孩子的一个看似有问题的行为，背后的心理需求往往会令成人大吃一惊。在我儿时的这次撒谎经历中，父母为了培养一个诚实、懂事的孩子而殚精竭虑，生怕一个疏忽使我在道德上误入歧途。而作为一个孩子的我，心理需求却很简单：只是希望得到父母无条件的爱、关注和肯定，让他们因为我而感到骄傲。

所以，要想比较合适地处理孩子说谎的问题，你就得正确解读孩子。如果只是用成人眼中的道德评判去看待孩子的问题，把孩子的行为跟道德层面的欺骗、偷盗画上等号，你可能很难做到冷静地引导。相反，如果你只是把孩子撒谎的行为看成他成长中的正常现象，这就会成为你帮助他学习处理问题技能的一个契机，孩子反而会在你更加理智的引导下获得成长。

说谎是儿童认知发展的表现

其实，当你第一次发现孩子说谎的时候，并不意味着孩子的道德出现了问题，反而说明孩子的认知水平上了一个大的台阶，他开始发展出一些更高级的心理技能。

这是什么意思呢?

你以为说谎仅仅是动动嘴那么简单吗？绝非如此。前面提到的李康教授，从他连续 20 多年来对儿童撒谎现象的研究中总结出：一个孩子要撒一个高质量的谎，至少需要具备两种心理技能：

一是执行功能（Executive Function）。这是一种综合性的认知能力，包括策划能力、工作记忆和情绪控制；

二是心理理论（Theory of Mind）。就是孩子在成长过程中，逐渐发展出的对自己和他人心理状态的理解能力，是孩子开始意识到“别人的感受、想法和我不一样”的一种能力。

咱们想想看，当你说谎的时候，你是不是需要在短时间内编出一个新的故事，同时又要记住谎言和实情，以防穿帮？在这个过程中，你不但要寻找有利的“证据”，让你的故事内容具有可信度，还要注意控制好表情、声调和内心的不安，以防暴露自己。

最重要的是，你必须确信只有你一个人知道自己干了“坏事”（比如，偷吃了巧克力糖），而别人并不清楚这个事实。这是多么复杂的心理能力啊！

研究发现，2 岁左右的孩子当中，只有约 1/4 的人会撒谎；到了 3 岁，有一半小朋友会说谎；4 岁以上的孩子，有 80% 以上会出现说谎现象；而过了 7 岁之后，几乎所有孩子都会说谎。

可见，小朋友开始说谎，不仅是件正常的事，而且是他心智发展的一个里程碑。当然，这里绝不是说要让父母纵容孩子说谎。咱们确实不能让孩子养成说谎的习惯，只是，你需要区分孩子在不同年龄段撒谎的表现和类型，并运用正确的方式对孩子进行合理的引导。

下面就来说说孩子最常见的说谎类型。

幻想式谎言

这种谎言主要来自 2 ～ 4 岁的孩子。这其实不能算是真正的“说谎”，因为在这个年龄段，大部分孩子还不能分清现实和幻想的区别，他们很容易把自己头脑中想象的，或者听到的故事、看过的影像，经过加工，变成自己的经历。

我在幼儿园做调研时，曾接触过一个 3 岁的小姑娘，非常喜欢小动物。一天，小姑娘一见到我就兴冲冲地跑过来，一脸认真地告诉我：“老师，你知道吗，我有一个儿子。”

我很感兴趣地望着她问："是吗？他也在咱们幼儿园吗？"

小姑娘眨眨眼睛，说："不是，他已经工作了，在动物研究所上班。"

在这种情况下，你千万不能说："你这么小，哪来的儿子？怎么胡说啊？"这会导致孩子产生自我不信任感。

我们可以用两步来引导孩子：

第一步，给孩子一个简单的解释，引导她把幻想和现实分开；

第二步，配合孩子进行深度想象，在激发她创造力的同时，也满足了她的心理需求。

比如，我当时是这么对小姑娘说的："看来，你真的很喜欢小动物哦。"

小姑娘点点头说："我喜欢小狗、小乌龟，可是妈妈不让我养。"

"所以你就想，要是你有孩子的话，一定要让他去研究动物，是吗？你希望他研究什么动物呢？"于是，这个孩子就非常兴奋地和我谈论起她喜欢的小动物了。

另外，还有一种情况，就是当孩子做错事的时候，他也能够明白自己做了不好的事情，因此会有意识地否认自己做过这件事。这是一种最初级的谎言，因为这个年龄的孩子还不能很好地推测出别人的想法和态度，所以很容易"此地无银三百两"，他撒谎的含义只是："我希望我没做过这件事。"

举个例子，一个 4 岁的小男孩，趁大人不注意，把妈妈刚买的一整块巧克力都吃掉了。不但如此，还把巧克力包装纸扔到了门后面。爸爸发现了这个包装纸，把孩子叫过来问："这包装纸谁扔的呀？"

这时，小男孩嘴巴边上还沾着巧克力呢，却使劲摇头："我没吃巧克力！"

面对孩子这种令人哭笑不得的谎言，你要怎么引导他？

第一，你需要把孩子做的错事和他说谎这件事分开处理，不强调孩子说谎这件事。

第二，跟孩子讨论这件事的后果和处理方案。

比如，你可以告诉孩子，一下子吃太多巧克力有多大危害，让他看看被蛀坏的牙齿的照片。也可以和孩子讨论："咱们家一个月的巧克力都被吃掉了，这个月剩下的时间我们就没有巧克力吃了，怎么办呢？"让孩子知道，犯任何错误都需要承担后果和责任。

逃避责难的谎言

孩子6岁之后，随着认知能力的发展，越来越能够揣测他人的想法，而且表情和情绪的控制能力也越来越强。这个阶段，为了掩盖问题、逃避大人的责备，撒谎的次数就可能会增多，撒谎的"技术"也会越来越高。

我们已经了解到，一方面，这是孩子认知能力提高的表现；但是另一方面，恰恰说明他的认知能力还不成熟，需要成年人给予恰当的引导。有些家长读到这里，可能会感到奇怪，这话不是很矛盾吗？

其实这是在说孩子的认知能力还没有成熟到，当他做错事的时候，可以用足够理智的方法去面对和处理。他最容易想到的办法，就是先把错误掩藏起来，以逃避惩罚。同时，也正是因为孩子缺乏对问题的反思和自控力，才更容易再次犯相同类型的错误，而这又导致他不得不使用更多的谎言来掩饰。

所以，当孩子说谎时，你对他的引导，不仅是为了告诉他说谎不对，而且还要让他知道，面对问题时，成熟的做法是思考如何解决问题的方法，而不是怎样去逃避。

咱们还是来看一个案例：

一天，妈妈接到 8 岁的儿子威威的老师打来的电话，问她为什么没有在威威的语文测验卷上签字。这时妈妈才知道，威威在最近的语文测验中只得了 60 多分，全班倒数第二。其实在这之前，妈妈每天都会问威威最近班里有没有考试，而威威一直告诉妈妈没有考试。

这时，你要是威威的妈妈，会怎么和威威说呢？

下面有两种对话方式，咱们来看看哪一种方式更好：

第一种："威威，你最近考试了吗？""没有吗？你确定？""为什么要骗妈妈？和你说过多少次了，骗人不是好孩子！"

第二种："威威，今天老师告诉我，你最近的语文测验成绩不太理想，你能把卷子给妈妈看看吗？我很想知道，要怎么帮助你。"

相信你也会认为第二种方式更合适吧。在说它怎么合适之前，咱先来看看第一种方式为什么不合适。

这其实反映了在面对孩子说谎时父母最需要注意的两点：

（1）不用"明知故问"和"为什么"审讯式的方式提问。

（2）不给孩子贴标签。

当孩子犯错时，很多父母希望激发孩子自己去承认错误，因此会采取一种"明知故问"的质问法，比如："你确定最近没有考试？""我再给你一次机会，你说，罐子里的糖去哪儿啦？"也有的父母希望孩子能够自觉地进行"自我剖析"，不停地追问孩子"为什么要这样"。

可以理解，很多家长希望用这种方式促使孩子"勇于承认错误"。但是，这种语气好像警察在审问犯人一样，要求"坦白从宽，抗拒从严"，这反而让孩子听出了你的否定、责备和不信任。于是，孩子要么抱着侥幸心理，以为自己有空子可钻，要么从质问中感受到威胁，反而激发了他进一步防御性地说谎。

心理学家们曾经做过一个有趣的儿童说谎心理实验。每一个参与实验的孩子都被单独安排在一个大房间里，房间的一角放置着一只装有小兔子的笼子，另外一角则放了孩子们都喜欢的玩具和糖果。然后，研究人员装作有事要离开几分钟，离开前，嘱咐孩子们一定要照看好笼子里的小兔子。之后，研究人员会通过室内的监控系统来观察孩子们的反应。

在这个过程中，总有一部分孩子会经不起诱惑，丢开小兔子，跑到放置玩具和糖果的角落里，大快朵颐起来。一旦发现这种情况，研究人员就操作装置，让小兔子掉到笼子下面事先设计好的机关当中，当孩子们发现的时候，为时已晚，小兔子已经不见了。之后不久，研究人员回到房间，询问孩子们兔子怎么不见了。

孩子们的表现多种多样。有的孩子一边哭，一边艰难地说出原委；有的孩子坚持不肯承认是自己疏忽了。然而，一个明显的趋势表明，孩子们被追问得越厉害，就越容易找借口不肯承认是自己疏忽了。也就是说，在现实情境构成足够大的威胁时，孩子们更有可能会说谎。

这也就是为什么有时孩子犯了错后，我们如果过度地批评、惩罚甚至打骂，非但不能让孩子改正错误，反而会增加他的恐惧心理，让孩子下次犯错时更加小心，采取更加高明的逃避方式。

所以，针对孩子犯错误和说谎的情况，最合适的做法就是像上面的第二种表达方式一样：

（1）不要拐弯抹角地质问，而是直接对孩子陈述事实：“妈妈知道你考试成绩不理想。”这样，就会让孩子知道，他根本没必要撒谎。

（2）提出和孩子一起寻找解决问题的方案。这样，就把孩子的注意力直接引导到如何面对和解决问题上了。时间一长，孩子会发现，遇到困难时，你始终都会陪伴在他身边，支持他去思考解决问题的方案，孩子解决问题的能力会越来越强，撒谎的情况也就会越来越少了。

迎合式的谎言

在这种情况下，孩子说谎，是因为他发现成年人其实并不想知道真相，而只想从自己这里听到他们想听的话。

比如，一个孩子对妈妈说："我讨厌弟弟，不想和他玩了。"如果妈妈不能接受孩子的感受，可能会对他说："你是哥哥，怎么能讨厌弟弟呢？好孩子应该懂得爱护和照顾自己的家人。"那么这个孩子如果为了让妈妈认可自己，可能就会越来越多地隐藏自己的真实想法。

因此，要让孩子说实话，你首先要接受他真实的想法，比如，你可以这样回应孩子："哦，你不喜欢弟弟了。那你能告诉妈妈，弟弟什么地方让你觉得不开心了吗？"

只有接纳孩子真实的感受，无论是令人开心的还是不开心的，孩子才能获得一个安全、开放的环境去表达自己内心的想法，知道自己不必因为担心不被接纳而隐藏感受。在这个过程中，父母需要学会用语言去启发孩子，用提问的方式让孩子说出他的感受。这样一来，父母会越来越准确地理解孩子内心的感受，并且获得更多的机会去引导孩子积极面对和处理问题，孩子的自信也因此逐渐建立起来。

厘清孩子逆反背后的情感和需求

每次我和家长们聊天，谈到最令他们头痛的育儿难题，“孩子顶嘴”这件事几乎总能排进前三。没错，孩子在婴儿时期，父母为吃、喝、拉、撒的事儿操心，只是处在“拼体力”的状态，然而，随着孩子心智水平的高速发展，约莫 2 岁之后，他们便学会了顶嘴、反抗，那么父母的养育过程就会正式升级为“拼体力 + 拼智力 + 拼心态”的高耗竭状态。

有位妈妈和我说，她自觉算是个性格不错的人，可最近总是忍不住要对 6 岁的儿子发脾气。因为进了小学以后，儿子越来越爱顶嘴了，她说一句，他有十句等着。每次不把她惹毛，他绝不会按要求去做。

比如，每天晚上 8 点半是规定的上床睡觉时间，妈妈催儿子去刷牙洗脸，但是，儿子坐在地上专心地玩乐高，只会嘴里“嗯”着，屁股却动也不动。直到被妈妈催急了，他就说：“我不，我要把这个拼完再去！”

结果 10 多分钟过去了，儿子丝毫没有要结束的意思。妈妈走过去，再次要求儿子马上把玩具收好。没想到，儿子却大发脾气，说：“这不公平，你自己为什么不睡觉，只要我睡？！我们班的大龙 11 点才睡呢！我凭什么要早睡呀！”

你看，好好和他说话，他却是这种态度，歪理总是一大堆。妈妈再也忍不住了，气得冲儿子大喊：“你现在要不去洗漱，今晚就不要睡觉了！”

听妈妈这么喊，儿子毫不示弱：“不睡就不睡，我今天就玩一晚上！”结果反倒是妈妈陷入了尴尬两难的境地。

这位妈妈一边叹气一边对我说：“孩子小的时候，稍微吓唬一下，就听话照办了。可现在越大越跟你唱反调，就是脾气再好的家长，遇到这样的孩子，能不冒火吗？！”

不知道读到此处的你，会不会也从这位妈妈的经历中获得了共鸣呢？这样的亲子交流，往往以两败俱伤的“战争”收尾。当孩子顶嘴时，父母该怎么做，才能化解亲子间的冲突，有效地解决问题呢？

孩子顶嘴是情商和认知发展的表现

相信你也发现了，孩子从两三岁开始，就会更加关注自己内心的感受，拥有自己独立的想法。你说什么，他会“我不，我不”地反抗。

进入小学后，孩子的社会交往范围不断扩大，他会尝试更加深入地理解自我，坚持不懈地寻找自己在群体中的地位。所以，在这个时期，孩子通过语言或行为进行反抗，一方面想宣布他要自己决定想做的事情；另一方面想测试一下父母对自己行为的容忍度，从而判断出他可以在多大程度上争取到自己的权利。其实，这正是孩子自我认知发展的表现，是孩子心理能力有所提升的重要标志之一。

美国弗吉尼亚大学曾做过一项持续了十几年的实验，他们组织了 150 个十二三岁的孩子，让他们描述自己和父母之间的矛盾，再和他们 2 年后与父母的争吵方式以及成年后与同事的相处模式进行比较，结果发现：小时候经常和父母争论的孩子，成年后会更容易采用多种方式处理和他人的意见分歧，并能成功、冷静地应对人际交往的压力。这说明这样的孩子有相对稳定的自我感和主场意识。

而且，孩子对自我概念的认知，往往是通过社会比较来确定的。什么是社会比较呀？就是孩子总是期望和周围的人做比较，来进行自我评价。

这也就是为什么刚才案例中的小男孩会这样反抗："为什么别的小朋友可以晚睡觉，我却不能？""为什么爸爸妈妈可以看电视看到那么晚，我却要刷牙睡觉？"

不过，这个时期的孩子，因为思维发展的限制，还不能做到全面客观地评价自己和他人，所以他只能站在自我中心的角度去看问题。比如说，当关系到他感兴趣的问题时，他喜欢向上比较："为什么别人可以玩，我却不能？"而面对威胁到他自尊的问题时，他喜欢向下比较："我们班的谁谁谁，比我考得差多了。"通过这些顶嘴的行为，孩子会下意识地确保自己处于领先地位，从而保护了自己的自尊。

作为父母，在面对孩子顶嘴的时候，先别生气，因为这恰好是你更深入地了解孩子的内心需求，并且帮助他认识自我和正确表达自我的好时机。在这个过程中，你可以通过三个步骤来引导孩子厘清思路，知道什么可以做、什么不可以做，并培养孩子用正确合理的方式阐明自己观点的能力。

一、帮孩子确定自己真实的心理需求

你可能会说，难道孩子还不知道自己的需求是什么吗？嘿，他可能真的就不知道。

因为这个年龄段孩子的思维往往是感性、直接的，经常会是：你让我做这件事，我就不爽；或者，只有做那件事，我才爽。所以当孩子和你顶嘴的时候，他表达出来的，往往只是反抗的情绪，真实的需求反而被隐藏起来了。这个时期，孩子顶嘴的原因通常有以下四点：

（1）捍卫权利和自主性。

（2）表达情绪。

（3）试探父母的底线。

（4）缺乏解决问题的策略。

咱们还是以刚才那个不愿意去洗漱的小男孩为例。我当时问他妈妈：“你知道他顶嘴不愿意去刷牙洗脸的时候，心里是怎么想的吗？”

妈妈叹了口气说：“其实我也知道，上小学之后，他玩的时间比以前少了。因为每天放学回家，有不少作业要做，他又磨蹭。等作业做完，基本上就快到睡觉时间了，他玩不了多久，应该觉得很不甘心吧。”

显然，这位妈妈其实已经看到了儿子顶嘴背后的情绪和需求，那就是：他觉得自己玩的时间太少了，心里感到有些委屈，但是又缺乏发现问题和解决问题的能力。如果妈妈只是被孩子的不守规则和反抗的态度所激怒，很可能会丧失一次帮孩子厘清思路、学会表达和解决问题的好机会。

合适的做法是，妈妈可以这样对儿子说：“儿子，我让你不要玩了，马上去睡觉，你是不是觉得很不公平？”

儿子委屈地说：“是啊，我还没玩够呢！”

妈妈点点头，肯定儿子的感受：“哦，你觉得自己玩的时间太少了。”

这样和孩子沟通有三个好处：

（1）为孩子做倾听的榜样。要想让孩子听话，领会你的意图，你首先要为孩子做示范，倾听孩子表达的真实意图和情感需要。这样才能让孩子从你这里学会尊重和合理表达，从而真正有效地和孩子沟通。

（2）帮孩子厘清思路，让他看到自己真正的情绪和需求。这样的话，孩子就会理解为：“哦，我不是不想去睡觉，我只是想要更多玩的时间。”

一旦厘清思路，孩子表达诉求的期望被理解，反抗的情绪就会少很多。

（3）发现真正的问题所在。妈妈通过和儿子的这段对话，其实已经发现，孩子面临的主要问题不是能否按时睡觉，而是如何才能合理地安排时间，提高效率，挤出更多让他自己支配的时间。

当孩子了解到自己情绪的真正来源时，妈妈就可以顺其自然地对孩子说："你现在先去刷牙，然后到床上我们一起想个办法，看看怎么才能挤出更多玩的时间。"

二、阐明规则

一旦你站在孩子的角度，帮他厘清自己的情感和需求，下一步，就是阐明规则的时候了。在这个过程中，你也可以分三个方面来进行：

1. 说明什么行为不能被接受

也就是清楚地和孩子阐明你的要求。比如，前面那位妈妈可以看着儿子的眼睛，用坚定的语言对儿子说："你想多一些时间玩，妈妈理解。但是你现在必须去准备睡觉，否则明天早上起不来床会很难受。如果你觉得自己无法主动执行规则，妈妈只能帮你一起来执行了。"

有家长会问，孩子要是很不礼貌地顶撞父母，要怎么办？这时作为父母，一方面你要检查一下，平时在和孩子互动的过程中是不是尊重孩子，把他看成一个和成人一样独立的人，孩子需要从你的言行中学会尊重别人；另一方面你需要对孩子阐明沟通的界限，也就是你希望他用什么样的说话方式来表达需求。

比如，面对前面那个顶嘴的男孩子，妈妈就可以说："你刚才对妈妈说话的这种态度，让我觉得很不被尊重。你表达意见，妈妈愿意听，但是你需要注意自己的说话方式。"

2. 提供选择：什么样的替代性行为可以被接受

在前面关于如何培养孩子独立性的那一节中我提到过，每个孩子都有自我掌控的需要，他们希望知道，“我在多大程度上可以自己决定事情”。而且刚才我也说过，孩子顶嘴时的一个很重要的心理活动，是要看看自己在爸爸妈妈面前可以获得多大的权利。

所以，你在对孩子提要求的时候，也需要给他一些自我选择的空间，让孩子感到，“我的想法是重要的，我可以为自己做决定”。

在前面那个案例中，妈妈叫儿子去睡觉的时候，可以提供这样的选择：“洗漱完，上床以后，你希望妈妈给你读个故事，还是咱们一起聊一下，看看以后怎么才能挤出更多玩的时间？”

妈妈一方面给了他两个选择，让他自己决定临睡前要做的事；另一方面继续从孩子的角度出发，向其表明一个态度：妈妈愿意和你一起讨论，如何帮你挤出更多玩的时间。这样，孩子感到自己的想法是受重视的，行为上自然也会多配合。

3. 鼓励性的示范

在和孩子沟通的过程中，一个方式是，让孩子不但愿意在行为上积极地配合，还能让他有获得感，开心地去行动；另一个比较有用的方式就是，通过鼓励给予孩子更多的支持。

这种鼓励，绝不是为了催促孩子去做事而应付他，也不是息事宁人的赞美，而是既让孩子看到你发自内心的信任，同时也给孩子做了“你可以做到”的示范。

比如，妈妈在让孩子去睡觉时可以告诉他：“宝贝，你要放下玩具去洗漱了。妈妈特别高兴，看到上周你几乎每天都按时去洗漱。这样，咱们就可以有更多的时间讲睡前故事了。”

用这种方式，妈妈一方面传递给孩子信任和鼓励，告诉他，他的每一个好行为妈妈都看在了眼里；另一方面也用孩子自身的良好行为给他做了个示范，告诉他，这个行为的好处是什么。

三、鼓励并引导孩子合理表达

上文提到，儿时经常会和父母争论的孩子，成年后会采用多种方式处理和他人的意见分歧，并能成功、冷静地应对人际交往的压力。但是请注意，这里所说的"争论"，可不是通过不断的哭闹耍赖来迫使成人满足自己的要求，而是指孩子可以用合理理由来争取自己的权益。这对孩子来说，是非常高级的能力。因为这意味着孩子已经可以从一厢情愿地表达自己的期望，逐渐过渡到使用具有逻辑性或富含情感的观点来让对方理解和认同自己，这可能会包含阐述观点、倾听、共情、理解、记忆（双方的观点）、寻找共同点等多种认知过程，可以帮助孩子有效地提升解决问题的能力。

我的一位学员和我讲了她 5 岁的女儿是怎样第一次用"无懈可击"的理由成功地说服她的，这个过程非常有趣。

有一次，这位妈妈带 5 岁的女儿和她 1 岁的妹妹从外婆家往回走，途中路过一个超市，正准备进去买些东西，却听见女儿"呀"地叫了一声，她顺着女儿手指的方向望去，只见超市旁的一家小礼品店的橱窗里摆着一只再普通不过的绒线兔子，女儿坚持要把这只兔子带回家。

妈妈的第一反应就是坚决不给女儿买。她和孩子之间有个规定，每个月只能买一件新玩具，而上周女儿才刚刚收到一个漂亮的乐高公主城堡。更何况，女儿已经有一只同样的兔子了，此时正静静地坐在女儿的床头。于是，妈妈把不给买的理由简单地和女儿说了一下，就准备继续去超市买东西，谁料小姑娘脚底像钉了钉子一样立在那里，妈妈愣是没拽动她的小手。她执着地看着妈妈，又望望兔子，眼圈开始有点红了，嘴里说道：

“可我就是想要那只小兔子，求你了，就买了那只小兔子吧！”

当妈的有些急了，正要冲女儿发作，突然想起了在我们的课程中学到的东西，于是她蹲下来看着女儿的眼睛说：“好，你特别想要那只兔子，但是你必须说服妈妈，告诉我你为什么那么想要那只兔子。”

小姑娘深深吸了口气，定定地看着妈妈，说：“你说有了妹妹我就不孤单了。”

“对呀……”妈妈一边点头，一边疑惑她怎么突然扯到妹妹头上了。

“我的小兔子只有一个人，她很孤单，她也需要一个妹妹陪她。你要是不同意，可以用我的压岁钱。”

听女儿说到这儿，妈妈惊讶地发现自己竟然真的被说动了，不光如此，还莫名有些感动。女儿的逻辑缜密，竟然还知道引用自己之前和她说过的“为什么要有妹妹”的理由来说服自己，而且情感表达得无懈可击（是啊，人会怕孤单，兔子一样也会怕孤单呀）；更令人吃惊的是，为了防止妈妈拒绝（毕竟有规则在先），女儿竟然提出用自己的压岁钱来买（她和女儿确实有过约定，如果女儿有特别想买的东西但妈妈不同意时，可以申请使用她的压岁钱）。妈妈突然觉得孩子真的长大了，已经开始学着不用哭闹耍赖，而是以动之以情，晓之以理的方式来争取自己的权益了，以至于她竟然找不出理由来拒绝孩子。这次即使作为奖励，她也应该给女儿买那只兔子。

当然，这并不是说，孩子提出的所有要求，只要他能说出理由，都应该满足。父母需要根据客观的实际情况来判断孩子的要求是否真的合理。你可以拒绝孩子，也可以继续和孩子辩论，商讨条件。但是，不管怎样，都应该鼓励孩子冷静、有条理地表达自己的想法，并且对孩子的意见和思考给予尊重，这对他们思维能力和自主性的发展，以及提升解决问题的能力都将起到关键的作用。

有效批评：把批评变成促使孩子改进的力量

一天，吃过晚饭后，我和先生在街头散步，遇见了一对母子，给人印象颇为深刻。小男孩大概 10 岁的样子，低着头一言不发，急匆匆地在前面走。后面跟着一位三四十岁的妇女，看样子应该是小男孩的妈妈，她在不停地数落着儿子，大意似乎是孩子上课忘带练习本，放学后被老师留下罚抄课文了。

妈妈讲话的声音很大，惹得路人纷纷侧目。“跟你说过多少次了，让你检查书包，怎么总是不长记性啊？玩儿的事你怎么就不会忘呢？天天被留堂，你觉得好看是吗？哎，妈妈问你呢，怎么不说话？”

走在前面的孩子仍然闭口不语，脖子缩得更紧了。

这个情景，可能只是不少孩子犯错的时候，亲子间沟通状态的一个缩影。

有不少家长对我说：“我也不想总批评孩子，毕竟现在都提倡赏识教育，我也知道该多看他的优点，可他就是不停地出状况，挑战你的底线。难道说，孩子出了问题，家长都不管才对？”

我说，当然不是不管。其实，每个孩子都是在不断犯错中逐渐成长的。当孩子犯错的时候，如果父母可以进行合适的引导，帮助他发现问题的根源，并且和他一起找出解决问题的方法，然后让他努力尝试改变，孩子反而会变得更加自信，充满力量。

关键在于，怎么批评孩子才真正有效。

我常常问家长，你批评孩子的目的是什么？是希望帮他重视这件事带来的后果，还是想引导他找到正确的方式去改善？或者，仅仅是因为你气急了，先劈头盖脸地发泄一下你自己的情绪再说？不同的批评方式，会影响批评的效果，更会影响孩子对自己的评价。

批评孩子时的两个误区

我在工作中发现不少父母在批评孩子时容易陷入两个误区：

1. 多重联想

孩子犯错误时，很多爸爸妈妈一着急，就会容易把之前对孩子的一些不满也都发泄出来。比如我在大街上碰到的这位妈妈，她在批评孩子忘带练习本这件事的时候，顺带又翻起了“旧账”，抱怨孩子平时贪玩，经常被老师留堂，让自己没面子。

于是，亲子间的沟通变得杂乱无章，缺乏重点，这会使孩子产生厌烦情绪，他根本看不到自己的问题具体出在哪儿，只是想着逃离妈妈的指责。

2. 过分扩大

父母在批评孩子时容易陷入的另一个误区，就是只把目光放在孩子的错误上，过分强调，并把错误扩大化。常见的方式有三种：

（1）普遍性概括：“和你说过多少次了，让你检查书包，怎么总是不长记性？”

（2）精准预言：“我告诉过你让你别带这个滑板车出来吧？瞧，路上人这么多，根本没法滑！”

（3）标签式指责：“你这孩子怎么这么自私呢，从来都不为妈妈考虑！”

你看，这些批评方法的共同点就是会把孩子成长中的一个正常的、偶然发生的问题无限放大，变成他身上一个永远去不掉的标签。

还是回到街头那对母子的案例中，妈妈说儿子：“跟你说过多少次了，让你检查书包，怎么总是不长记性啊？”

你能想象这个场景吗？就好像你正站在孩子的对立面，伸着脖子叉着腰，用手指着孩子的鼻子，不停地责问他。

这个时候，孩子会是什么感受？他会思考这件事为什么自己没做好吗？不会，他的整个注意力都放在“妈妈讨厌我，我是不被认可、不被接受的”上。

当一个人受到攻击，想保护自己的时候，他该怎么办？只有三种办法：要么撑回去，不停地为自己找理由；要么像刚才那个小男孩一样，把耳朵关闭，不让自己再听到伤害自己的言语；再或者，干脆就承认自己不好，“我就是粗心，就是丢三落四，就是不想学习。我都承认了，你还能再说我什么”。

这就是为什么有时我们批评孩子会显得那么无效。毕竟，批评的目的，不是要让一方产生愧疚，觉得自己什么都做不好。真正有效的批评，应该有三个重要特征：

（1）能帮孩子找到问题的根源，让他知道“我究竟什么地方有待改进”。

（2）有效引导，帮孩子找到补救的办法和改善的方向，让他知道“什么是我可以改变的”，“我怎么做，才能把事情改善得更好”。

（3）通过发现问题和改进的过程，让孩子更加有自信，更有力量。

下面，我就来和你分享一下不但能让批评更加有效，还能让孩子从批评当中获得更多的自信和力量的三个方法。

1. 点到事实为止，对事不对人

我有一位特别不爱吃巧克力的朋友。当然，每个人都有天生不爱吃的东西，这本来没什么好奇怪的，但是这位朋友却说，她每次看到巧克力，都会涌起一种既委屈又羞愧的感觉。直到有一次我们私人聚会时，这位朋友谈起了她 7 岁时发生的一件小事。

那时，她和大多数孩子一样喜爱巧克力奶香甜腻的滋味。有一次，爸爸的一位同事从国外出差回来，送给她家一瓶香草奶油巧克力酱。在那个物质并不是那么丰富的年代，从天而降的这一大瓶巧克力酱，对小孩子来说，简直是世上最难以抵抗的诱惑。但是，妈妈却把巧克力酱放进了厨房的食品柜里，规定第二天吃早餐的时候才能享用。

这天晚上，小姑娘满脑子都是那瓶巧克力酱："它是什么味道的？一定很甜，好想尝一口啊！"终于，趁晚上爸爸妈妈看电视的时候，她蹑手蹑脚地走进厨房，踩着一个小凳子，从食品柜里翻出那瓶巧克力酱，迫不及待地想要尝一口。嗯，就一口。谁知，在开瓶盖的时候，她没拿稳，巧克力酱还没吃到嘴里，就一下子摔到了地上，还洒了她一身。

闻声赶来的妈妈看到这一幕，立刻就发火了。妈妈一边把小姑娘从椅子上拉下来，一边戳着她的头数落道："你怎么这么馋啊！和你说过多少次了，巧克力酱明天早上才能吃，一个晚上都等不了吗？看，全让你浪费了！真没出息，又馋又懒，也不知道随了谁……"

虽然装巧克力酱的玻璃罐并没有摔碎，洒出来的部分也不足四分之一，但是，妈妈的那几句尖锐的评判——"没出息""又馋又懒"，却在小姑娘的脑海中翻腾了无数遍。

"从那时起，我一看到巧克力，哪怕闻到一点巧克力味儿，心里就会有一种恶心的感觉，还伴着一种说不出的难受。”朋友说。

究竟是不是这件事让朋友一直以来不喜欢巧克力，我们无从判断。但是当年她妈妈的那种评判，显然是无助于朋友修正问题的，相反，只会把问题扩大化，相当于给她下了一个判断：她不但馋、没出息，而且没有自控力，还浪费东西。同时，还暗示她，她一贯是这样，因为妈妈说过很多次了，她都不记得，下次一定还会犯这种错误。

这里面没有一个信息是能够帮助我朋友找出办法解决问题的。相反，她会无意识地将这个评价内化，认定“我就是馋，就是没出息，就是没有自控力”，要么感到羞愧而失去自信，要么觉得难以自控的问题可能会在她身上反复出现，真的变成一个难以揭下的标签。

好，现在来聊聊解决问题的办法。当孩子犯错时，你怎么能够既指出孩子的错误，又不至于让他产生愧疚或者逆反心理？一个很重要的原则就是：只陈述事实，不做判断。也就是说，只针对发生的这件事本身做出反应，而不对人做出评价。

这其实是我们在面对问题时最干净、直接的解决方式。比如，在我这位朋友的故事中，当时妈妈面对女儿偷吃巧克力酱的行为，最合适的解决办法是什么？妈妈只要对女儿说：

“哎呀，巧克力酱洒了。”

“来，你先慢点从椅子上下来，小心被地上的巧克力酱滑倒。”

“你刚才不告诉妈妈，自己去拿巧克力酱，这样做不对。如果你真的特别想尝一下，应该直接和妈妈说呀。”

你看，这种方法，只是先陈述了一个事实：巧克力酱洒了，接着，让孩子慢点从椅子上下来，这传递给孩子一个信息：妈妈最关心的是她的安全。

接下来，妈妈在指出孩子错误的时候，也只是把孩子的问题限制在此刻发生的这一个场景中，而不是觉得她一直如此。妈妈还告诉她，这样做不对的原因是，巧克力酱要在明天吃早餐时才能吃，并且应该大家一起分享。

还有一种情况，就是如果孩子已经表现出愧疚、惊恐、焦虑的情绪，那么在批评他之前，你需要先接纳孩子的感受和需求。比如，前面的案例中，如果妈妈注意到孩子的惊恐神情，看到她眼泪已经快掉下来了，可以对她说："你很想吃巧克力酱，但是又怕妈妈说你，是吗？"先去理解孩子，平复她的情绪，再进行教育。

2. 具体行动，和孩子一起寻找改进的方法

批评的主要目的就是让孩子改进。孩子需要知道，他现在正在面对的是一个问题。注意，我说的是问题而不是错误。在很多情况下，父母眼里的"错误"，可能只是孩子成长过程中一个阶段性的问题，和孩子自身能力的发展息息相关，比如，自控力差、做事拖拉动作慢、容易丢三落四等。但这个问题不是永远存在的，是可以采取措施不断改善的。这时，具体的行动远远比说教要有效得多。

在洒巧克力酱的这个案例中，妈妈告诉女儿什么地方做得不对以后，就可以提建议："宝贝，你去拿一块抹布，妈妈去找拖把，咱们一起把弄脏的地方打扫干净！"

这就让孩子看到，出现问题其实不可怕，关键是你如何采取行动，把危害降到最低。在这个过程中，你也在用实际行动告诉孩子："虽然这件事你没做好，但妈妈仍然信任你、爱你，愿意和你一起来面对问题。"

同样，那对街上的母子，如果妈妈想让孩子听得进批评，应该怎么做呢？这里需要三步：

第一步：把你和孩子之间的位置改变一下，从孩子的对立面换到和孩子站在同一位置上，将你的手从指着孩子的鼻子转到柔和地搭到他的肩膀上。

第二步：改变说话的方式，只对事，不对人。这时，妈妈只需对儿子说：“今天练习本来做得很好，却因为忘带本子而挨罚，时间也耽误了，实在太可惜了。”

第三步：引导孩子思考解决问题的方法：“来，咱们一起商量个办法，看怎么才能在上学之前把每件学习用品都准备好。”

如果这么说，孩子还会不理睬你吗？还会顶嘴吗？肯定不会，因为他本身没感受到攻击和不安全。相反，他会随着你的话去思考：是啊，因为没带练习本而挨老师罚，真丢人，看来下次真不能再忘带东西了。

3. 示范性鼓励，帮孩子从自身看到改进的力量

示范性鼓励这个方法，我在和孩子的互动中经常使用，它来自著名的积极心理学家马丁·塞利格曼的研究。他发现每个孩子身上都存在着从错误中不断改进、不断成长的积极力量，而作为父母，一个重要的作用就是始终对孩子的成长和进步保持敏感，并在孩子遇到挫折的时候，能够帮助他及时发现自己身上存在的这种积极力量。

举个例子。有个 4 岁的小男孩总是喜欢打人，尤其在和别的小朋友一起玩时。如果他想要什么东西，就会直接去抢，人家要是不给他，他就伸手打人家。尽管每次打人后，家长都会严厉地批评他，让他给被打的人道歉，给他讲“为什么打人不对”的道理，但收效甚微，孩子还是习惯用打人来解决问题。时间一长，本来长相可爱的小家伙儿，成了幼儿园最不受欢迎的孩子。老师无数次请家长，小伙伴们也不喜欢和他玩。

在和这个小男孩互动了几次后，我发现他其实性格活泼，心情好时可以和别人合作得很好，也很喜欢与人交往。只是他性子比较急，表达能力又不太好，一旦有什么需求，急着想要实现，就容易上手上脚。所以，孩子容易打人，这是他缺乏自控力和沟通表达能力的表现。如果成人只关注他打人的行为，不停地批评甚至惩罚他，其实等于强化了孩子“爱打人”的标签，这反而让孩子内化成对自我的评价，那么他可能永远都是个“爱打人的孩子”。

那么，有没有这样一种方式：父母只关注孩子不打人的情况，发现孩子积极沟通的行为，并且不断强化这个行为，让良好的行为在孩子的内心生根发芽？

在和孩子的父母商量、讨论后，我们决定借着一次亲子活动的契机实现这个方式。在活动开始前，妈妈对这个小男孩说：“待会儿妈妈带你去游戏室，那里有好多小朋友和好玩的玩具，你想和他们一起玩吗？”孩子立刻兴奋地说“想”。妈妈笑眯眯地对他说：“但是，我们需要做个约定，你不能抢别人的玩具。当你想玩别的小朋友手里的玩具时，你要这样说：‘你好，你能把这个玩具借我玩一会儿吗？’如果他不给你，你再出来告诉我，好吗？”

小男孩乖巧地答应了，于是妈妈又让孩子练习了几遍这个“流程”，就带他去游戏室了。

孩子在游戏室里玩了1个多小时，妈妈则紧张地在游戏室窗外等候着，心里想着孩子会遵守他的承诺吗。还好，直到游戏时间结束，孩子都一直开心地和小朋友玩着，没有发生任何打人的行为。最后，他兴冲冲地跑过来指着另一个小男孩对妈妈说：“小哥哥和我一起玩得可好了！”妈妈悬着的心终于放下来，立刻肯定儿子：“哇，我儿子果然是个懂礼貌的孩子，能和小朋友分享玩具了，以后会有更多的小朋友喜欢和你一起玩的。”小男孩听了更是兴冲冲地表态：“下次我要把我的X战警带给小哥哥玩！”

虽然这仅仅是一次成功的经验，但我相信这次经验会悄悄在孩子的心里播下积极沟通的种子，以后，孩子每重复一次正向行为，我们就把对他正向行为的反馈及时地展示给他。孩子在生活中不断练习，也就会不断积累成功做事的经验，渐渐地，他做出积极行为的次数就会更多，并且更有自信。

读到这里，可能不少家长会有疑问："如果孩子积极去改变却没有成功怎么办？如果那个小男孩并没有刚好遇到一个谦让温和的伙伴，而是碰到一个不愿和他分享玩具的孩子，那他不就没有成功的经验了？"

没有什么道路是永远畅通的，也不存在万能的方法。事实上，孩子在实践中会不断"犯错"和遭遇困难，这才是成长中的常态。我们需要知道，正是在这些"错误"和"问题"之中，隐藏着帮助孩子成长的契机。就看父母有没有这份心，从中发掘出孩子身上积极的力量，作为他下一次进步的起点了。

我们来思考一下，假定当时那个小男孩用了刚学会的正向方式，仍然没有得到他想要的玩具，但他至少为了改变迈出了第一步。再假如，孩子在沟通后没得到玩具，还是忍不住打了小朋友，但他至少尝试过努力，这种努力你是否能够看得见？只要他做出哪怕一个积极的行为，这种改变都无比珍贵，你都可以让他知道："妈妈看到你做出了怎样的努力，这种努力真是了不起。"然后，你再引导孩子开动脑筋去思考，当他想要玩具时，还可以用什么样的好方法得到，如果得不到，又该怎么办，直到孩子在不断地思考和实践中赢得更多成功的经验。

帮孩子立规矩的正确方式

不知道你有没有过这样的困惑：为了纠正孩子一些不良的习惯，制定了一套家庭规矩。但是，规矩往往制定起来容易执行起来却难。

比如，明明和孩子说好每晚 9 点必须睡觉，孩子开始可能答应得好好的，可结果呢，往往快 10 点了，你还在强压着火气，口干舌燥地催促孩子："快去洗脸、刷牙！"尽管已经重复了几十遍了。

又比如，本来规定孩子一个月只能买一个玩具，可孩子跟爷爷上一趟街，回来就一只手拿着小汽车，另一只手拿着奥特曼。爷爷一脸无奈地和你解释："孩子哭得撕心裂肺，我实在拗不过他，只好乖乖掏钱买了。"

这时你只能仰天长叹：为什么苦心建立起来的规矩，执行起来就这么难呢？那咱们这次就来解决一下这个难题，谈一谈该如何给孩子立规矩。

不少父母可能会认为，规矩是对孩子行为的一种限制，就是为了让孩子知道，他不能做什么。因此，规矩和自由是对立的。其实，恰恰相反，规矩和自由不但不对立，而且规矩还是自由的前提。

在孩子尽情享受探索周围世界的乐趣时，规矩让他避免接触到一些危险的物品；当孩子和小朋友争抢玩具时，规矩告诉他怎么做才能玩得高兴，又可以建立良好的友谊；当孩子吃完东西时，让他养成刷牙漱口的习惯，这能从小保护他的牙齿健康……

规矩就像一层安全的防护网，让孩子知道“我做一件事情的时候会发生什么”，同时，也传递给孩子一种信息：你不用担心你的行为会给自己或别人带来什么伤害，因为规矩会确保你的安全。所以，遵守规则，不但是让孩子最大化地享受自由的前提，更是帮助孩子以更高效的方式在群体中找到合适位置的基础。

给孩子立规矩的好处我们已经知道了，但是有相当一部分家长却发现，他们给孩子定的规矩，一旦落实到现实中，就会在孩子一“不”二“闹”三“耍赖”的对策下，成了一笔最糟心的糊涂买卖，完全起不到作用。于是，很多家长迫切地想要知道，该如何给孩子制定规矩才更加有效？孩子不遵守规则时，家长该怎么办？

关于如何为孩子建立合理、有效、易执行的规矩，咱们需要做到以下三点：

制定规矩之前，先判断它是否符合孩子的实际情况

很多父母都抱怨，现在的孩子真是不好管，你说往东，他偏要往西，总是和你对着干。其实在很多情况下，孩子并非不愿遵守规矩，而是不能遵守。因为成年人制定的规矩，有时并不符合孩子当前能力发展的现状。这就要求咱们在给孩子立规矩之前，首先要判断一下：

1. 这个规矩符合孩子在当前年龄段的发展规律吗？

不同年龄段的孩子，对同一个规矩的接受能力是有非常大的差别的。有位妈妈和我抱怨说：“我儿子注意力特别差，我和他事先规定好，每天抄写半小时生字、做半小时趣味数学，然后就可以出去玩了，可他没有一

次能够坚持下来，做不了多久就开始磨蹭，1 小时的作业，他能磨蹭 3 小时还经常完不成，为此也经常向我发脾气。”

“孩子现在上几年级啊？”我问。

“5 岁半，现在上学前班，明年就上小学了。”

对于 5 ～ 6 岁的学龄前儿童来说，他们的主动注意力持续时间只有 10 ～ 20 分钟。当这个小男孩被要求连续写 1 小时作业时，不但远远超出了他当前的注意力水平，而且会使尚未完全发育成熟的手部小肌肉群产生酸痛感，这都会让这个孩子在执行妈妈要求的过程中面临非常大的困难。

如果孩子在做事的过程中总是体验到失败，并伴随着成年人的批评和否定，他的内心很容易产生严重的挫败和无助感，他会相信“我什么都做不好”，因而失去做事的主动性和自信心。

因此，我们给孩子立规矩、提要求时，一定要考虑到孩子的年龄和能力，并允许孩子分阶段来达成。

2. 这个规矩符合孩子的个性特征和心理需求吗？

孩子们的个性存在很大的差异，对于不同个性和心理需求的孩子，你制定的规矩也要有所不同。换句话说，适合别人家孩子的规矩，不一定就适合你家孩子。我咨询过一个 8 岁的小男孩，他从小就在老家由外婆带大，父母一直在北京打工，直到 7 岁他才被父母接到北京来。

父母认为儿子身上的坏毛病太多，比如不爱读书，多动、坐不住，不讲卫生等。为了帮孩子养成良好的习惯，父母定了不少规矩，希望能约束儿子。没想到，孩子非但不能遵守这些规矩，反而变得更加叛逆了。

要孩子认可并遵守规矩的一个很重要的前提，就是建立起良好的亲子关系。很明显，这个孩子从小没在父母身边长大，一方面缺乏对父母的依恋和信任，另一方面又要适应陌生的新环境，他的内心一定是惶恐不安、充满压力的。

因此，在让他遵守规矩之前，父母需要先尊重和理解他的心理感受，给他时间适应，和他重新建立情感联结。这个时期为他制定的规矩，既不能多，也不能难，最好以保证孩子身心健康和安全为准绳，比如，规定回家的时间，让孩子知道，爸爸妈妈爱他，最关心的就是他的安全。

让孩子参与制定和理解规矩

心理学研究发现，人们更愿意积极地去践行自己想要去做，而不是被别人强迫去做的事情。同样，没有孩子的参与，不被孩子事先认可的规矩，对孩子来说，就如同被人胁迫和控制的工具，从诞生之时，就注定失败。没有任何一个人会心甘情愿被别人所控制，即使是三四岁的孩子也不例外。

所以，成年人在要求孩子必须遵守某个规矩之前，要和孩子共同商议和讨论，获得孩子的认可，甚至让孩子参与到制定规矩的过程中来。在孩子参与制定规矩的过程中，我们可以充分询问和了解孩子的需求，确保规矩在充分平衡参与者需求的情况下顺利实施。毕竟，规矩的制定者才更容易执行规矩。同时，在这个过程中，成年人也需要让孩子充分理解为什么要制定这个规矩和规矩的意义。

向孩子解释规矩的意义是有诀窍的，那就是：要在孩子自身的年龄段和理解能力的基础上，用孩子听得懂、“接地气儿”的话向他们举例说明。

几年前，我和另外几位老师在北京一所小学开设儿童思维能力训练课程。课堂上让学生使用一种特殊的学具进行训练。由于课程是在一至二年级学生中进行的，一旦前一批孩子升入三年级后，学校会把学具收回，再发给一年级新生使用。

这群刚入学的满 6 岁的孩子，对看起来色彩鲜艳、形状各异的学具充满了好奇，翻来覆去地摆弄着学具，有的孩子甚至忍不住把学具放到嘴边，似乎想要“尝一尝”它们的味道。班主任老师只好在一旁不断地大声向孩子们强调规矩：

“谁也不许说话，把学具放下！你们已经是小学生了，不要像幼儿园的小朋友一样，什么都往嘴里放！”

“×××（孩子的名字），你坐好，把学具从嘴里拿出来！”

“我告诉你们，谁要再吃学具，就把你的学具收回来，你这节课不要再用了！”

这时，课题组的老教师鲁老师笑眯眯地对孩子们说：

“我想问问同学们，我现在把我放进嘴里舔过的东西给你们，让你们舔一舔，你们要不要啊？”

孩子们一听，马上七嘴八舌地回答：“哎呀，好脏！我不要，太恶心了！”

“我妈妈说，别人嘴里有细菌，会传染的！”

鲁老师笑眯眯地说：“没错，你们说得都对！别人吃过的东西，我们不能再吃了。可你们知道吗，你们手里的学具是上一届哥哥姐姐们留下来的，他们当中也有人可能像你们一样，把学具往嘴里放哦。他们吃过的学具，你们还要吃吗？”

小家伙们把头摇得跟拨浪鼓似的，坚决表示：“不要！学具是用来学习的，不——能——吃！”

后来，整整一节课，不用老师再提醒，居然没有一个孩子再把学具放在嘴里了。

咦，为什么之前班主任老师不断强调，甚至连惩罚都用上了却依旧不管用的规矩，在鲁老师和孩子们几句简单有趣的对话中就充分发挥了效力？其实，鲁老师只是把自己放在孩子们的角度，用这个年龄的孩子们能够听得懂的例子，让孩子们自己去体会“这种行为意味着什么”，并且引导孩子们说出自己的感受和看法。结果，不用老师再去刻意强调，孩子们就知道自己下面应该怎么做了。

和孩子制定规矩时要遵守“三原则”

1. 正面向孩子表达规矩，少用“不”，多用“要”

我在“怎样向孩子表达期望与要求”那一节中就提到过，父母对孩子表达期望时，很容易陷入所谓“不要”的误区，比如，告诉孩子“不要马虎”“别磨蹭”等，缺乏一个具体的指导，告诉孩子可以怎么做。结果，孩子要么只对“不要”“别”后面的那个词印象深刻，结果反而更马虎、更磨蹭；要么感到不知所措，难以理解这个规矩 。

所以，你在和孩子制定规矩的时候，要注意这个问题。你要尽量对孩子阐述正面的规矩，在给孩子解释遵守规矩的理由时，也尽量使用正面的话语。或者，在告诉孩子“不要做什么”的后面，加上一个具体、正向的陈述，让孩子理解他“应该怎么做”才会更好。

比如，你在教孩子跟小朋友要怎么相处的规矩时，除了告诉他“不要抢玩具”，还要让他知道：“你想玩别人的玩具时，要先问问别的小朋友能不能借给你玩一下，等对方同意了，你才能玩。”

2. 规矩的制定要符合孩子的能力范围，做到少而有效

曾经有位急性子妈妈，一次给孩子立了很多规矩。她把规矩拿给我看，嘿，密密麻麻写了大半张 A4 纸，从生活作息、学习习惯，到外出时的礼仪，应有尽有。

因为规矩实在太多，孩子消化不了，完不成又会遭到大人训斥，久而久之，就产生了挫败感。他会认为“我就是没有能力管理好自己”，反而对规矩越来越反感。

所以，规矩不在多，而在精。重点是符合孩子的年龄特点和能力范围，确保孩子有能力去践行。

对于 7 岁以下的孩子，我建议一次只执行 1 ～ 2 条规矩；对于小学中年级以上的孩子，一次也不要超过 3 条。

这样，执行两三个月以后，等孩子基本养成习惯了，你再逐条增加，他慢慢就懂得了规矩的意义。

3. 规矩要内容明确、具体，可操作性强

不少家长在和孩子制定规矩时，可能会这样写："讲卫生""礼貌待人""按时写作业"等。

这些规矩有个共同点，就是内容过于抽象模糊，孩子极有可能理解不了，自然没法完成。

所以，制定的规矩，一定要对孩子有明确指导意义。

比如，把"讲卫生"这个抽象的概念换成"饭前、便后要洗手"；把"礼貌待人"解释为"接受别人的帮助以后，要说谢谢"；把"按时写作业"细化成"每天放学回家，和妈妈聊 15 分钟后，就开始写作业"。

另外，为了使你立的规矩更容易被执行，在这儿我给你分享一种十分有用的方法：心理学家彼得·戈尔维策提出的"执行意图法"，也就是用"如果 / 那么"（"If/Then"）的句式来指导孩子具体去执行规矩。

这个方法本来是为了帮助成年人增强计划执行力、养成良好习惯的，但是在指导孩子遵守规矩方面同样适用。

比如，你规定孩子要注意洗手的时候，可以这样来表达："如果从外面回到家，那么我们就去洗手。"这就好比在孩子的大脑中设定了一个"触发器"，让假设的那个场景和之后的行为形成一个连贯的模式，这样孩子不需要太多的记忆和意志，就可以去执行了。

家庭成员教养方法不一致该怎么办

一位朋友向我抱怨，她平时管女儿，丈夫总在一旁指手画脚，拖孩子养成能力的“后腿”。

周末她给女儿报了演讲课外班和情商英语课，希望提高一下孩子的语言表达能力，女儿自己也喜欢。可丈夫却说，周末就该用来玩耍、放松，会玩才能学得更好。于是，每到周末，要去上课的时候，只要女儿稍稍表现出一点惰性，丈夫马上就主张别去了，在家好好休息。结果弄得孩子经常借故耍赖，不去上课。她一说女儿，女儿马上搬出救兵：“爸爸说可以不去！”

平时，在我接到的家长咨询中，很多人也都会提到这个问题：自己白天上班已经非常辛苦了，下班回家还要马不停蹄地辅导孩子功课、陪孩子读书，就为了培养他良好的习惯，制定合理的目标。可偏偏另一半却是个“猪队友”，不但不和自己一条心，合力帮孩子，还经常拆台，一两句话就把自己好不容易帮孩子养成的好习惯生生毁掉，气得自己瞬时就火冒三丈。夫妻俩经常因为孩子教育的问题而争吵不休。

很多朋友还担心，自己和爱人，或者家里的老一辈，在教育孩子方面出现的分歧，会不会严重影响孩子的健康成长呢？自己又该如何处理这些分歧，使孩子能够在更加健康、快乐的环境中成长呢？

咱们先来看看，家庭成员之间教养孩子的方式不同，究竟会给孩子带来什么影响。

教养方式不一致其实大有好处

家庭成员教育观念不一致，这件事其实特正常。你想啊，几口人生活在一起，你们的兴趣爱好、性格、想法、爱吃的东西都可能有差别，那教养孩子的观念怎么可能完全一致呢？人与人之间本来就有差别，我们又不是机器人，不可能什么都按设计来，按个按钮，大家整齐划一。不但如此，家庭成员教养孩子的观念不一致对孩子的成长还有好处。

1. 有助于孩子认知灵活性的发展

什么是认知灵活性？就是一个人能够认识到引起某个事件的多重原因，全方位、多角度看待这件事，不拘泥于一种方法，而是能够运用多种方法来处理这件事。这是一种非常关键的认知能力。

当孩子发现爸爸妈妈对问题的处理方式不同，比如，一个温和，一个严厉；一个累了去打球，一个休息时去追剧；一个说话时单刀直入，一个沟通时婉转体恤，那这个孩子慢慢就会知道，哦，原来每一件事都有很多种处理方式，而且每种方式既有好处，也有不足。

在解决自己在生活和学习中遇到的问题时，孩子也能逐渐学会从多个方面去思考，研究和比较哪一种方式最好。这样的孩子无论是学业成绩，还是对社会的适应力都很强。

之前热播的电视剧《小欢喜》中，方一凡的父母就是这样的一对夫妻。海清扮演的母亲就是风风火火、做事雷厉风行的女强人，对孩子的学习问题容易焦虑，免不了着急上火；而黄磊扮演的父亲呢，典型的佛系心态，养养花，喂喂鱼，乐观随性又开朗。但就是这对夫妻一张一弛，才营造出多元化的家庭氛围。

2. 为孩子做出解决矛盾和冲突的良好示范

成年人在遇到分歧和矛盾的时候，如果能够心平气和地去沟通，共同面对和解决问题，那么也会为孩子做好示范，使他在人际交往过程中能很好地解决和他人的冲突。

同样，在家庭中，即便大人之间的教育观念不一致，只要双方能够通过沟通去调和矛盾，这不仅不会对孩子产生不好的影响，反而更有利于孩子成长。

成人之间相互抱怨和指责，才是孩子受伤的根源

其实，大部分父母的育儿观念本身没有错，成人之间的教育观念不同，并不会给孩子带来伤害，而真正给孩子带来伤害的，是父母因为教育分歧在孩子面前激烈争吵，甚至相互指责、相互拆台。咱永远都要记住：关系，比观念更重要。

一方面，家里的大人之间频繁地争吵和抱怨，本身就给孩子做出了一个相互不尊重的反面示范，这就相当于告诉孩子：当你认为只有自己对的时候，完全不需要尊重对方，可以无限放大别人的问题。孩子也会利用父母之间的矛盾，去钻空子。

另一方面，孩子会在家人的争执中感到不知所措，丧失判断力。孩子在幼年时期的思维，通常是以自我为中心的，很容易把一些生活事件和自己相联系，所以他可能会隐约地感到“大人是因为我吵架的，都是我不好”，从而产生羞愧和不安。这可能会使他在成长过程中形成自卑心理，做事经常畏首畏尾。

美国哈佛大学有一个长达 70 多年的研究项目——格兰特研究，这个被称为人类历史上历时最长的研究，就是为了弄清楚我们如何培养出一个成功的孩子，这个未来的人生赢家需要具备哪些必要条件。

虽然科学家发现很多成长条件都和一个人事业、家庭的成功相关，但是毕竟每个人对成功的定义都不一样，而实验最后得出的结论是，让一个人更快乐健康、事业更成功、生活更美满的一个最重要、最基础的条件，就是和他人建立良好的关系、情感的联结。用一句很鸡汤的话说，那就是——爱和联结才是每一个孩子通向幸福未来的必修课。

那么，孩子和他人建立关系、情感联结的能力是从哪儿来的呢？其实这种能力来自：（1）孩子从小和父母的相处模式；（2）他所看见的：我父母是如何处理关系的。

作为家长，我们如何处理分歧、矛盾，尤其是和育儿有关的分歧、矛盾，会对孩子一生如何处理与他人的关系产生非常重要的影响。

孩子的大脑是以“使用—依赖”的模式发展起来的，就好比大脑上有很多点，外界一刺激，就会激活一个点，这个点所在的线路就会通电，形成一个回路。如果一个孩子总是处在一个相互指责的环境模式下，尽管他是不开心的，心里是不舒服的，但是他的大脑和身体却记住了这种模式，那往后他和别人相处时，会很自然地认为这种模式才是正常的。

由此可见，我们家庭成员之间处理育儿观念矛盾的模式对孩子的影响有多重要。

那么，夫妻之间到底该怎么解决育儿观念的冲突呢？其实，只要了解一个前提和三个步骤，基本上就能轻松解决这个冲突了。

成功沟通的前提：克服争论对错的执念

首先我们来看一下前提，是指夫妻之间的教育理念不一致时，要克服争论对错的执念。

不知你有没有发现，我们每次和家人发生激烈的争吵，无论是因为孩子的教育，还是因为其他生活琐事，一个很常见的心理就是双方都希望向对方表明，“你是错的，我是对的”。

比如，前面提到的我的这位朋友，当丈夫对她为孩子报课外班的做法提出异议时，她立刻会有一个想法，就是丈夫拖了教育孩子的后腿。这是错的，不利于孩子成长发展。但她的这个判断一定就是对的吗？它是基于什么而得出来的呢？

我们在前面已经知道了心理学中的“事实不重要”原则，因为我们无法判断我们刨根问底所追求的那个“真相”，究竟是实际上的真相，还是我们用个人情感、经历和价值理念所诠释出来的“真相”。

举个例子，一个三口之家，父母和孩子来找我，希望我来评判一下前一天晚上发生的吵架事件究竟谁对谁错。于是，我让三个人轮流叙述一遍事情经过，却发现自己听到了三个完全不同版本的故事。

为什么会这样？因为，这三口之家中的每个人都在用自己的经验和视角去看待同一个事情，对事件的解释不同，所看到的故事肯定就不一样。

其实在孩子的教育问题当中，绝对的正确并不存在，更没有人能保证自己的观点是完全对的。妻子对丈夫行为的一个判断，是基于一个认定的前提：我的选择是为了培养孩子良好的习惯和表达能力，提升她的学习能力，是绝对正确的做法，你不同意就是错的，就是拖了教育孩子的后腿。如果带有这样的想法，沟通从一开始就注定会失败。

这时我建议：父母通过私下的沟通，结合自己的视角和经验去看待孩子的问题，这样才有可能获得更加理性的处理方式。

读到这儿，你可能会困惑，两个意见有分歧的人，具体要怎么来沟通呢？

教育观念出现分歧时沟通的三个步骤

我教你一个非常有效的方法，就是当夫妻观念不一致的时候，掌握三个沟通步骤即可。

第一步，以终为始，寻找共同的目标和需求

刚才说过，争论的双方无论立场如何不同，最终都是为了孩子的成长和未来。要让双方在沟通时达成共识，最好的办法就是：先从孩子的未来开始沟通。比如，双方希望孩子未来具备什么样的能力和品质。如果在这个方面可以达成一致，再以终为始，倒退回现在，看看要怎么做，才对孩子更有帮助。

就拿我朋友来说，我告诉这位妈妈，在和丈夫沟通的时候，不要先着急表达自己的想法，而是先问问对方提议背后的初衷是什么，他期望他的建议可以让孩子最终达到一个什么样的结果，然后去寻找他们各自的目标当中的共同之处。

这位妈妈发现，她给女儿报课外班，是希望通过课外班培养女儿的语言能力，陶冶她的情操，让她以后有更多的方式让自己开心。而丈夫呢，希望周末孩子能够充分放松，这样上学时才能学得更好。这两个人的目标其实是一样的，都希望女儿既能过得开心，又能高效地学习。一旦统一了目标，双方才能以终为始，继续探讨各自对这个问题的担忧、困惑和建议，而做到这一切的前提，就是倾听。

第二步，倾听对方的担忧、困惑和建议

其实倾听这个过程非常关键，无论对大人还是孩子都很重要。我们在沟通中只要做到了倾听，就能站在对方的角度，更全面地认识问题；同时也给正在观察我们的孩子上了重要的一课：无论面对什么分歧，只要尊重对方，耐心倾听，就能解决问题。

“倾听”这件事，说起来容易，做起来却非常难。不少人在倾听中最常见的问题就是先入为主，早下判断。如果你认为丈夫是故意拆台，那么你会从他的话语中“听到”指责和不切实际的想法。对于隔代教育分歧也是一样，如果你认为孩子的奶奶思想陈旧，那你只会“听到”不符合现代教育需要的陈规陋习。

最有效的倾听是什么样的？这里我告诉大家两种倾听的方法：内容回应和情感回应。

咱们先说内容回应，就是双方在沟通的时候要注意两点：

（1）先让对方把他的意思表达完，确定他表达完后你再表达。

（2）在对方表达完后，用自己的话把对方的意思表达出来，确认你听到的就是对方所表达的。

比如，丈夫对妻子说：“我看到孩子每天学习到很晚，非常辛苦，第二天还要早起上学，我很担心她睡不够觉，影响身体。所以，她周末为什么就不能睡个懒觉，充分地休息一下呢？这样周一才有充沛的精力去上学啊。”

用内容回应的方法倾听，妻子可以这样回应丈夫：“你觉得孩子平时已经学得很累了，周末上课外班还是学习，没有时间补个懒觉，充分休息，这样会影响她新的一周的学习精力，是吗？”

另一种倾听方法叫情感回应，就是对对方现在的情绪和感受表示关注，当对方感到你理解和接纳他的感受时，他反而能够更加理性地去看待这个问题，倾听你的想法。

比如，还是前面那位丈夫对妻子说的话，妻子可以这样回应她听到的丈夫的感受：“看到女儿平时学习很辛苦，你特别心疼她，担心她睡不够觉，会对身体有影响，反而不容易好好学习，是吗？”

你看，当你们双方都想着要给对方不带评判的回应，用自己的话重复对方想要表达的意思，确认自己接收到了对方的想法，那对方会感到自己的想法被尊重，也会反过来尊重你、倾听你，那么这样交流下去的话，就很容易找到解决问题的切入点了。

当我的这位朋友认真地倾听丈夫不愿意让孩子周末上课外班的真实意图后，才发现，丈夫小时候曾有过被父母强迫上课外班的经历，他不但感到身体非常疲惫，还产生了厌学情绪，和父母闹得很不开心，甚至有段时间还赌气不上学，所以他发誓，一定要给自己孩子一个快乐的童年。当夫妻倾听到对方的真实感受，并感到自己被接纳时，真正有建设意义的探讨才终于拉开了序幕。

第三步，共同商议，寻找最佳解决方案

你看哈，到了这步，我们才说到双方共同协商寻找方法。不少家长都和我抱怨，说自己和另一半沟通没用，他根本就不听自己的啊。

当你觉得沟通没有用时，就要看看，你们是否一上来就想要说服对方听自己的。这样是不对的，你们应该先寻找共同目标，这才是你们能够沟通下去的基础。不能说一个目标是东、一个目标是西，那你们肯定没办法谈下去呀。

接着，相互尊重，倾听对方提出这个观点的理由，当对方感到自己的想法和感受被接纳了，他才能真正地坐下来理性地寻找解决方案。在寻找解决方案这个环节，你可以首先提出你的建议。既然你们的目标一致，双方的理由和担忧也表达了，那你们就看看有没有什么方法可以既能达到这个目标，又可以相对包容地解决双方的担忧。当然，你也可以给予对方主动权，听听他有什么比较好的方法。

我这里有个比较好的方法：用家庭会议的形式来解决问题。这不仅是处理家庭分歧的一个实用方法，而且对于加深家人的情感联结及帮助对方消除压力都很有效果。

建议每周末开一次家庭会议，每次会议都设置专门的议题和会议规则。这些规则可以包括：认真倾听别人的发言，反馈别人的感受，不打断别人的话，等等。

我的这位朋友在和丈夫商量后，就通过家庭会议的方式，问女儿是怎么看待课外班的。通过女儿的发言，父母才知道，原来孩子本身很喜欢在课外班学演讲和英语，但怕自己平时不注意练习，挨老师批评，所以有时会退缩、不想去。了解到孩子对课外班真实的感受和困难以后，夫妻俩不但化解了彼此的矛盾，而且商议出了一套具体的方法，一起帮助孩子面对在课外班上遇到的困难。

资料包：“父母教育观念不一致”常见问题解答

1. 爱人比较强势，孩子的事从不让我插手，怎么办？

我妻子是中学英语老师，硕士学历，我只有大专学历。我儿子才 4 岁多，她每天给孩子上英语课、数学课，还打算给他报钢琴班。我觉得孩子上学前应该好好享受童年的快乐，想多带他出去玩玩，可妻子却认为我学历不高，从小成绩就不好，听我的话，孩子一定会沦为像我一样的学渣，所以不让我插手孩子的事。可我是孩子的爸爸，也有教育孩子的权利呀。

其实我在咨询中遇到很多夫妻俩因为育儿问题而争吵的案例，相当一部分都是因为夫妻俩本身就有一些矛盾和理念没有处理好，而孩子的出现只是让之前隐藏的矛盾显露出来并放大了。

在这个案例中，看得出来，妻子对丈夫有很多的不认可。既然当初相爱，并结合成为夫妻，那么丈夫身上曾经一定有令妻子欣赏的很多地方，可又是什么导致妻子现在对丈夫不认同呢？

建议你找一个自己和妻子心情都不错的时间，和她沟通一下。先要肯定妻子的能力和她在孩子身上的付出，再了解一下自己到底在什么地方没有处理好，引起妻子的不满。一旦你和妻子之间的矛盾有所化解，再谈一谈你对孩子的担忧（你也可以事先找一些相关的育儿资料来证明你的建议）。另外，作为妻子要明白，和丈夫和谐处理育儿分歧，维护丈夫在孩子面前的权威，才是让孩子健康成长的重要基础。

2. 我认真学习了很多科学育儿常识，爱人却不认同，怎么办？

儿子 7 岁，上一年级。我们都是第一次当父母，为了孩子能够健康成长，我给自己报了很多名师育儿课程，希望用科学的方法教育孩子。本来想拉丈夫一起听，他却完全不配合，说我们小时候，父母没有听过任何课程，我们还不照样健康长大了。为此，我们经常争吵，请问怎么才能让丈夫改变他的想法？

还是同样的道理，方法没有绝对的正确与不正确，只有适合与不适合。而比正确的育儿方法更重要的是父母的关系，以及你们处理分歧和矛盾的方式。

你要拉丈夫和你一起听课，和丈夫结成同盟，首先要肯定丈夫在培养儿子过程中的付出，看到丈夫做得好的地方，多给他一些支持和鼓励。你也可以用一些科学的育儿理念来夸赞丈夫做得好的地方，比如，“老师说，咱家儿子在课堂上听讲很专注，这多亏了你每个周末都陪他锻炼身体，很多育儿课程都说体育锻炼有助于孩子注意力的培养，看来果然如此啊。”

丈夫得到这些夸赞，慢慢就更愿意和你探讨孩子的教育问题了，这时再拉他一起学习，相信就容易多啦。

3. 另一半脾气暴躁，总是对孩子大声吼，怎么办？

我妻子是个很能干的人，家里家外都是一把手，就是有个毛病，脾气太大。尤其是对孩子，一点小事就冲孩子大吼大叫，弄得孩子现在越来越胆小、自卑，请问怎么才能让妻子改掉冲孩子发脾气的毛病？

大多数人遇到问题时，很容易陷在问题之中，一心想要马上解决问题。但事实上，找到引发问题的原因，才是最重要的。

这位父亲也是一样，在你想要妻子改掉爱发脾气的毛病之前，首先要找到妻子发脾气的原因。她内心有什么需求？遇到了什么困难？

从丈夫的提问中可以看出，妻子家里家外都是一把手，这说明她是个很要强的人，无论在工作上，还是在家庭以及养育孩子的问题上，都对自己严格要求。这不可避免地带来很多焦虑和压抑。作为丈夫，你在这之中扮演什么角色？是否和妻子共同分担家务和教育孩子的责任了？当看到妻子脾气暴躁，处在压力之中时，你给予过她什么支持吗？你可以每天抽出一点时间来和妻子沟通，多给予妻子情感和行动上的支持，然后再和妻子一同探讨孩子的教育问题，找到分工协作的方式，相信妻子的脾气一定会慢慢变小。

4. 孩子喜欢两边说父母坏话，怎么办？

我和孩子她爸在3年前离异，离异后我们又各自重组了家庭。平时女儿和我生活，周末和节假日会去她爸那儿。在一次和前夫通过电话后，我发现女儿竟然两边说我们的坏话。在我这儿，说她爸周末总忙工作，不好好陪她，阿姨（前夫现在的妻子）吝啬，给弟弟买好吃的，不给她买。在她爸那儿又说我对她要求太严，总是对她发脾气。弄得我现在和前夫一打电话就吵架。女儿这是什么心理？

其实，孩子这种两边告状的行为是很正常的，或许，这恰恰是你和她爸爸教给她的。不少有矛盾的夫妻（也包括离异夫妻）容易有意无意地在孩子面前抱怨对方，例如，“你要好好学习，以后可别像你爸一样，只能做服侍人的工作。”“你妈最近没有叨叨你吧？”这样，孩子要么感到担忧或不知所措，用一些行为上的问题（如厌学、生病等）把父母的注意力转移到自己身上；要么两边钻空子，以此获得父母的关注。

所以，建议这位妈妈思考一下，你有没有刻意在孩子面前抱怨她父亲，或者有意无意地问孩子：“你爸爸对你好吗？”“阿姨有没有对你不好？”你需要私下里和孩子父亲沟通好，为了孩子健康成长，不要再抱怨对方，并且在孩子面前要维护对方的权威。你们都要让孩子明白：“爸爸妈妈虽然不在一起了，但这只是我们不适合在一起生活了而已，我们对你的爱是不变的，我们仍然会相互支持、相互帮助，给你创造最合适的成长环境。”

5. 如何应对“诈尸型”父亲？

我丈夫是个典型的“诈尸型”父亲，平时他由于工作的原因，经常加班和出差，儿子基本都是我在管。可是，只要孩子出一点问题，比如说，考试没考好，做作业太磨蹭，甚至不小心把腿摔破了点皮，他都会认为是我没带好儿子。他平时不管儿子，只是偶尔陪儿子玩一下，儿子的愿望他都满足，结果儿子反而和他关系好。我感觉自己又上班又带娃，最后还费力不讨好，落得一身埋怨。

“诈尸型”育儿的典型特点，是一方较少参与孩子的成长，却经常以一个“评判者”或者“视察者”的身份单方面指责另一半的教育方式。这在很大程度上是由在育儿中相对缺席的一方对养育孩子缺乏体验、夫妻间缺乏沟通和理解造成的。

我建议承担孩子主要教育工作的这一方多示弱，给予另一方照顾孩子的机会。比如，妻子可以对丈夫说：“老公，儿子作文老写不好，你文笔比我好得多，帮孩子辅导一下作文吧。我相信，有你出手，儿子的作文水平一定能上去一大截。”

另外，夫妻私下要沟通好，对孩子的教育进行分工协作，孩子在某一方面谁管最有用，就由谁来管；同时，夫妻双方要在孩子面前维护彼此的权威。要知道，夫妻双方都有教育孩子的责任，一方辛苦另一方只评判、一方担责另一方只躺赢的方式，是不利于孩子成长的。

自主学习力：帮助孩子建立学习的自信

很多家长都会给孩子报各种课外班，结果孩子学得越多，反而成绩越倒退。其实，家长这时候应该静下心来想想，到底是孩子学习能力不行，还是孩子对学习这件事产生了畏难情绪，不自信，主动想要逃避。

在本章，我会教给你一些引导孩子走出逆境、重新建立自信的方法，帮助孩子提高对抗挫折的能力，提高学习力。

激发动力：让孩子从“要我做”变成“我要做”

一位上过我课程的妈妈和我聊起她是怎么找到激发 8 岁儿子学习动力的方法的，这个过程很有趣。

之前，这位妈妈最头疼的就是儿子写作业的问题。每次陪他写作业，都像打了几小时的仗，她的嗓子都快吼出血了，儿子才眼泪汪汪地拿出一份写得歪歪扭扭的作业交差。时间一长，儿子连眼泪都没了，任她喊破天，人家还是不紧不慢地坐在那儿“磨洋工”。

直到有天妈妈给儿子听写英语单词，当妈的英语基础不太好，在念到“果汁”这个单词时，拿不准该怎么发音，干脆问儿子：“你能教教妈妈，这个词怎么读吗？”没想到这个无心之举却让小家伙来了精神，他不厌其烦地一遍遍帮妈妈纠正发音，后来，为了做个良好示范，他干脆绘声绘色地读了遍英语课文，发音十分清晰。

妈妈感到十分震惊，儿子学习积极性如此之高，这可是破天荒头一回啊。这是一位悟性很强的妈妈，她很快找到了儿子这次主动学习的原因：当自己改变之前在孩子面前表现的强势和监督的态度，放低姿态向孩子请教时，却大大地激发了孩子的自信。孩子觉得，我可以帮妈妈学习，这说明我很不错呀！他感受到了大人的认可和鼓励，学习主动性就上来了。

这位智慧妈妈的故事给我留下了深刻印象。当父母单纯用监管的方式强迫孩子去完成作业时，作业就是一项不得不完成的枯燥乏味的任务，孩子的感觉就是被动的、受束缚的，难以形成由内而发的力量；而当孩子带着要“教会妈妈英语”这样的使命去学习时，学习的过程才真正有了意义，孩子会将自己的思想和情感完全融入学习之中，他的主动性就体现了出来，并且乐此不疲。

著名的人本主义心理学家卡尔·罗杰斯一直致力于如何“以学生为中心”，让他们实现有意义的自主学习的研究。他认为，学习的过程“不是将无助的个体牢牢地绑在椅子上，再往他们脑子里塞满那些没有实际用处的、得不到结果，并很快就会被忘记的东西”。相反，真正的学习就是让孩子“在源源不断的好奇心和兴趣的驱使下，不知疲倦地吸收自己听到、看到、读到的一切有意义的东西”，而所谓的学生，就是“在真实生活中有所发现，然后把这些发现变成自己财富的那些人”。

每个孩子都不一样，我们和孩子相处的经验也不同。而作为父母和教师，你真正需要做的是，从这些经验中发掘出激发孩子学习的内在动力，让孩子进行“有意义学习”的着力点。

20 世纪 70 年代，美国两位心理学“大咖”德西和瑞恩，提出了一个著名的心理学理论“自我决定论”。这个理论说，人有三种基本的心理需求：自主的需求、胜任的需求、关联（与他人互动，获得他人的支持和认可）的需求。一旦这三种需求得到满足，人的内心就会充满力量，总是热情、主动地去学习和做事。根据这个理论，我总结出激发孩子学习内在动力的三个重要的着力点，我们来看看，父母是怎么通过这三个着力点激发孩子内在动力的。

一、关注内在需求，给予孩子充满信任的情感支持

你可能有些奇怪，不是在谈怎么激发孩子学习动力的问题吗，这和情感有什么关系？关系太大了。心理学的很多研究都证实了良好的亲子关系、父母在孩子学习时给予的情感和信任支持，与孩子的高学业成就之间有着密切的关系。

美国教育学家珍妮特·沃斯曾说过："没有一种内心的安全感，有效地学习是不可能发生的。"孩子最初的内在动力行为，其实都发生在关系的基础之上。

孩子年龄越小，就越容易关注和在意成年人对他的态度和关系，这胜过你和他交流的内容本身。在我接过的每一个辅导案例中，在帮助孩子梳理他的学业困难之前，我会先引导父母和孩子检查并修复亲子之间的亲密关系，使他们重新建立起充满信任和支持的关系。一句话：先谈关系，再解决问题。这是帮助孩子建立学习自信的第一步。

那么，怎么才能让孩子感受到更多积极和信任的态度，让孩子在学习时充满信心和安全感呢？这里，我教给你一种方法：通过设立良好人设，帮孩子建立自我信任。

孩子在幼年的时候，对自己能力的认知和评价是非常模糊的，不太清楚自己什么事情能做好，并且好到什么程度。一开始，他做一件事完全是凭借兴趣和好奇，一旦在做事的过程中遇到困难，就很可能产生畏难情绪，不愿意继续下去。

比如，你非常希望提升孩子的自控力，能够认真写作业，那么当你发现孩子边写作业边玩，还把字写得歪歪扭扭的时候，你要怎么说？

你可以这样对孩子说："宝贝，妈妈看你现在写作业有些不太认真，这可不像你啊，在妈妈心里，你可是个做事特认真的孩子。来，我们把注

意力集中在这个字上……”然后，你翻开之前孩子写过的比较认真的作业，对他说，“你看，这才像你写的，每个字都写得很工整，而且一个都没出格，你后面写的字要都像这样，那就太棒了。”

这么说，会带给孩子什么样的信息呢？

（1）你相信他的“人设”就是个写字认真、自控力强的孩子，而他现在这个状态，只是暂时偏离了这个“人设”。

（2）他要怎么做才能回归到“做事认真”这个“人设”呢？对一个孩子来说，抽象地说教往往是徒劳无功的，你必须给他一个具体化的行动指南。就上面这个例子来讲，拿孩子之前写得比较认真的字给他做示范，一方面，让他知道“你看，你自己写过的字，就证明你是个做事认真的人呀”；另一方面，也让他知道，认真写出来的字具体是什么样子的。

这样一来，孩子不仅接受的都是正面的反馈，而且还能看到自己达成目标的过程。虽然他有可能不会马上把每项作业都写得那么认真仔细，但是别急，随着你多次、反复地强调他是一个“做事认真，自控力强”的孩子，他就会逐渐接受这个“人设”，慢慢地你就会发现他写作业越来越专心，字也写得越来越工整了。

二、激发自主感，让孩子自己决定和掌控自己的行为

关于自主，家长感到困惑的问题是：我们总是期望孩子能够自主自觉地完成作业，可是一看到孩子磨磨蹭蹭地边玩边写，字还写得歪歪扭扭，错题连篇，就忍不住去催他吼他。这样一来，不但不能建立起孩子的自主性，父母自己也精疲力竭，不知何时才能从陪娃写作业的旋涡中解脱出来。

“催促监督”和“培养自主”几乎成了一对矛盾，你认为孩子不自觉，

才去“催”他，可结果是你越“催”他，他越不自觉。这就形成了一个恶性循环。问题出在哪里？就出在：“催促监督”是通过外力促进孩子做出某种行为，而“自主”是孩子由内而发，自己想要做出某种行为。你想要用外力促进自觉，这只会离你的期望越来越远。

怎么才能跳出这个循环？这就先要弄清“自主”的含义。自主并不是说，所有的事情都是孩子自己做决定，父母完全不管了。我们已经知道，年龄小的孩子，大脑中负责自我监控和情绪管理的前额叶皮层尚未发育完全，自控力水平较低，面对一个相对枯燥的任务，他们确实有可能管不住自己，由着自己的性子玩下去，最后呢，反而找不到自主的力量。真正的自主，是要让孩子获得对自己生活的掌控感——“我能够自己想办法克服困难，把我的事情安排好，并且不断地达成目标，取得成功”。

这个掌控感是怎么获得的？需要三步：

（1）确定目标和期望；

（2）转换责任主体；

（3）评估目标，积极关注。

我来举个例子，你就更清楚了。

有位妈妈给我留言说：“我儿子特别贪玩，我和他经常因为作业问题发生冲突。我规定他：‘必须写完作业才能去玩。’他却威胁我：‘你要是不让我先玩，我就不写作业。’有好几次，我都气得要打他。让他先按时完成作业，才能痛快地玩，这明明是为他好，他却完全不领情，好像这作业是给我写的！”

母子俩看起来陷入了一个僵局，孩子好像很不懂事，不但不学习，还威胁妈妈。但这母子俩矛盾的关键点真的是先玩还是先写作业吗？其实并不是，而是妈妈忽视了孩子自主和自我掌控的需求。

妈妈觉得“让你先写作业是为你好”，但正是这个“为你好”，才是对孩子伤害最大的点，他会觉得这里面没有他自己的意愿，自己好像一个牵线木偶，就算照妈妈的安排，把作业全按时完成了，也没有成就感，这不是他的胜利，是妈妈的。所以，这位妈妈才会有一种感觉，好像孩子的作业是给妈妈写的。然而这是孩子的真实感受，他会觉得妈妈把一切都给安排好了，他当然是在给妈妈写了。

要想把掌控权还到孩子手里，妈妈需要在促进孩子主动性的过程中标记三个关键点：

（1）和孩子确定共同的目标。

妈妈希望儿子先好好写作业，儿子却想要先玩，看似目标不一致，但是如果母子俩能耐心沟通，会发现二人其实都希望既能高效地完成作业，又能愉快地玩耍，期望的方向是一致的。如果妈妈这样问孩子："你很希望自己能够开心地玩会儿，然后再去好好写作业，是吗？"得到孩子肯定的答案后，你可以把你的担忧和想法直接告诉孩子："妈妈也想让你先开心地玩一会儿，可又怕你玩得太兴奋，没心思写作业了，怎么办？"这个时候，孩子一定会向你保证，他玩完一定会好好写作业的。这时，你就标记了调动孩子主动性的第一个关键点，然后你们就可以进入第二步了。

（2）转换责任主体。

孩子说了"我一定会好好写作业"——这个关键点太重要了，有了这点，你就可以开始把外力向他的内力转化了。所以，你要趁机和他说："那你打算玩多久？玩完之后，有什么可以快速进入学习状态的好方法吗？"这时，孩子就必须主动开始思考：玩多久是合适的？我怎么保证自己可以比较快速地写作业？当他说出他的方法后，你就可以继续和他讨论了。

行为心理学发现，人们往往更容易认同自己努力思考出的方案，觉得是最有价值的。当孩子觉得这个主意是他自己想出来的，他坚持执行计划的主动性也就会大大地提高。这就完成了促进主动性的第二个关键点。

（3）评估目标，积极关注。

这一步非常关键。孩子自己思考出的方法是否有效，自己订的计划是否能完成呢？通常会有这三种结果：大部分能完成、完成一半、大部分完不成。我要告诉你，无论出现这三种结果中的哪一种，都是正常的。家长一定要事先调整好自己的预期。记住，在培养孩子自主性的初期，“订计划”的主要意义不在于“完成”，而在于诱发孩子进一步行动的内在动力。这就要求你必须始终积极关注孩子的学习行为。

什么是积极关注？就是对一个人行为的积极面、闪光点给予有选择的关注，以促使他进一步发生积极改变。所以，无论孩子完成作业效果如何，中间经历怎样的挫折，你都要看到他哪怕最细小的进步，并且直接告诉他：

“今天下午时间一到，妈妈只提醒了一下，你就放下玩具去写作业了，这个自控力真是强啊。”

“今天的口算写得非常快，妈妈看到你这么投入的样子，都偷着为你骄傲呢。”

随着这种经验的积累，孩子会越来越感觉到：“我可以掌控好自己的事情，我很牛。”那么下一次他自主学习的动力就会更大。至于他没做的地方呢，没关系，那恰恰给了孩子继续提升的空间，你可以和他做进一步的讨论并调整计划，直到孩子养成自觉规划的习惯。

三、拆分目标：让孩子在困难中也能获得自信

前面我们说过，一个人能够做好一件事的内在动力，还有一个关键因素，就是让他做这件事时不断产生胜任感，或者说能力感。

关于这个能力感，我再补充一个小知识：究竟是什么样的因素使一个人即使遇到困难的时候也愿意付出努力，把这件事坚持做下去，并且相信自己一定能成功地完成呢？心理学研究发现，这个因素就是人的记忆——对成功的记忆。

如果一个人在过去的生活经验中，关于成功的记忆越多，他就越有可能在面对新问题时有胜任感，相信自己这次也能坚持下来，解决问题；相反，如果在他的经验中，储存的大部分是“什么事都做不好”“坚持不下来”这种失败的记忆，那么哪怕他面对的问题并不复杂，他也不愿意去解决，因为他根本不相信自己可以解决。

父母的责任，就是在孩子成长的过程中，不断帮孩子积累这种成功的记忆，帮他获得能力感。就像本文一开始提到的那个案例中的妈妈，她通过向孩子请教问题的方法，其实就是给了孩子一种感觉：我可以帮助大人，鼓励他们去学习，这说明我很有能力啊，我一定要好好学习，这样才能更好地去教妈妈。

有的父母一听就急了：“那我的孩子很少有成功的经验怎么办？他遇到困难总是甩手、耍赖怎么办？我到哪里去给他找成功的经验呢？”

其实，大多数情况下，往往不是孩子不成功，而是我们对他的预期过高。总是期望今天定下一个目标，明天孩子就能达到这个理想中的状态。

这就好比很多计划减肥的人，一开始信心满满，每天按照收集到的科学方法坚持“管住嘴，迈开腿”，执行起来一丝不苟。可坚持一周后，发现体重纹丝不动，甚至还可能涨了 1 公斤，于是立刻崩溃，觉得自己减肥不可能会成功。但很多人却不知道，真正的减肥都是以 3 个月到半年为一个周期的，预期越高，落差感就会越大。要想让自己有力量把一件事坚持下去，就要学会拆分目标，不用太难，周期也不要太长，让自己每一次的小努力都能看到成果。比如，每天锻炼 20 分钟，只要坚持 3 天，就买一个漂亮的发圈；拒绝一次油腻的火锅聚会，就奖励自己一块黑巧克力。这时你才会聚焦于当下，才会更有信心把减肥坚持下去。

孩子成长的过程同样如此。

父母要引导孩子看到，不是说他付出这个努力，迈过一道坎，就一定会取得好成绩。很多时候，孩子能力的提高是潜移默化的，他努力的行为可能并不会在成绩中马上体现出来，但是，我们仍然可以帮孩子抓住他学习过程中的闪光点，引导他及时看到自己能力的增长。

举个例子。一个 5 岁的孩子，刚开始学习写字。当孩子写字的时候，写着写着就有些累了，字越写越难看，于是坐在那里吭哧着想要放弃。这时妈妈就对他说："看来真是有点累了，但是咱们再坚持一下，认真写 5 个漂亮的字，然后就去休息一下，好不好？"孩子一听，5 个字，不多，不难，写完就可以休息，反而一下子来了精神，坚持把字写好。

看起来他没有一口气达到之前定好的目标（比如写一整篇字），但是妈妈趁此机会给了他一个激励。他在最累的时候，又坚持多走了一步，并且做得很好，这就是成功。通过这个方式，让孩子每次停下来时都有成功的感觉，那么他接下来再做的时候就会坚持得更久。这就是一种赋能。

如何为孩子输入面对困难的勇气

上一节我们说到，如果孩子总是因为学习问题受到批评和打击，不断遭受挫折，他的经验中储存的大部分是“什么事都做不好”“坚持不下来”这种失败的记忆，那么即使他面对的问题并不复杂，也不愿意去解决，因为他根本不相信自己有能力解决。

有家长留言说：“老师，我女儿就这样啊。平时做应用题，稍微难一些，就说做不出来，坐在那儿哭。每天陪着写作业，给她讲题讲到很晚，中间还要对付她的各种哭闹、拖延。你安慰她说‘这点小困难算什么！爸爸相信你一定可以战胜它’，可是这话到了孩子那里，起不了一点作用，无论你怎么耐心地劝导，她都会抵触，坚持说自己就是做不出来，不肯付出一点努力。每天写个作业，弄得全家人精疲力竭，这可怎么办呢？”

这位家长在鼓励孩子战胜困难时，可能出现了两个问题。首先，否定孩子的情绪。当他说“这点小困难算什么”的时候，看起来好像在安慰孩子，但实际上却给了孩子一个负面的评价：“这么简单的事不至于哭哭啼啼呀，你太脆弱了。”这实际上是在否定孩子的情绪，更增加了她的羞愧感和挫败感。其次，给了孩子一个不实际的期望。家长告诉她“爸爸相信你一定可以战胜它”，但是一个“遇到这么点小事就哭”的人要怎么战胜困难呢？

当孩子有了这种“无助”和“做不到”的念头时，家长只是用言语告诉她“你已经很棒了”“相信你能做到”，通常是没什么效果的。孩子的畏难心理一旦形成，就像一个可怕的魔咒，束缚着她的学习行为。

那么，怎么做才是正确的呢？下面详细分析一下。

斯坦福大学行为心理学教授卡罗尔·德韦克在她多年研究的基础之上把人的思维模式分为：成长型思维和固定型思维。40多年前，德韦克教授发起了一项实验，她和她的团队找了一群幼儿园的孩子，让他们来玩一种难度系数逐级递增的智力拼图。实验人员很快发现，即使是这些学龄前的孩子，他们在玩拼图时的表现也能分为两类。

当拼图的难度逐渐增加时，每个孩子都会出现拼不出来或者拼错的时候，第一类孩子能够坦然接受失败，不但没有放弃或抱怨，反而还会安慰自己说：“前面那几个我都做对了，这次我再多试几种方法，肯定也能做出来。”然后，他们会继续选择难一些的拼图，不断尝试；第二类孩子则在遇到困难或失败后，要么把拼图一扔，说“这个一点都不好玩”，干脆耍赖不玩，要么只选择那些简单级别的拼图，因为他们认为自己是聪明的孩子，而聪明的孩子是“不会犯错的”。

经过多年的实验和观察，德韦克教授最终得出结论：思维决定命运。实验中的前一类孩子具备成长型思维，他们认为所谓天赋只是一个起点，人的能力、优势可以通过后天的努力和锻炼获得大幅提升。当他们面对失败时，会认为自己不够努力，或做事的策略不佳，从而积极想办法去改善；而后一类孩子拥有固定型思维，他们倾向于相信一个人的能力在他们出生时就已经确定，如果想要证明自己的天赋才能，那就只能看自己做事的结果。所以，他们在做事时一旦遇到挫折，就会退缩不前。

所以，要想让孩子破除“我不能”的心理，父母必须从孩子生活中的每一件小事做起，帮他建立成长型思维模式。这里面有三个关键的步骤：

1. 强调能力的流动性，建立“暂未达到”的理念

我给一个六年级的小女孩做过咨询，她英语不太好，尤其在听力和口语方面，往往跟读录音 1 小时还是磕磕绊绊。时间一长，孩子就失去了信心，每次考试，她都会太过焦虑，注意力难以集中，成绩自然也好不了。小小年纪，就因为经常梦见在英语考试时完全听不懂，而被吓得半夜哭醒。

她父母带她来找我。我问这个孩子：“假如把学英语的过程比作攀登一座高山，山顶代表英语国家人的语言程度，你现在刚好在半山腰，可能正面临一段非常陡峭的山路，你总是会跌倒，然后滑下来。但是，你每坚持往上爬一次，并且不停地调整攀爬方式，肌肉的力量就会增强，攀登技能也会慢慢提高。最终有一天，你会抵达那个山顶。那么，你允不允许自己现在暂时还没有达到？”

孩子一听，眼睛就亮了，说：“当然允许了，只要我最后可以到达那个顶峰就行。”她一下子就有了信心，在以后的学习中，心情也平静了很多。

你看，从“我不行”到“暂时没达到”，其实等于给孩子输入了三种信念：

（1）能力增长的信念。一个人的能力是流动的，可以通过不断练习、不断积累获得。就像打电脑游戏一样，你刚进入时，级别很低，也没有什么装备。但是通过在游戏中不断寻找技巧，去练习，一步步通关，最后就达到了较高的级别。

（2）专注于能力增长的过程，而不仅仅是最终的成绩结果。运用这个方法，你在平时也要引导孩子，就像看竹子拔节一样，看到自己进步的过程。

“宝贝，你发现没有，刚才读课文，你读第一、第二遍的时候，还有些磕磕巴巴的，可读到第四、第五遍时，不但流利了很多，而且还抑扬顿挫的！”

“刚才看英语电影时，我听见你不自觉地跟着念出了不少熟悉的单词，这说明你这段时间的听力练习有效果喽！”

（3）把暂时的挫折视为一件正常并且有益的事。迈克尔·乔丹说过：“我职业生涯中有9000多次投篮不中，输过将近300场比赛。有26次我被期待投出决胜球，但是我没有投进。我人生中一次又一次的失败是我成功的原因。”

法国的一项关于11岁儿童的研究发现，当孩子在解决问题的过程中遇到失败和挫折时，如果成人帮助孩子理解他所遇到的这些困难是学习和成长过程中完全正常的事情，那么失败带给孩子的心理影响将被抵消很多。

在和孩子的相处中，父母需要有意识地通过一件件日常生活小事让孩子知道，没有谁的一生全部都走正确的道路，完全不经历挫折和失败。你现在经历的每一道坎、每一个小挫折，恰恰就是为将来面对问题积累了宝贵的经验和力量。

2. 把问题具体化，变成可执行的目标

研究发现，大部分在挫折面前有畏难情绪的孩子都有一个习惯性的倾向，就是容易把问题扩大化，并形成一种定义化思维。例如，“我作文不行”“我跑不快”“我不会画画”，等等。这种定义，好像一种天生的特质，把孩子死死地套住，遇到困难时，往往不战而退。

这时作为成人，要使孩子从这种定义化思维中解脱出来，帮他把问题具体化，聚焦到一个可以改善的点上。

例如，一个孩子总也写不好作文，你就可以和他分析一下，他什么地方写不好。是难以开头呢，还是词汇量不够？或是不知道该如何表达感受，所以觉得没的说？很多孩子可能都在写作文上有困难，但是每个人的问题点是不同的，在别人身上适用的方法，拿给自家孩子来用，可能不一定奏效。

有一种说法叫“熟能生巧”，认为只要通过大量的练习就能提高作文水平。但是你要知道，所谓“熟能生巧”，是要建立在你了解自己的特点和需要的基础之上，知道自己该在什么方面付出努力。不能说，孩子的作文不好，那就每天都写，天天写就练好了。但如果连怎么练、练什么都不知道，孩子就很容易陷入巨大的挫败感中，不愿再去练习。这就好比拿一把破斧头去砍柴，斧头很钝，手柄还是裂的，砍柴用的方法也不对，那么无论怎么练习，也砍不好这个柴。

所以，你首先需要引导孩子找到他“砍不好柴”的具体原因，是需要着力“磨刀”，还是“修手柄”，或是改善“砍柴的方式”。实际上这就等于确定了一个该如何做或者练习的方向。这时，孩子再去练习，就更容易看到自己能力的增长，也就能体验到一种胜任感，那么，他的学习自信和兴趣也会逐渐建立起来。

3. 给予孩子信任和支持的力量

当孩子沉浸在困难之中，往往是他负面思维最丰富的时候，这时父母的角色特别重要。前面说过，父母既不能简单粗暴地否定孩子的情绪，告诉他“这么点困难，没什么大不了的”，也不能只是泛泛地安慰孩子“你一定能行”，而是要扮演一个支持者和推动者的角色，为孩子输入战胜困难的力量。对于这个问题，或许我最有发言权，因为儿时的一段经历曾经在我的成长中起到了一个里程碑式的作用。

小时候很长一段时间，我并不是一个传统意义上的“好学生”，不，甚至用“学渣”来形容也不为过。因为成绩不佳，父母的失望，老师的冷落和同学的排斥，一度是我学习生涯的主题曲。长期累积的失败经验，让我形成了一遇到困难就选择逃避的习惯。曾经为了达到逃学的目的，我无所不用其极，甚至创下为了不上学而装疯，以至于被误送至精神病院的“光荣纪录”。最终，我因为害怕上学不得不休学在家，成为名副其实的“问题少女”。

幸运的是，后来我遇到了一位老师，在她的帮助和鼓励下，我重新回到学校，并住进了老师家里。我进入这个新班级时的成绩是倒数第一（比倒数第二还低 30 多分的那种），虽然在老师的全力帮助下，我用了 3 个月的时间，付出了在之前的学习生涯中从未有过的努力，去追赶班里的同学，但对失败的恐惧如同阴霾始终笼罩着我的内心。在第一次期中考试的前一天，紧张、不安和自我怀疑终于压倒了我，我突然病倒，高烧 39℃不退。

当时我有一种熟悉的庆幸感，对于精于逃避的我来说，这次的生病就如“救命稻草”般来得真是时候。我暗自盘算：“这下好了，病得这么厉害，没精力复习，刚好可以躲过这次考试。”我希望老师可以因此高抬贵手，放我一马，但是她只是不断督促我喝水、按时吃药，为我测量体温，进行物理降温，一句也没有提考试的事。我开始相信，这次可以成功地躲过考试，于是便渐渐安心睡去了。

没想到第二天一早，我的体温降到 37℃，于是老师让我穿上衣服去学校参加期中考试。我惊得缩到墙角：“不，我的病还没好，而且什么都没有复习，一定会考砸，这次就不去了吧？”然而，老师却注视着我的眼睛，平静而坚定地说出了令我一生都刻骨铭心的话：

“孩子，你必须去考试。如果这次你逃了，就永远都迈不过自己心里那道坎儿，也无法知道自己已经进步到什么程度，更不会相信你其实真的可以做到。我让你去考试，就是知道你一定不会考得太差，你只有迈出这一步，才对得起自己这段时间的付出。不论最后成绩如何，你今天能够战胜自己去考试这件事本身就会让你今后更有力量。”

那天，我惴惴不安地踏进了考场。结果出乎意料，我的成绩从开学时的倒数第 1 名一跃成了班里的第 14 名（班里总共 42 名学生），短短 3 个月的时间，我前进了 28 名，实现了生命中的第一次大逆转，这也成了我人生中最具重大意义的考试。虽然之后我仍会与各种困境时时相遇，但因着那次经验，我在挫折面前不再瑟瑟退缩，而是屡屡设法应对，直到达到理想中的目标，我的自信心也因此被建立起来。

当年老师所传达给我的，其实就是一种充分的信任和支持感。在我最脆弱的时候，老师不但足够理解我，还用明确的例证告诉我：“我知道你可以做到，因为你已经付出了什么样的努力，拥有了怎样的条件。”正是这种信任和支持，为我输入了在困难中尝试再迈出一步的勇气。它并非建立在虚空的鼓励之上，而是老师用令人心安神定的托举，让我切实体验到真实的成就感，这也是能影响我一生的力量。

改善孩子磨蹭行为的三个建议

我受邀到深圳市图书馆为家长们做一次讲座，于是，提前让主办方做了个调查，看看家长们最希望在讲座中讨论什么话题。没多久，主办方的负责老师收集来一堆家长们的建议，其中超过40%的内容是这样的：

“请老师讲讲怎么才能让孩子不磨蹭吧。昨天陪儿子写作文，他那个无限神游啊，一上午写了不到20个字，我都急疯了。”

“我孩子写作业那个拖啊，一会儿上厕所，一会儿喝水，一块橡皮也能若无其事地玩上10多分钟，老师能支个招吗？”

“我女儿完全没时间观念，上学前穿个鞋都能坐在那儿逗几分钟猫，上学马上迟到了，她却一点儿也不知道抓紧。”

以上这些问题归结成一点，就是孩子做事太磨蹭，家长急得快崩溃了。我问过所有提问的家长：“你希望孩子‘别磨蹭’‘抓紧时间’，那你通常会用什么样的方式让他‘快起来’呢？”家长们的回答出奇地一致：“催。”

一位妈妈满面愁容：“儿子每次写作业，我都要一刻不离地看着。我催一下，他动一下，稍微不看着，他又停那儿了。而且感觉他越大就越催不动了。我问过他们班那些写作业又快又好的孩子的家长，有好几个都说平时没怎么用力看管，孩子就能自觉写作业。可我家的，你要不看着他，真能一个字都不写。你说人和人怎么就那么不一样呢？”

然而，家长不知道，可能恰恰是你过多地催促这件事本身，降低了孩子做事的效率。

磨蹭来自亲子之间时间感的强烈反差

不少父母已经了解到，儿童对时间的感知和成年人是不同的。年龄小的孩子，自我意识还不是很强，因而缺乏对时间的顺序感，对过去和未来都没有什么概念，在他们的认知中，只有现在。所以，年龄越小的孩子，在他们眼里时间过得越慢。发展心理学家艾瑞克·埃里克森（Erik Erikson）研究发现，直到青春期中期（15～16 岁）人的时间感才会完全形成。

除此之外，孩子和成人对时间认知的差异，还体现在各自的关注点不同。在人的主观感受中，时间的快慢总是相对的。相信你也有过这样的体验，当你非常专注地投入时，如紧张地考试，或做自己感兴趣的事时，如愉快地度假，时间似乎稍纵即逝；而当你焦急地等待时，路口的那个 1 分钟的红灯却仿佛亮了整整 1 小时。孩子也是一样的，总觉得完成作业是遥遥无期的事儿，可如果你让他尽情地玩上一整天，他会觉得时间一晃而过，到了晚上仍然感到意犹未尽。

在与孩子相处的过程中，成人的感受却大相径庭。我观察到一个现象，但凡把全部注意力都放在“如何让孩子快起来”这个焦点上的急性子父母，都往往容易收获一个“慢吞吞”的孩子，其实不是孩子做事情慢，而是父母急切的心情拉大了主观时间的长度，这正是所谓的欲速则不达。

孩子对时间的管理、自控力的提升需要一个相对长的过程，在这个过程中，孩子会在实践里不断体验、修正对于时间的判断，调整自己的行为，逐渐与目标相符。

这时，如果父母的预期过满，难以克服急躁的心理，你喋喋不休地催促和责骂，或许短期内会使孩子做事的速度变快，但实质却加重了孩子对学习、作业的负面的情绪记忆。你会发现，孩子只要往书桌前一坐，摊开作业本，还没开始写呢，抵制和烦躁的情绪就会自然涌上来，这在无形中反而拉长了孩子对时间的主观感受，于是孩子做事只会更加磨蹭，最后，父母的催促只能变成发泄情绪的一种手段。所以，要想缩短孩子对时间的主观感受，父母就必须反其道而行之，让孩子产生内在动力，提升他对做这件事的兴趣、自主感和成就感。

具体要怎么做呢？这里给你提供三个实用的建议。

一、做好记录，提升孩子对时间的感知

一天有 24 小时，就好像一个钱包里只有 24 元钱，一分也不多，一分也不少。你要怎么教会孩子来使用这些“时间金钱”呢？孩子一开始对利用时间是缺乏感知的。当你问一个 7 岁的孩子，他觉得自己抄写两遍生字用多长时间，孩子往往满不在乎地回答：“我 5 分钟就能抄完了。”但真让他抄一遍，却可能会花掉将近半个小时。

所以在很多情况下，并非孩子真的如你想象中那样“贪玩”“懒惰”，而是因为他评估时间和任务难度的能力不足，如果花费的时间总是比自己预期的要漫长，无论是成人还是孩子，很容易处在挫败之中，再次做事时难免会心生畏惧。

能够保证孩子更准确地认识时间的方法，是事先做好时间记录。对于

低年级和学龄前的儿童，父母可以专门准备一个本子，连续几天（最好是一周）帮助孩子做记录。孩子开始做一件事作为打表时间，完成一件事作为结束时间。

在这个过程中，需要注意两点：一是被记录的任务切割得越单一越好，比如，把孩子写作业过程中的抄字词、口算、读课文等项目所用时间分别记录，最后算出总的时长，这样有助于了解不同任务的难易程度；二是掌握孩子利用时间的初始状态，最好默默帮孩子做好记录，中途如果孩子出现各种状况，如发愣、走神儿、做小动作等，你一定要耐住性子尽量少提醒他，耐心观察孩子自我恢复的能力。

比如，有位妈妈一直认为如果自己不催着吼着，儿子可能一整晚都写不了几个字。可当她试着咬牙坚持不提醒儿子，发现儿子写了几个字抬起头发愣了一段时间后，竟然可以自己把注意力重新拉回到任务上。甚至有一次，在没有大人的提醒下，儿子竟然头也不抬地抄完了当日要求抄写的字词。这位妈妈大为震惊，原来孩子是有自我提醒能力的，只不过这种能力被掩埋在家长的催促之中了。

就这样，父母在帮孩子记录他做每件事的时间后，大体就能得出孩子的基础能力水平，完成某一项任务的最长时间、最高效率和平均速度，同时也可以观察到孩子通常最容易因为哪些事情而影响速度。这些记录既为下一步制订时间管理计划提供了依据，也帮助父母和孩子了解到孩子完成任务时的优势和弱项，指明了进步的方向。

当然，对于中高年级的孩子，我们可以把记录时间的任务交给孩子自己。一个比较好的方式是，让孩子自己制作这样一个表格，把需要记录的事情罗列出来，并且在表格中填写自己完成单个项目的预估时间和实际时间。最后，把实际花费的时间和自己的预估时间做一个对比，让孩子看看自己预估的是否准确或相差多少。

写作业时间记录表

项目	预估时长	实际完成时长	和预估相差时长
抄写生字词			
语文造句五组			
新课预习			
饭后娱乐			
数学计算题			
英语随堂阅读分析			
英语单词背诵 / 默写			
总计			

这样，既可以让孩子逐渐了解自己做每件事的速度，也能发现实际的时间和自己想象中的时间有多大的差距，再做事的时候，会逐渐有意识地提高效率。

二、切分时间颗粒

通过时间记录，大部分家长都基本掌握孩子做事的效率区间了。但是，如何能有效地利用时间记录进一步提升孩子的时间利用率呢？最好的方式是引导孩子把任务目标进行分解，让他在固定的时间段内，把全部注意力投入一个单一的目标中，完成一个小目标，就可以获得短暂的休息放松时间。这个时间目标要与孩子当前的注意力水平相符合，最好落在你记录的孩子做事效率区间内，并且比他做事平均水平稍高一点的那个时间点上。

很多父母都听说过著名的“番茄工作法”，甚至不少人还使用过这种方法，但是在这之中的相当一部分父母都和我抱怨过这个方法对自家孩子没有用。出现了什么问题呢？我总结了一下我观察到的父母和孩子在使用

“番茄工作法”时陷入的误区，并提供了相应的对策，具体如下：

1. 时间设置不合理

如果孩子每次都还没有顺利地完成番茄时段就开始走神，这说明你给孩子设置的时长已经超出了他的注意力水平。比如说，如果你之前给孩子记录的注意力保持区间为 15 ～ 20 分钟，但是你希望孩子能够一鼓作气坚持 1 小时写一项作业，这显然超出了他的能力范围。

对于处于时间管理训练初期的孩子来说，即使他很有决心想要达成目标，但因为能力水平尚不具备，很容易进行不到一半就疲惫不堪，不自觉地走神或懈怠，这时家长的催促和批评又会导致孩子失去信心，相信自己就是一个自控力差的孩子。这种状态反而延长了孩子的心理时间，得不偿失。

所以，给孩子设置的番茄时段一定要和之前记录的孩子实际水平相当，让他跳一跳，够得到。一般来说，建议每隔 25 分钟休息 5 ～ 10 分钟，对小学高年级的学生来说是合适的。对于学龄前和小学低年级的孩子，可以根据孩子的实际能力设置稍短一些的时间段，例如，写 15 分钟作业休息 5 分钟。也就是让孩子在尽量短的时间内保持注意力高度集中，这种短而高效的学习方式本身对孩子就是一种内在的激励：“瞧，我也是个自控力强的人，写作业完全不走神！”

2. 中途干扰因素

在孩子完成每个番茄时段的任务的过程中，一些干扰因素也会破坏孩子自我坚持的信心。有些干扰因素来自任务本身的难度。比如，当孩子遇到了有难度的题目，他承受的心理压力就会增大，于是用不自觉地走神或做小动作来逃避困难，或直接向家长求助。遇到这种情况，你需要事先和孩子约定好：“遇到实在不会的题需要求助时，可以先空出来往下做，最后统一和妈妈讨论。”

还有一种干扰来自父母。有的父母发现孩子做题时出现错题、错字，或者写字姿势不佳的情况时，就忍不住要上前给他指出来：“你看你这一行字，越写越歪，能不能认真点呀！从这儿到这儿，擦了重写！”“××，头都快挨到本子上了，把背挺直了写。”这种随时给孩子纠正的方式，看似在帮助孩子，实则破坏了孩子的专注力，甚至会引发孩子的抵抗情绪。所以，父母在孩子的番茄时段，千万不要打扰他，而是等孩子顺利完成一个番茄时段的学习后，再给他指出来，并且逐渐帮孩子养成自己发现问题的习惯。

3. 休息时段刺激过大

刚才说到，孩子在完成每一个固定的番茄时段的任务后，都有一个短暂的休息时间作为奖励。可不要小看这个休息时间，它的意义是非常重大的。

凡是在健身房上过团课或私课的朋友都有过这样的体验，在完成一项高强度的锻炼时，比如做俯卧撑，做到最后，你已经感觉疲惫不堪，甚至想要放弃，教练在一旁说：“加把劲儿，只剩最后 5 个就可以休息了。倒数 5、4、3……”曙光在即，这时你是不是陡然有了精神头，不但咬紧牙关完成了这休息前的最后一搏，而且动作还更加标准了？对孩子来说也是一样，在完成单位任务的过程中，正是这有节奏的休息时光，给了孩子坚持下去冲到底的勇气。

然而，很多家长都抱怨，孩子在休息完后难以进入下一时段的学习，这其实与休息时长、休息时做事的刺激度有关。刚才说过，每个番茄时段之间休息的时间最好 5 分钟就可以了，最多也不要超过 10 分钟。这个时间，孩子可以上个厕所、喝口水、吃点水果，或和父母讲个小笑话，千万不要让他做看视频和玩游戏这样容易吸引注意力的事情，这些事情一定要等孩子完成当天全部学习任务后，在自己可以支配的时间段去做。否则，孩子重新回到学习任务的过程就会困难得多。

三、帮助孩子厘清困难

大部分父母在向我求助时，总是先急着问：“孩子写作业磨蹭怎么办？”“孩子依赖性太强怎么办？”当孩子出现问题，每个人的眼睛都盯着怎么马上解决问题，很少有人会想，究竟是什么原因导致了这种情况发生。

美国著名作家兼领导力专家西蒙·斯涅克提出了一个著名的“黄金圈法则”，告诉我们，在面对问题时，不是马上着手解决，而是要先深入其中，找到人们做每一件事的目的或行为的内在动因，然后再根据这个内在动因，由内而外地探寻如何做的方法。

同样，当我们发现孩子的问题时，不要先急着解决问题，而要先停下来多问几个“为什么”，去寻找孩子出现问题的真正原因，弄清楚他内心的需求是什么。比如，孩子写作业总是磨蹭拖拉，尽管他明白“先学后玩”的道理，他也向你做了无数次保证，但他走神的频率却丝毫不减，这种行为可能恰恰在警醒你：哪里不对。要么是孩子遇到了什么困难，让他不自觉地想要退缩；要么是你的方法不恰当，引起了孩子的抵触。你只有找出问题的真正核心，才能寻找到相应的解决方法。

有位妈妈给我讲过这样一个故事：之前，她的女儿也是个慢性子，才上二年级，无论父母怎么催赶，她每天写作业都能磨到晚上 9 点或 10 点钟。这位妈妈很是忧虑，不但担心孩子因此丧失学习动力，更担心会耽误了睡眠时间，影响了健康，得不偿失。怎么才能改善孩子磨蹭的问题呢？这位妈妈分析了一下女儿的情况，发现她磨蹭并不是因为缺乏行动力，如果是她非常盼望做的事情，比如，写完作业就可以出门看电影，这孩子比谁都积极。她之所以慢，主要是因为贪玩，好奇心强，再加上大人催得紧了，她就觉得反正妈妈也会替她着急，因而就不急了。所以，妈妈认识到要培养女儿自我管理的能力，必须把属于她的责任还给她，让她有意识地安排好自己的时间，并让她在这个过程中获得成就感。

于是，妈妈就和女儿谈：“妈妈催你的时候，你的感觉是什么？”女儿说：“嗯，你一催我，我就紧张，一紧张就什么都做不下去了。”妈妈说：“好，那么明天你写作业妈妈不催你了，你自己写可以吗？只是你要记住，8 点半开始准备洗漱睡觉，否则你的睡眠时间会不够。”小姑娘一听，眼睛就亮了：“真的吗？太好了！”

妈妈又问女儿：“要写哪几项作业呢？”女儿想了想说：“老师会把要写的作业写到黑板上。”妈妈说：“那你能把每项要写的作业都抄在本子上吗？明天没有妈妈的提醒，你只能自己提醒自己了。”小姑娘高高兴兴地答应了。妈妈说：“咱可说好了哦，如果 8 点半你写不完，我们也要上床睡觉，第二天就只能拿写了一半的作业交给老师了！”

第二天放学后，女儿回到家，照例玩了一会儿，大约 20 分钟过后，妈妈走到女儿耳边，轻轻地提醒道：“今天你可要自己完成作业哈。”孩子一听，只愣了一下，就径直走到书桌前，对着抄好的作业清单写起作业来。虽然，在整个过程中，她还是会时不时地走神儿分钟，但是妈妈咬紧牙关克制住自己想要去催促的冲动，没有上前干涉。除了其中有两次女儿发愣的时间超过了 10 分钟，妈妈只是走上前，在女儿书桌前转悠了一下，女儿立刻心领神会将注意力拉回到作业中，其他大部分时间她都基本上能做到自觉地把注意力拉回来。结果在 7 点钟吃晚饭之前，女儿就把作业完成了。

这让妈妈和女儿都非常兴奋，妈妈也不吝啬，把她看到的女儿努力坚持的行为都列出来，好好地鼓励了女儿一番，然后她问：“以后你还打算像今天这样自己安排作业吗？”女儿马上说是的，妈妈又说，“以后你在写作业的过程中，可能还会遇到很多困难，可能有时会像今天这样坚持下来，也肯定有克服不了的困难需要妈妈帮助，那咱们就一起想办法解决。直到你长大后，能够自己处理好这些事情，妈妈就完全不会干涉你了。”

其实，这位妈妈的做法，就是和孩子建立了一个让她学会管理自己事务的日常惯例表。这相当于是一个孩子版的事务清单，通过制定日常惯例，孩子可以明确和掌握生活规律，知道下一步要干什么。所以，很多家庭在育儿中都会采用这样的方法。

但是，也有不少家长在用过这个日常惯例表后，认为这个方法没多大用，孩子说到却做不到。其实，这可能是他们对这个方法存在误解。

一些父母把日常惯例表当成了让孩子听话的工具，如果孩子做不到，就训斥孩子："不是你自己说要 8 点钟就去刷牙吗，这都 8 点 10 分了，还不动，这么不守信用，以后妈妈怎么相信你呀！"得，如果你总是批评孩子不守信用，最后只能发现他变得越来越不配合了。

其实，日常惯例表并非一种让孩子马上顺从、听话的工具，相反，它对孩子在认知发展中的自我决策和自我规划起到了重要的推动作用。人类大脑中负责理性思考、自我规划、情绪控制的区域位于前额叶部分，它发育的速度比较慢，往往要到 20 多岁才能发育成熟。所以，我们使用日常惯例表的真正目的，就是帮助孩子训练他的前额叶部分自我规划、自我管理的能力。

在不断制定、执行、修改日常惯例表的这个过程中，孩子可以知道接下来干什么，比如，哦，我刷完牙以后就要去洗澡了，那么他就会形成安全感，不会不知所措，慢慢地就会形成日常行为的持续感，自然就有了好习惯和自控力。另外，这个惯例表是孩子自己去制定、执行并且不断修正的，相对而言他就更有动力去做，而这些事情慢慢地在他大脑中形成了回路，也就是他很熟悉这一系列动作，他不断地练习，那么习惯也就逐渐养成了。

激发自主动力：如何巧妙运用激励策略

有位妈妈给我发私信说，她发现 7 岁的儿子有个毛病，就是无法接受别人做得比他好。比如，上个周末，有两个住得比较近的同班孩子一起来她家写作业。一开始三个小家伙儿玩了一会儿，都挺开心的。然后这位妈妈组织他们开始做口算，妈妈出题目，让男孩子们抢答。

结果，那两个孩子无论是口算的速度还是正确率都比儿子强。这其实也正常，三个孩子的成绩在班里都属于拔尖儿的，只不过口算并不是儿子的强项，所以妈妈才专门让他和这两个同学一起练习，来激发儿子学习的积极性。可没想到儿子当场就发了脾气，说他讨厌做口算。当着另外两个孩子的面，妈妈不好发作，只好鼓励儿子说："你口算做得也很好啊。"可儿子还是一副很受打击的样子，索性放弃不做了。两个小伙伴也只好悻悻地回家去了。

这位妈妈又气又愁，她觉得自己平时一直对儿子实行"赏识教育"，儿子无论做什么，她都积极地给予赞扬和激励，可没想到反而造成了儿子的"玻璃心"。平时他自己做得好，或没人对比时，就自负地认为自己是最棒的，可一遇到挫折，不是哭闹就是干脆甩手不干。妈妈开始怀疑自己是不是对孩子的激励过了头，应该时不时给他泼泼冷水，让孩子学会更加理智地面对现实。

在回答这位妈妈的问题之前，咱们先来弄清什么叫作“激励”。激励就是要通过各种精神和物质刺激的方式，来激发孩子做事的自主动力。它本身并没有“过头”一说，问题在于我们如何选择和运用最恰当的策略来帮助孩子。

父母如何激励孩子，是有很大学问的。如果激励的策略不对，不但无法激发孩子的动力，反而会导致孩子丧失自信，一面对挫折和困难就产生回避的心理。

激励的目的是什么

你可能会说，激励孩子，当然是为了让他把好的行为继续下去，发扬光大啦。这就是说，要判断我们对孩子的激励是不是有效，一个主要的标准，就是看这种激励能否促进孩子做出良好的行为。

教育心理学发现，一个人在面对挑战、解决问题的过程中会采取什么行为，往往取决于他内心的目标定向。什么叫目标定向呢？说白了，就是这个人的内心评定，他要知道“我为什么追求这个目标”，以及“通过什么标准来判断，在通向这个目标的路上，我已经获得进展啦”。

通常来讲，人们在追求目标定向时有两种最常见的类型：

- 掌握目标：即学习和做事的核心，是为了提高能力，掌握知识，获得进步。如果一个人在学习或工作时更关注掌控目标，那么他不会惧怕挑战，在遇到困难或挫折的时候，比如发现自己看起来比别人落后，也能够坚持不懈地寻找问题产生的原因和尝试用各种方法来解决问题。

· 表现目标：即学习或做事的重点，是为了获得成绩，显示能力，表明自己比他人更有价值。如果一个人在做事时更在意追求目标，他可能会倾向于选择一些显得他很有能力的事情去做，因此非常注重分数，或在意别人如何评价他的表现。一旦遇到困难和挫折，他可能会因为无法有出色表现而感到惶恐不安，设法找理由逃避。这种状态显然不符合我们对孩子的教育期望。

了解了这两种目标，你就会发现，判断我们对孩子的激励措施是否有效，就要看这种方法是不是能够使孩子在学习的时候，更多地使用掌握目标，也就是如何学习知识、提高能力，而不是只在乎外界对自己的看法。

不恰当的表扬方式不利于孩子建立自信

当孩子做好一件事，或考试成绩不错时，经常会有父母这样夸孩子：“哇，又考了 100 分？我儿子就是聪明！”或者“嗯，宝贝你真棒！”

孩子成绩不理想时，也有家长这样鼓励孩子：“你这孩子呀，本来特聪明，就是不努力。其实你稍微一努力，成绩不就上去啦。”或者，就像本文前面提到的那位妈妈一样，泛泛地安慰孩子：“哎呀，不要气馁，你已经做得很好啦！”

可能大部分孩子听到这样的称赞，开始都会很开心，也会希望把良好行为继续下去。可是当孩子遇到挫折时，以上方式能不能对他有指导意义，使他有力量克服困难坚持下去？这恐怕就难了。因为这种表扬和鼓励方式有以下五个问题：

1. 把孩子导向表现目标

当父母夸孩子聪明、逻辑思维强、能考满分等，这些都指向什么呀？要么指向能力，要么指向最后的那个成绩结果。

孩子会因此相信，只有天赋和结果才是重要的。他以后做事时，更容易把注意力集中在这些表现目标，而非做好这件事本身上。一旦遇到困难，孩子就会想："这题要是做不出来，爸妈是不是就会认为我不聪明了？"为了保持自己"聪明"的形象，他宁愿选择不努力，找理由退缩。

2. 导致孩子对自己的能力产生怀疑

前面提到的这位妈妈，她的表扬和安慰之所以难以激发孩子的自信，是因为这种泛泛的称赞更多的是为了控制孩子的行为，比如，赶快止住孩子哭闹，或者激励孩子达到父母的期望。但孩子可不傻，他能清晰地判断出自己做得好还是坏，了解自己的水平。大人不切实际地赞扬哄劝，自然不会起到帮他建立自信的效果。

3. 持续可预见的表扬会破坏孩子的自制力

教育心理学发现，家长频繁地使用同一种表扬方式来激励孩子，反而容易造成孩子对成绩结果的即时满足，一旦他在学习中遭遇困难，在面对需要持续不断地努力和尝试的事情时，会因无法获得之前他认为的自己理应得到的表扬，而出现各种不适应的状况，这显然不利于培养孩子面对困难时的坚定信念和毅力。

4. 固定型思维

我们已经知道固定型思维的人认为能力是天生的，后天难以改变。当一个孩子总是被夸聪明、漂亮、有运动细胞时，他会更容易把目光放到自己先天的优势还是后天的努力上？当然是前者。

这就造成了一个问题，当这个孩子发现别人比自己做题更强、跑得更快时，他会认为"他们比我更聪明，更有天赋"。一旦如此，孩子会容易逃避挑战，放弃努力，因为他不相信自己可以通过努力做得更好。

5. 只看结果，不看过程

“你考 100 分，是因为你聪明。”“你只要一努力，成绩就会上去。”……

这些表扬方式有个共同点，就是只强调成绩结果，不看过程。所以，孩子不知道究竟通过怎样的努力才能使得自己这样棒。其实，你要让孩子知道，对大多数人来讲，没有任何事情是稍微一努力就可以做到的，都需要付出艰辛的努力，在不断克服困难的过程中接近目标。

多用正向反馈代替表扬

什么样的激励方式，能让孩子在成功时看到自己什么地方做得好，并把良好行为保持下去；失败时，能积极地发现自己的不足，并不断设法提高呢？这就要求父母在激励孩子时，多用正向反馈的策略来替代泛泛的赞扬。正向反馈，简单来说就是要求家长：

1. 让孩子了解目标是什么样的

一位当小学教师的妈妈就给我详细地描述过，她引导刚上一年级的女儿学习写字的过程。在这个过程中，妈妈就大量运用了正向反馈的方式，让女儿了解到写一个好看的字，具体应该是什么样的。

小姑娘一开始字写得很小，像一堆小虫子，歪歪斜斜地爬在田字格里。妈妈看了，并没有直接告诉女儿她的字写得不好看，要她重写，而是指着孩子刚写完的一行田字格中的“雪”字，对她说：“咱们来做个游戏，来给这几个‘雪’字评个名次怎么样？你觉得哪个最漂亮、哪个其次，再找出一个你觉得最不好看的字。”

女儿一下子来了精神，她用审视的眼光认真地挑出了这些字中写得相对好的两个字和不太好的字。如果她挑出的字是对的，妈妈就会鼓励她

“观察得非常仔细”，并且问她“你觉得为什么这个字得分最高”；如果她挑出的字不太合适，妈妈也不着急，而是告诉女儿，妈妈觉得哪个字最好看。为什么呢？妈妈拿出课本上的“雪”字的田字格规范写法，引导女儿注意书本上示范的“雪”字的结构细节：“你看，这个‘雪’字是分两部分的，上半部分落在田字格的什么地方？下半部分落在什么地方？它们离得有多远？哪部分更大一些……”之后，再让女儿对照着规范字，给她写过的字重新打分。最后，再鼓励她照着这个标准，写出几个得分更高的字。

在这个过程中妈妈做到了什么？

首先，她没有直接批评孩子哪里做得不好，而是鼓励孩子用自评的方式，主动看到自己的优点和不足。孩子反而对这个过程充满了兴趣。

接着，妈妈拿出一个标准，引导孩子自己分析、总结写得好看的字的结构应该是什么样的。因为有了评测标准，而且这个标准是在妈妈引导下孩子自己总结出来的，她接下来才会自觉地按照这个标准进行练习。

当然，即使有了标准，孩子提高写字水平，从“知道”到“做到”，仍然需要一个较长的过程，这是由孩子自控力水平、手指肌肉发展水平、精细动作熟练程度决定的。

我们一定要给孩子一个成长进步的时间，只要他能够照着这个标准认真去做，就会越做越好。这时，你再让孩子做前后对比，当看到自己取得的进步时，孩子也会越来越有自信。

2. 把孩子的目光引向掌握知识、提高能力的过程

比如，当孩子考试分数不错，你可以对他说：“这次很有进步呀，考试前你那么认真地把错题都做了一遍，果然有效果啦！”这样孩子就知道了，考前认真复习可以获得更大的进步。

如果孩子没有取得期望中的成绩，甚至做得比较失败，这时父母要怎么运用正向反馈帮孩子建立信心？比如前面那位口算做得没别人快的小男孩，当他因为比别人差而感到恼怒时，妈妈不妨先把刚才观察到的孩子做得好的地方记下来，然后过去拥抱一下孩子，并告诉他："宝贝，妈妈知道比别人做得慢你很生气，但是你进步好大呀，你今天的口算速度是这周以来最快的，而且在有人干扰的情况下，你坚持把题做完了，正确率还很高。看来你的大脑越转越快了。"

3. 让孩子看到他在这个过程中付出了怎样的努力，获得了怎样的成长

如果孩子解出了一道难题，你要对他说："哇，这题这么难，你都坚持做出来啦！我看你换了好几种方法，能告诉妈妈，你最后是怎么解出来的吗？看来下次再遇到这种类型的题，你就能轻易把它拿下啦！"这种反馈就是在告诉孩子，遇到困难时需要坚持，不断尝试各种方法去解决，那么他最终收获的不仅仅是成绩，还有能力提升后的那种喜悦感和获得感。

可能有些父母还是会有疑问：真的绝对不能给予孩子表现性的称赞，比如夸孩子聪明、漂亮、有天赋吗？

其实，没有任何一种方法是完全正确或错误的，关键在于你的反馈是否能提升孩子的内在动力，对他起到良好的推动作用。任何时候，只要你反馈到那个激励点上，夸赞孩子聪明不但不会让孩子陷入固定型思维，反而会激励他积极地去思考。但是，你在运用这样的词语的时候，一定要注意把它和一个可控的、努力的过程结合起来。

比如，当孩子怎么也背不出课文，认为自己很笨，坐在那儿哭的时候，你就可以这样对他说："宝贝，其实你是个特别聪明的孩子。上次学英语新概念课文，有那么多难记的生词，换成妈妈都不一定能记下来，可你居然能够找到方法，不会的都抄下来了，早晚复习，又把它们放到课文中去理解，很快就记下来了。能找到这个好方法的孩子，一定是聪明的。”

你看，这样夸聪明，不仅仅给孩子自信，告诉他，他有能力做到；更让他知道，这种聪明来自他做事能够主动去寻找和运用好的方法。这是不是孩子可以通过努力去掌控和提高的？当然是！

怎样奖励孩子，他的积极性最高

上一篇我们谈到如何使用合理鼓励的方法激发孩子的学习动力，现在咱们再来说说另一种激励孩子的方式——奖励，说到这个，父母们的困惑可能就更多了。

一位家长给我留言说，本来开学时和儿子说好，这学期他只要努力学习，期中考试比上学期期末提高 10 名，就奖给他一直想要的一款乐高玩具。儿子刚开始劲头还挺足，每天回家后的第一件事就是写作业，对于家长安排的课外练习也能按时完成。可没过多长时间，他的态度又恢复原状，每天学习时懒懒散散的。这时你再问他："你这个样子，还想不想要你的乐高啦？"他却冲你翻个白眼，满不在乎地说："那就不要了呗！"

哎，奖励为什么失效了？咱们还是来看一看，你奖励孩子这件事，是激发他的掌握目标还是表现目标，这样就清楚了。

上面这位家长在激励孩子学习的时候，仅仅把奖励和孩子最后的成绩（提高 10 名）直接挂钩，显然，这个目标是指向孩子表现的。孩子在没有良好学习习惯的情况下，面对成绩提高 10 名这样一个遥远的目标，又缺乏具体的指导，产生退缩的行为也就不足为奇了。

用奖励来激励孩子的行为，这种方法究竟有没有用呢？长久以来，教育界一直对这件事众说纷纭。一开始对奖励提出质疑的是心理学家爱德华·德西，对，就是我之前提到的那个提出“自我决定论”的德西。他在1971年征集了一群大学生参加一项解智力题的实验，结果发现，当用奖金的方式去激励学生解题时，反而会降低他们做题的内在动机，也就是他们为了满足内在兴趣和提升个人能力而去克服困难、追求挑战的动机。这就是著名的“德西效应”。

于是，不少教育书籍和文章就宣传，千万不要给孩子物质奖励，因为这会降低孩子做事的积极性。然而，我倒认为事情并没有那么绝对，物质奖励是否有效，关键在于你要把孩子的注意力导向哪里。

有效奖励和无效奖励的区别

1. 有效奖励鼓励正向行为，无效奖励针对消极行为

我在本书第二章“适当‘漠视’孩子的‘缺点’：有趣的性格行为改译法”这一节中提到过这样一个故事，有个叫程程的小男孩特别爱哭，为了帮程程改掉爱哭的毛病，妈妈甚至制定了详细的积分奖励机制，只要程程当天不哭，就奖励他一面“坚强者小红旗”，程程要是攒够一定数量的红旗，就可以换得他想要的玩具。结果，程程哭得却更加厉害了。因为聪明的程程无意中发现，正是因为自己爱哭的这个行为，才能让奖励延续下去，还能随时把全家的关注点都调到自己的身上，哭的好处真的是太大了，怎么舍得放弃呢？

后来，妈妈改变了做法，“忽视”程程哭的问题，而把关注点放在鼓励程程积极解决问题的行为上，程程爱哭的问题反而得到了解决。所以你会发现，真正有效的奖励，是对孩子的积极行为进行正向强化，而无效的

奖励看似会消除孩子的消极行为，但也因你把关注点全部集中在孩子所谓的“问题”之上，这反而强化了“问题”，使其不断涌现。

2. 有效奖励针对付诸努力的行为，无效奖励只看行为结果

有关检验物质奖励是否有效的问题，美国哈佛大学的经济学家弗莱尔（Roland G.Fryer，Jr）曾在10多年前主持过一个由美国4个著名城市（华盛顿、达拉斯、芝加哥和纽约）几万名中小学生参与的实验。其中华盛顿和达拉斯这两个地区的学生，按照孩子付诸努力的行为（上课听讲、按时完成作业、认真读书）给予奖励，而芝加哥和纽约地区的学生则按照考试成绩结果给予相应奖金。

结果，按照考试成绩实行奖励的纽约和芝加哥地区的学生中，芝加哥学生成绩平平，而纽约学生的成绩甚至比没任何奖金可拿的对照组学生的成绩还低。与之形成鲜明对比的是，按照努力行为给予奖励的华盛顿和达拉斯的学生，不但成绩突飞猛进，而且在奖励停止后，他们中的大多数孩子还把努力读书的习惯保持了下来。

为什么对学生的努力行为进行奖励与对最终成绩进行奖励的实验结果有如此明显的差异？原来，对学生最终成绩的奖励，可能会导致学生出现以下两种困境：

（1）只强调成绩结果将降低学生的掌控感。研究发现，人们更倾向于坚持一些他们可控的、“跳一跳，够得到”的目标行为。对于参加实验的学生而言，每天坚持读几页书、完成作业等行为都是可控的，努力一下就可以做到并获得奖励，学生有动力坚持下来；相反，决定考试成绩的因素有很多，当学生发现提升考试成绩的目标是自己无法控制或不相信自己有能力达成时，再充满诱惑的刺激也难以激发他们的动力。

（2）过于高远的目标会削弱人的自控力。本书在有关自控力的那一篇中已经分析过，当一个人尚未对一件事形成足够的内在动力时，给予及时的反馈，有助于自控力的提升。同样，当学生发现只要他们坚持一个正向的行为（读书、写作业），就能获得一个良好的反馈（奖励），他们当然会选择把良好行为坚持下来；但是如果他们感到自己努力要达到的那个目标太遥远（在几个月后的考试中才能见分晓），这个延迟满足的等待时间太长，往往坚持不到一半自控力就用完了，因而很容易中途放弃。

在本文开头提到的案例也是一样，那位家长希望儿子用期中考试的好成绩来换取乐高奖励，但是他要如何达到这个目标，需要克服哪些困难，通过什么方法去克服这些困难，孩子都不知道，更何况这个奖励是否能兑现要在 3 个月后才能见分晓，这个目标对于孩子来说太过高远甚至虚无缥缈，孩子自然没有力量去坚持。

3. 有效奖励让孩子看到行为的内在好处，无效奖励只能让孩子着眼于奖励本身

在“德西效应”的那个实验中，学生一开始对参与智力测验本身有着浓厚的兴趣（被内在好处所吸引），然而在增加现金奖励后，他们的注意力就被转移到外在奖励本身上，这时行为的内在好处反而被抵消掉了。德西在研究中指出：“当外在报酬和内在报酬同时存在的时候，外部的激励不仅不会帮助孩子形成内在动力，还会明显地削弱它。”

当一个人做事时只关注外部报酬，就很容易出现经济学中的“边际递减效应”。也就是说，用同样的东西带给人们的满足感，会随着东西数量的增加而减少。这就是为什么当物质奖励越多时，孩子得到奖励的兴奋感就越来越不明显，当物质奖励不再足以达到刺激孩子的欲望时，他做事的动力也就会迅速减退。

因此，真正有效的奖励，最终是要把孩子的关注点引导到他对坚持正向行为内在好处的追求上，启发孩子的内驱力。具体要如何做呢？我给你以下三点建议：

尽量使用精神和信息奖励替代物质奖励

奖励一般分精神和物质两种，我们刚才已经知道，物质奖励并非什么时候都是有用的，尤其是当孩子本身已经对一件事拥有原始内在动力的时候，比如，对弹钢琴充满兴趣，或者有为了能够考上理想中的学校而努力学习的意愿。在把良好行为坚持下去的过程中，遇到困难和挫折时，对孩子实行精神奖励和信息帮助的效果要远远大于物质奖励。

我的一位学员的儿子成绩平时在班里是中上等，虽然学习也努力，但考试成绩总是被作文拖后腿，孩子认为没的可写，一写出来就是流水账。有段时间，孩子一提作文就有点垂头丧气，对于老师布置的周记，不是拖拖拉拉，就是应付了事。我和这孩子聊过几次后，发现他其实观察力很强，经常能从与众不同的角度说出自己的观点。于是，我告诉这个孩子，周记不是要把这一天做的每一件事都记录下来，而是只需要记录你印象最深的一件事、一个瞬间或一个想法就可以了。

在我们的商议下，他妈妈在今日头条和微博上给儿子注册了账号，但凡这孩子有什么有趣的言论和想法，都记录下来发到网上，没想到，还真的吸引了不少粉丝，还有人留言评论。孩子受到激励，一下子来了精神，后来不用妈妈提醒，他一有什么新的想法自己就主动记录下来，要求妈妈贴到网上。对待老师留的作文也不再应付了事，甚至为了能让自己的语言更丰富有趣，他主动看书的时间也增加了。

就像这个男孩一样，在生活中，父母给孩子提供精神奖励的方式可以多种多样，需要根据孩子的实际情况进行调整。比如，陪喜欢学英语的孩子一起看英文原版电影，讨论电影里的发音方式；带爱弹琴的孩子去听音乐会，激发他对音乐进一步的理解等，都可以起到充分调动孩子学习热情的作用。

通过物质奖励的形式，把目光调向内在动力的内核

物质奖励不是洪水猛兽，只要用好、用对，同样可以激发孩子学习的内在动力。尤其对于那些孩子一开始不喜欢的相对枯燥或执行起来困难比较大的学习任务，物质奖励在开始阶段对于促进孩子做事意愿有非常显著的效果。但重点不在于奖励本身，而在于你要如何把孩子的关注焦点调动到他努力做事的过程中，让他看到自己身上隐而未现的力量。

有位妈妈找到我说，上五年级的女儿向她提出，如果期末考试3门功课都能达到90分以上，就带她去东京玩，她要不要答应女儿呢？原来，小姑娘平时对学习总提不起兴趣，每天只是拖拖拉拉地把老师要求的笔头作业完成，让她多学一点都不愿意，成绩在班里只是中等。但她特别喜欢日本动漫，做梦都想到漫画中描绘的日本去看一看。当女儿提出这个要求时，妈妈有些犹豫，虽然以家里的经济条件，带孩子去趟日本并不是难事，可又担心孩子如果只是为了去日本而学习，会不会把她的学习目的带偏。

我对这位妈妈说，只要家庭经济条件允许，当然可以奖励孩子去日本玩。但关键不在于奖励，而在于孩子打算如何实现这个目标。我建议妈妈和女儿做这样一个分析和讨论：

（1）现在语、数、外3门功课各距离90分差多少？差在哪些地方？平时需要多做哪些练习来提升？如何制订这个计划？

（2）在执行计划的过程中，怎么能随时知道自己已经进步了？

（3）如果遇到困难或坚持不下去的时候，用什么方法鼓励自己坚持下去？

母女俩根据讨论结果制订了一份学习计划。我提醒这位妈妈，在和孩子刚开始执行计划时，心里一定要建立一个预期，不要把计划看得和法律

一样绝对，认定孩子如果有几次完不成就是失败。相反，计划的特点就是保持弹性，根据孩子的实际执行情况、心理状态和各方面能力水平而随时评估、随时调整，直到孩子逐渐适应。结果，这个小姑娘和妈妈按照计划走下来，在期末考试中一下子提升了 10 多名，语文和英语都达到了 90 多分。虽然数学因为试卷较难，比 90 分差了 1 分，不过，妈妈还是兑现承诺，带女儿去日本开心地玩了一趟。小姑娘特别开心，不仅仅是因为她得到了梦想中的奖励，更是因为她在为这个奖励而努力的过程中，获得了不断克服困难、自我鼓励并一步步达成目标的宝贵经验。

后来，小姑娘主动说，她打算开学后再制定一个更高的目标，妈妈一定要继续为她加油。这位妈妈把孩子的话转给我时，特别感慨。我也想象着小姑娘说话时自信的表情，心中充满感动，相信这次达成愿望的过程已经在她内心埋下了自我激励的种子，并且深深地扎下了根、发了芽。

奖励的设置符合孩子的年龄特点和成长规律

不少父母都会对给予孩子什么奖励以及奖励的频率而感到发愁，然而没有什么方法是万能的，奖励的设置需要符合孩子的年龄特点和成长规律。

2 ～ 4 岁的幼儿，自控力水平相对较弱，为鼓励孩子养成良好的习惯而给予的奖励需要满足即时反馈的特点，比如，早上按时起床，就可以得到一颗糖果；晚上自觉地去刷牙、洗澡，就能获得一颗小星星。让孩子感到自己的每一个正向行为都可以被看见，他付出努力的内在动力也会被激发出来。

4 岁以上的儿童，自控力已经有了一定程度的发展，这时可以给予他更多的自主权。只有当奖励的方式能够满足孩子的需要，奖励的标准是孩子自己参与制定的，才能起到激发动力的作用。有的父母可能会有这样的担心：“如果孩子提出的奖励方式不合理怎么办？”比如，有的孩子提出每天按时完成作业，就玩2个小时的电脑游戏，这种要求是绝对不能答应的，那么要怎么和孩子说呢？

建议你事先给出孩子可以选择的奖励范围，同时也可以扩大奖励的形式，不让奖励仅仅拘泥于物质，而是设计一些新奇的方式，给予孩子更多的自主权。比如，一个六年级孩子和家长制定的其中一个积分奖励是，积到1000分，可以获得妈妈一周的“唠叨豁免权”，也就是妈妈一周都不能唠叨和催促孩子。没想到没有了家长的唠叨，这个孩子自觉性反而增强了，学习和做事的效率也提升了。

所以，再强调一遍，真正有效的奖励，就是要最终激发孩子的内在动力，这就要求父母的内心始终有这样一根弦：绝不能让奖励成为控制孩子的手段，相反，要通过奖励的方式不住地传递给孩子一种感觉，我相信你有能力把自己的事情管理好，把奖励最终引向孩子对做事的内在好处的理解上。

例如，孩子今天又快又好地完成作业，你就可以在他的“完成作业记录表上”给盖一个“赞”，并且告诉他：“今天你写作业非常专心，所以做得又快又好，看来你对今天学的东西一定印象特别深，爸爸必须给你点个赞！”这样孩子就了解到专心写作业的真正好处了。

每个孩子都需要被看见

我听过这样一个笑话，有位妈妈对孩子说：“道理我给你掰开、揉碎了讲了多少遍了，你每次都说知道，可为什么从来都做不到呢？”这孩子就撑了妈妈一句：“那我让杰夫·贝索斯来给你讲讲道理，你是不是也能成为世界首富啊？”结果这妈妈竟被撑得一句话也说不出来。孩子这话听起来，确实一点儿毛病都没有啊。这就如同我们成人世界里常说的：“懂了很多道理，却依然过不好这一生。”这是为什么呢？

其实，传统教育中有一个误区，就是认为给孩子讲清楚道理，就等于教育他了，他自然就知道该怎么做了。然而从知道到做到，是需要跨非常大的一条鸿沟的。很多人都知道要想瘦下来身体好，就要管住嘴、迈开腿；很多家长也知道，总是冲孩子发脾气对孩子成长是不利的，可又有多少人能够做到呢？很多时候，你只是知道这件事字面上的因果关系，但真正要做到，就需要通过实践，经历挫折、失败、坚持等各种体验，不断改进自己的行为，才可以。

不仅如此，大多数情况下，成人自己的情绪和行为对孩子的影响，要远远大于道理本身。我曾接到过一位妈妈的留言，是这样说的：

“紫月老师，我有个上四年级的儿子，性格敏感脆弱，又非常贪玩。尽管他已经制订好了学习计划，也认可先写完作业再玩游戏的规定，但做起来相当费力。他经常因为要玩游戏而不想写作业，自控能力太差，总是控制不住自己的情绪。我把从书中和课程里学过的育儿方法都用遍了，结果却总是感到非常挫败和无力，几乎每隔几天，我和儿子都会因为写作业的问题而引发一场家庭大战。我该怎么办？”

我相信不少父母都能从这位妈妈的留言中获得共鸣。你从各种父母课堂、育儿书籍中学到了很多看起来令人“醍醐灌顶”的理念和方法，暗下决心从此要运用这些方法好好教育自己的孩子。可真正和孩子过招时，他要么一开始信誓旦旦，充满信心地做出改变，可坚持不了两天，却画风一转，又回到懒懒散散、不想学习的状态；要么干脆不吃你那套，你想要演绎育儿书中的母慈子孝，他却偏偏不按剧本走，一门心思发挥着“自由意志”。你得不到理想中的结果，顿时倍感挫败、火冒三丈，最后还是会回到打骂吼叫的老路上。

为什么会出现这种情况？因为作为家长，我们太过在意孩子的行为结果，认为只有当我们眼中孩子的“问题行为”消失了，我们的感觉才会好受些。我们总是会持有一种执念，就是希望自己每使用一种新的教育方法或技巧，孩子的行为就会立刻随之发生改变，而一旦这种方法或技巧没有取得我们期待中的效果，我们就很容易产生无力感，感到挫败和无所适从。这必然引起我们更大的愤怒和焦虑。

对于父母和孩子的这种纠结状态，我自己也深有体会，因为我和我的母亲就曾经是这种状态。

我小的时候，母亲在大学当老师，她是个性格非常要强的人，在工作上精益求精，对我自然也是望女成凤，所以当她看到我在学校的表现距离她的期望差了十万八千里时，那种失望的感觉是可想而知的。记得小学二年级时，有一次，我在数学和语文作业上都偷了懒，语文作业压根儿没写，然后骗老师说作业本忘带了；数学 10 道题做了 5 道半——这还是早上到学校现补的。中午临放学时，语文老师叫住我说："下午上课前让你妈妈来学校一趟，我要和她谈谈你作业的问题。如果她不来，你下午就不要来上课了。"

我拖着沉重的脚步回家，一边走一边想象着妈妈知道这件事后各种暴怒的表现和我挨揍的场景。终于，该来的还是来了，当我含着眼泪颤巍巍地告诉我妈这个消息时，她正站在厨房的案板前，手法娴熟地在一条鲤鱼身上抹着调料。她静静地听我说完，并没有像预想中那样爆发，但是正在抹调料的手却明显颤了一下，好像刚才那把盐没有撒到鱼身上，而是撒到了她的心上。

在持续了将近 1 分钟的沉默后，妈妈终于开口了，她问我："你的作业能补上吗？"我忙不迭地保证："能能能，现在就补。"妈妈点了点头，深深吸了一口气，对我说："看你的样子，知道自己错了，能改，妈妈就原谅你这一回，不惩罚你。但是你必须记住这个教训，好好学习，按时完成作业。记住，你必须让我看到你的行动。"

我不知道我妈在听到坏消息的那 1 分钟内经历了怎样的内心挣扎，多少次按捺住了想要发火的冲动，才对我说出以上这番话的。但是，即使当时我只有 8 岁，也能隐隐地感到妈妈为了教育好我，在不断改进方法的过程中所付出的努力。那一刻，我对着妈妈拼命点头，暗下决心，一定不能辜负妈妈的努力，要改变自己，做一个坚持学习、按时完成作业的好孩子。

那天下午上学时，我妈果然心平气和地去找了老师，而我拿着补好的作业，带着要开始努力学习的决心，愉快地走进了教室。整整一下午，我真的一直坚持集中注意力去听讲，拼命地盯住黑板，一刻也不让自己走神，而且，还在课堂练习中拿到了满分的成绩。那一刻我开心极了，并打算把当天上课的情况告诉妈妈，让她相信我真的可以做到。

如果这一天能够在这种氛围下愉快地度过，该有多美好啊。然而，生活总是会在出其不意的地方“转弯”。就在快要放学的时候，数学老师拿着一摞本子走进教室，宣布说：“我下面念到名字的人，你们的作业严重不合格，我已经给你们的家长打了电话，你们放学后留下来，等着家长过来看着你们补作业。”接着，她第一个就念到了我的名字。我感到一阵寒气从屁股下迅速扩散至全身，我僵在座位上，久久动弹不得。我这才想起来，自己前一天的数学作业，因为偷懒，10 道题只糊弄了 5 道半。可是老师，那是昨天的错误，我今天已经改了，我发誓要做个好孩子呀！

这天傍晚，当妈妈第二次被老师叫到学校时，她一下子就崩溃了，揪着我的衣领走出老师办公室，还没到楼梯，就忍不住劈头盖脸连续扇了我好几个巴掌，边扇边哭：“为什么？你这个坏孩子，你不是答应我了吗，为什么做不到？你让我还怎么相信你？！”

我吓得呆立在原地，头上、身上被巴掌扇得火辣辣地痛，可是我顾不上痛，拼命地想要大喊“不对，我改了呀！妈妈别不相信我，我真的改了”，可是，我的喉咙却像被堵住了，一句话也说不出来。

多年以后，我和母亲再次聊到这段往事，都唏嘘不已。其实那天我和母亲都付出了巨大的努力。母亲在得知我作业没完成时，努力地克制住自己的情绪，期望通过宽容和鼓励激发我上进；而我也曾下定决心不辜负妈妈的期望，改善自己的行为。

然而，母亲没有想过，那两次被不同老师请去学校，其实都是因为我前一天的作业问题，而我当天积极地去听课和完成作业的良好行为却没被任何人看到。是的，我和母亲努力的结果都出现了滞后性，我们之间其实只差一次以澄清事实为目的的亲子沟通，以及哪怕多一天的耐心等待，如果那样的话，事情就会迎来完全不同的结局。

我相信，我儿时和母亲之间的故事，其实每天都在当今的父母和孩子身上不断上演着。可能故事的内容不尽相同，但是反映出的现实却是一致的，那就是：无论是父母还是孩子，每一个人都希望自己的努力能够被看到，并及时获得反馈，自己不断做出的改变，能够收获成效。这样你就可以确认：哦，我的付出是值得的。然而，现实却是，大部分努力和良好行为所能获得的效果经常都是滞后的，并且在短期内不那么明显。

前面我提到的那位给我留言的妈妈也是一样，当她把课程中和书本里学到的方法在孩子身上都用了一遍，发现没有达到她期待中的效果后，就马上感到了挫败和无力，禁不住要发脾气。但是，她如果和孩子换位思考，就会发现，孩子在坚持努力写作业时，正在经历和他妈妈同样的心路历程。他每次都期望自己能够专心完成作业，但坚持过几次就发现游戏的魅力实在太大了，心里一旦注入了游戏，注意力就再也无法集中在学习上，于是瞬间被挫败感打倒，相信自己就是一个没有自控力的孩子。

所以你会发现，缺乏耐心和定力的家长，培养不出有自控力的孩子。世上没有什么事是一劳永逸的，而你所看到的失败，只是暂时的不成功，我们对孩子的教育拼的不是技巧，而是处事态度。只有当父母首先为孩子做好榜样，你的坚持、耐心和永不放弃自我成长的力量，才会潜移默化到孩子做事的过程中。父母强大的肩膀，才是孩子人生真正的起点。

如何应对孩子行为反复和波动

我常收到家长们这样的怨言："哎呀老师，你这些方法听上去真的不错，但是往我家孩子身上一用，要么刚开始还行，后面却越来越不管用；要么孩子根本就油盐不进，完全不吃你那套。"

经过前面的分析，相信大部分读者已经发现，其实不是孩子油盐不进，而是父母在孩子的教育过程中很容易陷入两个误区：

- 第一个误区：缺乏耐心，总希望获得一种方法，往孩子身上一用，马上立竿见影。
- 第二个误区：把教育方法当成控制孩子的工具。

教育的目的决定了教育的结果。如果你只是期望学到一个技巧，就可以让孩子马上听话，按照你的期望去行事，孩子是完全可以感觉出来的。他感觉不好就一定会反抗，毕竟没有任何一个人愿意被别人所操控。

此外，一个好的行为习惯不是短时间内能养成的。伦敦大学一个关于健康心理学的研究团队，通过对 96 个参与者为期 12 周的调查发现，一个人把一个良好行为内化成习惯，要根据这个习惯的难度和个人的特质而定，而一个习惯一般在 18 ～ 254 天这个范围内养成，平均下来是 66 天，大约 2 个月时间。

想想看，即使作为成年人，当你下决心完成一个计划，比如每天坚持读书、锻炼，也绝不是说到就能做到的，往往你决心越大，最后因自己无法坚持而产生的失望感也就越强。

而对大部分孩子来说，战胜学习困难可能是他们童年时期最重要的抗挫折经历之一。在这个过程中，不断地应对困难和挑战，用较长的时间战胜想要退缩的心魔，这些状态都再正常不过了。

所以，父母的工作不是强迫孩子去改变，而是让孩子在做事的过程中产生美好的感觉。当孩子发现他的每一份努力都能被看到，每一点进步都能被认可，每一份失落都可以被接纳，面对困难时，也能获得支持和信任，那孩子就更相信自己的感觉，在学习过程中也能找到更多的希望和力量。

如何让孩子在做事过程中产生美好的感觉呢？其实，每个孩子身上都存在着坚持学习和偷懒贪玩的两种状态和欲望，这就需要父母在孩子出现良好行为时，及时察觉，给予积极有效的反馈，同时也要对孩子下一步可能面临的坚持不下去的状态有所准备。

这样一来，当孩子状态不佳时，你就能细心观察和了解到孩子行为背后的原因，帮他看到自己内心挣扎的过程，及时给予支持，给他坚持下去的力量。你需要做到以下两点：

一、给予有效的反馈

这是对孩子努力行为和成果的强化过程。美国心理学家赫洛克做过一个著名的反馈效应实验。被试者被随机分为四组，第一组是激励组：每次工作后会得到相应的鼓励和赞扬；第二组是受训组：每次都会因为工作中出现的问题被批评；第三组为忽视组：工作完成后不会获得任何评价，但要旁听其他两组受表扬和受批评的过程；第四组是对照组：与其他三组隔离，每次工作后，不给予任何评价。

猜猜哪个工作组绩效最优、哪组最差。不少人会认为激励组最优、受训组最差，毕竟没人喜欢总是挨训嘛。然而，你只猜对了一半。激励组的绩效确实最优，但令人感到吃惊的是，受训组的绩效远远高于忽视组；在这几组当中，绩效最差的是被隔离且得不到任何反馈的对照组。

从这个结果中我们就会发现，当人们在从事一项活动时，能否获得有效、积极的反馈，是这项活动能否成功的必要条件。当然，如果一个人本身就非常热爱这项活动，或者在从事这项活动的伊始就具备强大而明确的目标，那么就并不需要来自外界的反馈，而只要他由内而发自我认同即可。

2019 年广西壮族自治区高考高分考生杨晨煜曾经分享过他对学习的感受："学习虽然比较辛苦，在这个过程中会遇到很多挫折，但是在学习中看到自己的能力不断提高，最后能达到一个令自己满意的结果，也是一种快乐。"一个孩子在不断进步、不断达成目标并获得胜利的过程中，大脑会分泌出一种叫作脑啡肽的物质，这种物质会不断刺激孩子获得成就感，因而能够发展出不断战胜困难的能量，从而在学习中找到乐趣。

相信你一定急切地想要知道，怎么才能让孩子拥有这种自我激励、自我反馈的能力。别急，如果孩子正在做的这件事不是发自他内心的兴趣，那么在他形成内在动力和良好的学习习惯之前，是需要父母通过一定的外在反馈进行激发的。为此，你需要做到以下两点：

1. 反馈要及时

研究发现，完成任务后得到即时反馈，比延后反馈所产生的激励效果大得多。

想想看，为什么很多人都爱玩电脑游戏？因为玩游戏时每个正向操作都会紧跟着一个反馈刺激，例如掌声、金币、分数增加等，成功通关还会获得晋级。这种反馈往往是即时的，容易看得到。

对自控能力较弱的孩子，他努力学习的行为，反映到学习成绩的提高上需要很长一段时间。不少孩子很可能会因为看不到学习效果而坚持不下去，这就要求，你在孩子尚未养成良好学习习惯之前，对于孩子每次学习行为的效果给予及时反馈，让他能够清晰地知道自己做得怎么样，距离目标还有多远，使积极的行为能够及时获得强化。

2. 评价要具体，有针对性

不少父母在孩子学习或者帮孩子检查作业时，会习惯性地给孩子这样的反馈："不错，全对了，继续努力！"或者"这题你明明会，结果因为马虎错了，下次能不能专心点啊？"

这样的评价对孩子有没有激励效果？其实并没太大作用。因为它无法为孩子下一步的行动指引明确的方向。真正有效的反馈，是要通过具体的观察和分析，找到孩子在学习行为中可能促进或影响学习效果的具体因素，进行有针对性的评价和指导。

举个例子，孩子今天作业完成得不错，你要怎么给孩子一个有效的反馈？通过你的观察，你可以帮孩子回顾一下，他在完成作业过程中的有效行为："宝贝，妈妈发现你今天回家，把课堂上学习的内容复习了一遍，把不熟的定理又重温了一遍，果然今天做作业的效果就出来了。这真是个好方法。"那孩子就知道了，哦，我今天作业做得好，是因为积极复习了，看来以后每次做作业前都要先复习一遍。

同样，孩子今天错题比较多，你也可以引导他："今天做题的速度很快哦，但是妈妈看到你做题的时候有些急，可能没有完全理解题意。来，你再认真读一遍这道题，看看是不是你理解的意思。”

孩子认真读完，就发现他把一个条件落掉了。这时你再和他说：“这题你明明会做，却因为没看清题做错了，太可惜了。看来以后做题时要放慢速度，多读几遍题，确定自己理解了再做，效果会更好哦！”这时孩子就明白了，他所谓的做题马虎，是因为读题太快，没有理解题目本身的意思就开始做题了。并且，他还知道了以后该如何正确读题。

在这个过程中，你还要仔细地观察孩子自我认知进步的情况。如果孩子在某一方面已经养成了自我反馈的习惯，比如，他可以自己发现做题时出现的问题，并且及时改正；在学习的过程中遇到困难时，他能够自己咬着牙坚持把作业完成，这时你给予孩子的反馈，就可以从对他进行学习上的具体指导，变成对他身上正在显现出来的自主力量进行强化。比如，你可以这样说：

“哇，你的眼睛太尖了，妈妈都没发现这个小问题，你自己却很快觉察到了，而且改过来了。这说明你自我监控的能力提高了，以后考试再也不会因为这种小问题扣分了。”

“你们老师说今天这套卷子挺难的，我刚才看你特别累，都想劝你明天再写呢，可没想到你却坚持把它做完了，真是个有毅力的孩子。”

这就好比给孩子内心注入了力量的种子，让它慢慢生根发芽，形成自我反馈、自我驱动的能力，那么在以后的学习中再遇到问题，不用你说，他自己就会激发出改进的力量。

二、坚持执行

孩子在养成一个良好习惯的过程中，行为反复和出现波动是再正常不过了。这时你要如何鼓励他把好行为坚持下去呢？这里就需要父母扮演一个助动器的角色，强制孩子坚持执行计划。

这里说的坚持和强制，可不是指父母因为不相信孩子坚持学习的能力，而通过打骂、发脾气和唠叨逼孩子执行计划。相反，这种坚持恰恰源于你对孩子的信任。你要让孩子知道，爸爸妈妈非常相信他，因为他有想要克服困难、坚持完成计划的态度和力量，爸爸妈妈会在他需要帮助时，辅助他来完成应该完成的任务。

在前面的章节中，我讲过一个人在做事时的三种心理需求：自主、胜任和关联。那咱们就来看看，父母如何在坚持让孩子执行计划的过程中满足孩子的这三种需求。

1. 坚持执行的行为，建立在事先和孩子定好的规则之上

建立规则，就等于给了孩子一个做出良好行为的指导规范。当你和孩子共同制订好了一个比较合理的学习计划后，还需要再和他商讨以下几个问题：

问题一：当你在完成任务的过程中遇到困难时，有什么方法可以激励自己坚持下去？

问题二：你希望妈妈用什么方式提醒你，提醒几次？

问题三：关于这个规则，你还有什么困惑或建议？

这三个问题其实就是让孩子知道，计划是基于他自己希望摆脱学习困难、达成目标这样一个内心需要而制订的，他才是这个计划的主体，所以孩子有权自己思考和选择他最愿意接受的应对方法。这会大大地满足孩子对自主和自我决定的需要，从而使他真正愿意为实现这个计划而承担责任。

可不要小看孩子的能量。在我经手过的案例中，大部分孩子都能自己提出有创意且适合自己的解决方案。比如，用计时的方法激励自己完成学习任务；当自己走神时，妈妈可以用轻敲3下桌子的方式提醒自己，等等。

那么，当孩子真正遇到问题时，你的提醒和帮助，因为是孩子自己经过思考提出的，他感觉受到了尊重，会更愿意去接受。

2. 态度严厉而坚定，理由充足而正面

当然，还有一种情况也很常见，孩子今天惰性上来了，经过提醒以后，还是不肯完成计划，该怎么办？

比如，今天电视上会播孩子特别喜欢看的电视节目，他无论如何都要先把电视节目看完再做作业。但这个节目时间长，看完以后，学习计划一定会泡汤。可孩子就坐在那里哭闹、磨人，不肯写作业。你要怎么办？

这时，你就需要使用强制的手段，帮孩子来执行。无论孩子怎么哭闹，你也不能发脾气，而且还要用坚定、严厉的态度告诉他：“你现在必须写作业，写完作业才是看电视节目的时间。其实你内心是想完成作业的，但又受不了电视节目的诱惑。电视节目过后还可以回看，可你一旦失去这次坚持执行计划的机会，内心就会对自己没有自控力而感到失望。所以，我一定要帮你执行这个计划。相信你完成之后，内心的快乐一定会超过看电视节目的乐趣。”

坚定的态度，充足的理由，而且每一点都让孩子了解到，这么做是真正能让他快乐的。那么虽然他的情绪会持续一段时间，但最终还是会平静下来，进入学习状态。

3. 让孩子体验战胜自我后拥有真正的胜任感

一旦孩子坚持下来，把任务完成时，你要怎么说？对，就是把你看到的他积极克制欲望、完成作业的这样一个行为反馈给他，让他感受到自己身上存在的那种努力坚持做事的能量。比如，你可以告诉他：“你看，你刚才那么想看电视，但还是抵制住了诱惑，先去写作业了，而且写得效率还这么高。你是怎么坚持下来的？能和妈妈分享一下吗？”

这时，孩子内心一定会有一种既欣喜又欣慰的感觉，他不但从自己的这个坚持中获得了胜任感和成就感，还感受到来自父母的支持和信任的力量。

希望家长们能将这些方式运用到实际中，帮助孩子更好地成长。

社会能力：培养孩子的社会适应性

社会高速发展，孩子能跟上这个时代的变化吗？

焦虑的父母们每天培养孩子这个技能、那个才艺，其实都治标不治本。

在这一章，我会跟你分享一些具体的方法，帮助孩子在日常生活中养成社会交往和社会适应能力，成为生活中的强者。这样，无论外界怎样变化，孩子都能自如地应对。

鼓励孩子竞争，还是合作

相信很多父母对培养孩子的竞争意识这个观念都不陌生，不是有句众所周知的口号吗，“要让孩子赢在起跑线上”，说的就是这个。

从幼儿园到之后的学校教育，我们经常会听见老师这样激励孩子：“看谁吃饭吃得最快”“看谁画得最好”“看咱们班谁得的小红旗最多”……更不要说，很多孩子都有过被父母拿来和“别人家的孩子”做比较的经历。

可以说，现代教育更多的是鼓励孩子去竞争。当然，竞争本身无可非议，我们都知道“物竞天择，适者生存”，人类的发展与进步本身伴随着竞争；更何况，在社会竞争日益激烈的大环境下，让孩子为面对未来的环境做好准备，也是多数孩子成长的必经之路。

但是，在教育界也存在着另外一种观念，认为应该让孩子学会合作，只有与人为善，从小拥有阳光快乐的心态，才能建立良好的人际关系，拥有真正的竞争力。

相信大部分父母既希望自己的孩子能够在未来的环境中具备出色的竞争力，同时也能够具备与他人进行良好沟通与合作的能力，受到群体的欢迎。关键在于，我们要怎么培养孩子的竞争力？父母应该鼓励孩子从小竞争，还是合作呢？

首先，你要知道，培养竞争力，并不等于过度强调竞争意识，否则，可能会给孩子带来以下三个方面的不良影响：

1. 既限制孩子认知能力的发展，又影响其做事的专注力

本书在前面的章节中提到过，人们在做事的时候有掌握目标和表现目标这两种目标定向。如果一个孩子被灌输过多竞争意识，他在做事时就可能更注重表现目标，只在乎成绩结果，不重视做事本身，一旦遭遇挫折和失败，很容易沉浸在挫折当中难以释怀。

这就是不少孩子在输掉比赛或考试失利后，会崩溃大哭，比较难以重新回到做事过程中的原因。从小被过度强调竞争，容易使孩子的思维趋向简单化，形成非赢即输、非黑即白的认知特点，难以把握事物的多面性。

另外，心理学研究发现，人在做事时，如果过度在意输赢或竞争对手，不仅给自己带来强大压力，还影响自己做事的专注力。这是因为大脑有个特点，就是遇到过强压力时，一个叫杏仁核的区域会产生强烈的情绪反应，使注意力分散到无关的情绪感受上，这显然会影响做事本身的效果。

2. 造成不必要的消耗，难以获得理想的结果

美国社会心理学家莫顿·多伊奇（Morton Deutsch）和他的同事们曾经做过一个著名的货车竞争实验。实验要求参与者分为两组，分别充当甲、乙两个货车运输公司的经理，各自操控自己公司的货车模型在游戏板上反复运输货物，任务目标是让自己的车以最快速度到达终点，速度越快，赚钱越多。

每个人都有两条路线可以选择，一条是距离较远的自己公司专属的备用路线，另一条是距离较近的便捷路线，必须两个公司共同使用。但是，共用的路线道路很窄，每次只能通行一辆车，要想双方都能通过，只能用合作的方法交替使用。多伊奇明确地告诉实验双方的参与者，虽然他们交替使用共用路线需要一点时间等待，但是也比走各自的备用线路更加经济有效。

然而，结果表明，多数参与者都不愿意合作，宁愿狭路相逢，僵持不下，最后导致实验双方在竞争中投入了更多的时间、精力，造成了不必要的耗损，反而都不能获得较高的分数。

这种现象在现实中并非特例。相信你也听过这样的案例，有的孩子为了能够在考试中取胜，在学校造成不学习的假象来迷惑同学，回到家却努力学到深夜，甚至在被窝中打手电学习，造成不必要的精力消耗，最后呢，并不利于自己学习能力的提高。

3. 影响孩子自我认识的发展，难以建立真正的自信

通过之前的章节，我们知道，孩子幼年时期对自我认识和准确评估的能力还比较缺乏，这时外界的评价对孩子的成长将会起到至关重要的作用。

如果过度和孩子强调竞争，不断地拿别的孩子和自己的孩子进行比较，孩子的注意力可能就永远在别人的身上，难以看到自己的优势和特点。一旦在竞争中输掉，很可能会认为自己很失败，进而形成自卑甚至嫉妒的心理。即使赢得比赛，也只能获得暂时的成就感。既无法发掘自己真正的潜能，也不能体会做事真正的乐趣。因此，更难以获得真正的竞争力。

说到这儿，你可能会问，多和孩子强调竞争，不利于培养他的竞争力，那么要怎么做才能培养孩子的竞争力呢？只是让他学会合作就够了吗？其实，竞争跟合作是相辅相成的，而非截然对立的概念。关键是，我们能否根据孩子的年龄段和能力特点，让孩子在合作中适应竞争，在竞争中学会合作。

我将从三个方面来和你讨论这个问题：

1. 帮孩子认识个体的独特性，学会与人合作

从小让孩子了解自己的优势和特长，是帮助他认识自己、接纳自己的很重要的一步。

作为父母，需要多利用一些机会，引导孩子认识自己的特点。你在每天和孩子读绘本的时候，可以结合绘本中的人物和故事，和孩子多聊一聊他对自己的认识。

例如，你可以指着绘本上的人物问孩子："咦，这个小朋友喜欢游泳，那么你最喜欢的运动是什么呀？"

或者你问："乔治的头发是什么颜色的？"孩子回答："黄色！"你接着问："那你的头发是什么颜色呢？"

…………

你可以从孩子的外貌、衣着、爱好、特长到性格，逐一引导孩子认识自己，让他知道自己有着与别人不一样的特点，而且，这些特点没有优劣之分。每个人都是独一无二的，没有绝对的可比性。

另外，你也可以给孩子布置一些必须和别人合作才能够完成的任务。多找一些周围的小朋友，和孩子进行一些小型的双人合作型比赛。如果两个人不能很好地协调合作，就无法取得胜利。比如，让他们用各自手中的积木搭出一座漂亮的城堡。那么，孩子们在合作时要怎么商量？当孩子想要的那块积木恰好在别人手中时，他要怎么去协调呢……这些都是孩子在与人合作中需要学习的。

2. 专注于做好事情本身，合理有效地利用资源

不可否认的是，孩子将要面对的社会确实充满了竞争，孩子也需要为未来的竞争做好准备。我们要让孩子在成长中积累更强的竞争力，要让他学会有效地利用自身的资源，专注于做好自己所进行的这件事本身。

前段时间我看了纪录片《福原爱，镜头下的四分之一个世纪》，影片讲述了被中国观众所熟识和喜爱的日本乒乓球女将福原爱的成长故事。

福原爱第一次参加全国比赛时只有4岁半，是年龄最小的运动员。毫无疑问，在打球上，她是有天赋的。小小年纪，扣杀就稳、准、狠，并且体力好，性格也非常坚韧。同样是乒乓球运动员出身的妈妈兼教练知道，女儿的短板主要在于年龄太小，注意力不够集中，很可能抓不住发球时机。

妈妈并没有像其他父母那样，不停地和女儿强调一定要赢，而是在女儿的手心里写下了只有她们母女俩才知道的暗号：集中、时机。就是这个暗号，帮助小福原爱战胜了一个又一个比她大三四岁的选手。

然而，在八强决赛中，福原爱却因为发球动作不标准，连连失分。她哭着跑到妈妈身边求助。这时妈妈是怎么做的呢？妈妈并不是简单地安慰她："你还太小，能打成这样已经很不错了。"而是告诉她："妈妈知道，让对手得分，你感到很难过。但是没关系，你只要去做做这个动作试试看——张开手，把球抛起来发球。"

尽管福原爱最终还是输掉了这场比赛，但是无论是她还是妈妈，都没有沉浸在这个失败中出不来。相反，接下来的一个月，妈妈带着福原爱苦练发球动作，终于掌握了快而有力的正确发球姿势。接着，她在家乡仙台市的乒乓球赛中，获得了生命中的第一个冠军。

我要说，福原爱最终能成为日本第一乒乓球手，不仅在于她有天赋，更在于她从小受到的教育。作为运动员，成绩和竞争固然重要，但更重要的是，专注于打球这件事本身：如何充分发挥优势，如何找到自己的短板和需要注意的地方，然后，用合适的方法拼命练习，直到做好。

3. 利用同伴教育，进行有效比较

相信不少人的童年都曾经有过一位共同的敌人——别人家的孩子。不少专家和教育书籍也会宣传，不要拿自己孩子的劣势与别的孩子的优势相比较，没有一个人是完美的。

但是，你还是会有疑惑，绝对不能拿孩子去比较吗？我要告诉你的是，比较本身没错，人只有通过比较，才知道自己在群体中的位置，发现优势和短板，激励自己不断地学习和提高。所以关键就在于，你要怎么比，比什么。

举个例子，一位妈妈带女儿路过公园的英语角，发现有个和女儿差不多大的女孩，可以用一口标准的美音，流利地和在场的外国人交流。

这个时候，妈妈想激励女儿学好英语，要怎么说？如果只是对她说“你看人家，和你差不多大，英语说得多好，你要向人家学习哦”，女儿听了，会受到激励，好好学习吗？并不能！为什么呀？

首先，妈妈夸别的孩子好，在女儿听来，言外之意是什么？你不好，不优秀啊。这个孩子要么会感到自卑，更加退缩；要么产生妒忌或逆反心理，因此，这些都不能鼓励孩子做出向别人学习的行为。

其次，妈妈把女儿和别的孩子做比较，比的是什么？是一个结果，或者说是英语说得好的表现。但她却没有告诉女儿，要怎样才能学好英语。这很容易让孩子在一个高远又模糊的期望中退缩，感到自己没能力做到。

所以，要想通过比较激励孩子学好英语，这位妈妈可以带着孩子走过去，和那个女孩以及她妈妈聊一聊，她是怎么学英语的，学了多久。中间一定遇到了很多困难，她是怎么克服这些困难的。遇到特别困难的时候，是如何坚持下来的。

当妈妈在和别人聊英语的时候，女儿有没有在听？其实孩子也会好奇，别人是怎么把英语学好的，所以她一定会竖着耳朵听。当她发现别人也会遇到和她一样的困难，但是对方通过努力和坚持克服了困难的时候，她一定会受到激励：“哦，原来每个人都会遇到困难啊！那么，别人能做到，我也一定能！”

这时，妈妈再对女儿说：“你看，小姐姐克服了这么多困难，所以，说得这样好。你愿不愿意也学习一些方法，努力坚持下去，到时候像小姐姐一样说得好呢？”相信孩子一定会愿意。为什么呀？因为妈妈强调的不是一个结果，而是如何努力学习，遇到困难坚持下去的过程。孩子受到鼓励，又有了具体的方法，这个比较就非常成功。

以上提到的这种方法，其实就是利用了教育心理学中同伴观察学习的理论。让孩子通过自觉的观察和比较，了解那些和自己有相似性的人，有哪些榜样行为是适宜的，值得被模仿和借鉴的。心理学研究发现，几乎所有孩子都会不自觉地学习那些和自己相像的人的良好行为。

这种方法可以用到孩子平时学习、生活的各个方面，让孩子通过和同伴之间的合作学习，取长补短，提升自己的能力，从而获得真正的竞争力。

二胎时代的和平共处三项原则

前些日子，一位相识多年的女友来找我咨询要不要生二胎的问题。虽然以她的家庭条件，负担两个孩子的养育费绰绰有余，她和丈夫也做好了要二胎的准备，但她非常担心要老二会让本来性格就相对敏感的 5 岁儿子受到伤害。

好友的担心似乎是有道理的。前段时间我就看过这样一篇报道，一个女孩因为学习问题被父母批评了几句，竟爬上 24 楼窗台，打算跳楼自杀，不住地喊："反正你们都有弟弟了，我跳下去也没人会伤心。"在赶来救援的民警的劝说下，女孩虽然暂时放弃了自杀的念头，却仍委屈地认为，爸爸妈妈只爱弟弟，不爱她，对她粗暴，对弟弟却总是很有耐心。

虽然这个事件只是个例，但不少爸爸妈妈也都和我提到过这样的问题：二宝出生后，老大经常会出现一些退行性的行为，比如，变得爱撒娇、爱哭，以前很活泼的孩子，突然开始胆小怕事。而且，两个孩子之间三天两头就发生各种争抢冲突，这让不少年轻的父母，尤其自己本身就是独生子女（我这位朋友就是如此），没有与兄弟姐妹相处过的父母非常发愁，不知道要如何处理这种同胞竞争的关系。

其实父母们大可不必过于焦虑，毕竟同胞之间的竞争再正常不过了。就像一些哺乳动物幼崽出生时会争抢着吃奶、抢夺食物一样，在人类从小到大的成长过程中，同样会为了争夺资源和父母的爱，和兄弟姐妹产生各种冲突。

德国的一项研究发现，年龄为 3 ～ 7 岁的兄弟姐妹间，平均每小时会争吵 3.5 次；而 2 ～ 4 岁年龄段的孩子，甚至每 10 分钟就可能和兄弟姐妹发生一次冲突。

这种令父母感到精疲力竭的竞争，对孩子未来情商的发展却是有重要意义的。虽然不可否认，对于头胎出生的孩子来说，弟弟或妹妹的到来，可能成为他们成长过程中一个重大的压力事件，他们会体验到不同程度的焦虑、委屈、妒忌和不安全感，但同时，也正是在和兄弟姐妹的交互适应过程中，他们不断学习如何化解冲突、共同协商与合作，这相当于为他们未来适应和处理各种人际关系，包括工作、家庭关系等，提供了很好的预备模型。

美国匹兹堡大学的一项研究也表明，在童年时期能处理好与自己兄弟姐妹之间关系的孩子，在成年后，确实比其他人有更强的社会适应性和人际交往能力。

那么，怎么才能让自家的孩子很好地处理彼此间的关系呢？这里，我总结了父母需要掌握的三项基本原则，送给父母作为参考：

原则一：事先准备，争取大宝的全面合作

朋友问我，准备要二宝之前，该不该和大宝商量？答案是必须的。大宝年龄再小，也是家庭成员之一，他有权对这个家庭和他的生活将要发生的巨大变化发表意见。更何况，和大宝商量的过程也是在帮他做心理建设的过程，父母刚好可以利用这个机会争取大宝的全面合作。

“可是，如果大宝说不想要弟弟或妹妹，是不是我们就不能生了？”朋友弱弱地问。

“当然不是。”我笑着回答。刚才说过，要二宝之前和大宝商量，这是为了通过了解大宝的内心想法和需要，帮大宝做好心理建设，但这并不意味着大宝可以操控父母生育的权利。即使大宝说不想要弟弟或妹妹也没关系，你可以把这当作一个帮助大宝适应压力和变化的好时机，从备孕、怀孕到二宝出生，还有很长一段时间，父母可以尝试利用生活中的各种机会，帮大宝理解和接纳“即使有了弟弟或妹妹，爸爸妈妈对我的爱也丝毫不会改变”这个道理。

怎么才能在二宝出生前，就为大宝做好这个心理建设呢？这里的心理建设可以包括以下三点：

1. 让孩子全面了解有弟弟或妹妹意味着什么

有的父母为了能让大宝开心地接受弟弟或妹妹，可能会和他描述不少小宝宝出生后的好处，比如，“以后随时都有人陪你玩啦，开不开心？”或者“你当哥哥后，就有人听你指挥啦！”这当然可能会提高孩子对新生儿的期待程度，但是同时，你也需要让孩子对弟弟或妹妹可能带来的一些问题做好思想准备。所以，建议父母向孩子客观地描述弟弟或妹妹出生后可能会出现的状况。

比如，要让孩子知道：妈妈怀孕后，肚子会越来越大，不能再像以前那样总能把你抱起来了，但是爸爸可以抱你，妈妈也会搂着你；小婴儿出生后，随时会哭，可能会有些吵；小婴儿什么都不能自己做，所以爸爸妈妈就需要分出不少时间去照顾他。有时，你可能会感到自己被忽视了，甚至会以为“妈妈是不是不再爱我了”。当你这样想的时候，你一定要第一时间告诉妈妈，妈妈会让你知道，我们对你的爱永远都不会改变。

对于年龄较小的孩子，父母可以用他最容易接受的方式来表达，例如，通过相关的绘本或游戏，和孩子讨论有了弟弟或妹妹后的生活会是什么样的，甚至可以和孩子一起演练怎样照顾小婴儿。你也可以和孩子讲一些他小的时候，爸爸妈妈怎么照顾他的一些趣事；拿出他小时候用过的东西，告诉他每样物品的故事。

这样，孩子就对小婴儿的出生有了相应的心理准备，不至于因为二宝出生后会吸引一部分大人的注意力，而产生严重的心理落差。

2. 让老大全程参与二宝的出生

通常，大宝和父母的情感联结越紧密，对二宝的接受程度也会相对越高一些。这就要求父母在为二宝出生做准备时，千万不要把大宝排除在外，而是要让他也参与进来。他会知道：我和爸爸妈妈是一伙儿的，我们要共同迎接这个小孩子的到来。

例如，你可以让大宝参与二宝的起名过程，甚至把给二宝起乳名的任务完全交给大宝。二宝出生后，你给二宝喂奶、换尿布时，条件允许的话，也让大宝在一旁观看，告诉他，他小的时候，妈妈也是这样抚养他的。你还可以让大宝帮忙做一些力所能及的事情，例如，对于年龄小的孩子，可以让他帮妈妈拿东西，或丢掉二宝用过的尿不湿；大一些的孩子，甚至可以帮忙清洗奶瓶、玩具等。

在这个过程中，大宝不但可以充分体验到自主感、成就感，以及来自爸爸妈妈的信任，也能很快地接纳弟弟或妹妹。

3. 建立同胞情感联结

建立孩子之间的情感联结，同样也应从二宝尚未出生时就开始。爸爸妈妈每天要留出一点时间，有意识地引导大宝和肚子里的弟弟或妹妹打个招呼、对对话、唱唱歌。或者拉着大宝的小手，放在妈妈肚子上，让他亲自体验胎动的感觉。在二宝出生时，也要提前给大宝准备一份礼物，祝贺他从此成为哥哥或姐姐。

原则二：让每个孩子感受到父母独一无二的爱

不可避免的是，二宝出生后，全家人肯定会把相当一部分的时间和精力转移到二宝身上。即使事先帮大宝做足了准备，他内心的失落多少还是会存在。

有的孩子可能会变得喜欢撒娇，情绪容易低落。有的孩子则直接反复追问："你喜欢弟弟多一些，还是喜欢我多一些？"

这可是个亘古不变的两难问题，你要怎么回答？如果你只是说"你俩我一样喜欢，谁也不偏"，这对孩子来说，肯定不是个满意的答复。人家为什么要这么问你？当然是要确定自己的价值，获得关注啦。所以你一定要让孩子知道，你对他的爱是完整的、唯一的。

爱的重点是质量，不是平等。父母不可能把爱绝对平均地分给每一个孩子。但是，你可以给予每一个孩子专属的、全部的爱。

无论是和大宝还是和二宝相处，你都要向他传递一些有关他的正面信息，让他知道自己的独特之处。比如，对老大说："你是一个爱动脑筋、会弹琴又爱运动的好宝贝，对我们来说，你是独一无二的。"和老二单独在一起时，也可以告诉他："你的想法总那么幽默独特，做事还特别能坚持。在妈妈心里，谁也不能和你比。"

平时即使照顾二宝再忙，也要每天留出一点时间和大宝单独在一起，时间不一定很长，哪怕半小时甚至更短的时间都可以。和孩子散散步，讲个故事，听孩子唱他喜欢唱的歌。让孩子知道，无论怎样，爸爸妈妈对他的爱永远不变。

原则三：不过分参与冲突，引导孩子学会合作与协商

我在前面提到过，在两个孩子共同成长的过程中，发生冲突的情况几乎难以避免，这个时候，爸爸妈妈要怎么处理呢？

不少父母会觉得，大宝比二宝大好几岁，打起架来二宝肯定吃亏啊，这不公平。所以父母很有可能会对大宝说："你是姐姐，不会让着弟弟吗？"

说出这样的话，就等于踩了两个孩子相处的"雷区"。时间一长，会给大宝带来"我不被重视"的感受，让他产生自卑的心理；同时还加深了两个孩子之间的矛盾，大宝可能会在背后把不满情绪发泄到二宝身上，而二宝呢，也学会了遇到任何问题都找大人告状的行为，形成一种恶性循环。

相比起"强迫孩子谦让"，还有些父母会走向另外一种极端，在孩子之间追求绝对公平：分一块蛋糕，要两个孩子绝对平等，非得切得一丝不差；给一个孩子买了玩具，给另一个也要买同等价格的礼物。

问题是，谁能保证绝对公平呢？有时，父母执着于"绝对公平"而产生的焦虑情绪会影响到孩子，你越想把关注点放在"体现公平"上，孩子反而因为受到你焦虑的暗示，越有可能发现不公平的地方，引起冲突。所以应该坚持的原则是，不过分参与孩子的冲突，而是引导他们通过这些冲突，逐渐学会用合作和协商的方式解决问题。

举个例子，两个孩子为争一个玩具起了冲突，这时你会怎么办？

首先，冷静旁观。两个孩子之间发生争执和吵闹的现象太正常了，但通常他们大都可以自己找到解决的方法，父母过早介入，反而会破坏掉孩子自己处理冲突的过程。所以，当发现孩子争吵的时候，你先不要急着介入，而是不动声色地观察一下，看看事态的发展。很多时候，孩

子在没有成人干预的情况下，往往会激发出令人意想不到的解决问题的智慧。

其次，舒缓情绪，确认问题。如果孩子的情绪很激动，比如，哭得很厉害，或者出现伤害对方的行为，这时父母就有必要介入了。还记得咱们之前讲过，如何面对孩子发脾气吗？在孩子情绪都很激动的时候，父母绝不能扮演法官的角色，简单地评论对错，因为此时孩子根本听不进你的评判，你也无法帮他们学会正确处理关系的办法。

这个时候，你只需要及时制止孩子之间相互伤害的行为，给他们一个平复情绪的时间。比如，你可以通过和孩子一起描述情绪的方式，让他们知道自己的感受可以被看到，并且明确究竟发生了什么问题：

"你特别生气，因为哥哥没和你说就把你的娃娃拿走了……"

"你想和弟弟讲道理，但是他不听你的，还打你，你很伤心，是吗？"

你把孩子的感受用语言描述出来，这本身就是帮孩子缓解压力的好方法。在这个过程中，孩子可以逐渐学会用合适的语言表达需求，而非通过哭闹和打人。

最后，引导孩子通过协商解决问题。

我们已经知道，父母绝不能在孩子面前充当法官，直接评判孩子的行为，比如，对老大说："你不给弟弟玩，不大方，以后弟弟有什么也不给你玩。"或对老二说："你有自己的玩具，为什么老抢姐姐的？"

相反，你要引导孩子最终掌握解决问题的技能。这时你只需要对两个孩子描述事实，引导他们共同商量解决的办法。比如，可以让孩子做个假想游戏，对他们说："你们都想玩这个玩具，如果这时妈妈不在家，没人帮你们，你俩打算怎么做？"

你也可以以物品的所有权为依据，教给孩子一些和睦相处的礼仪，比如，对弟弟说："这个娃娃是姐姐的，你要想玩，应该和姐姐说什么呀？"

通过以上这些方式，引导孩子找到轮流玩游戏、共同分享物品的好方法。

其实，家里有两个以上孩子的父母都会有这样的体验，就是孩子们能在这种不断的“相爱相杀”中建立起稳定的情感联结。良好关系的建立，并非完全回避冲突，相反，人和人之间的相处就是在处理各种冲突中，既相互珍爱、相互包容又维护双方的权利，让每个人都能在这个关系中体验到美好的感觉。这就是孩子从小在与兄弟姐妹相处中获得的最珍贵的人际经验。

内向孩子的社交术

我有位朋友的儿子性格相对内向，喜欢一个人安静地玩。在学校里，基本只和要好的一两个孩子玩，上课时，虽然老师教的内容他都会，但几乎没有主动举过手发言。所以，每次见面，这位朋友总忍不住要唠叨几句儿子的问题，担心孩子这么内向的性格，将来在社会交往上吃亏，不讨人喜欢。

的确，内向的孩子看起来确实不如外向的孩子合群，对环境的适应速度似乎也不比外向的孩子快。但是，内向孩子的社交能力一定就差吗？家有内向娃，如何帮助他培养社会交往能力呢？

性格的内外向指的究竟是什么

首先，咱们先来看看什么是内向，内向孩子的特点又是什么。

其实，我们所说的内外向，主要指一个人获得心理能量的渠道。外向的人，注意力和精力大都指向外界客体，他会通过参与大量的活动，和周围的人进行互动，来获取精神力量和心理满足。这类活动包括群体游戏、聚会等。

内向的人呢，恰恰相反，他们获得精神力量的渠道主要是自己内在的精神世界。所以，他们往往通过自己独立思考、静静地看书，或做自己喜欢的事情，就可以获得心理满足。

从这个定义上来看，你发现了吗，一个性格内向的孩子之所以喜欢独处，并不是像传统上很多人认为的那样，是因为害怕社交，担心别人不喜欢自己。恰恰相反，他在此时此刻，觉得自己需要独处，并且能够通过独处获得乐趣和满足。

此外，人的性格的内外向，也和自主神经系统的两个分支——交感神经系统和副交感神经系统的倾向性有关。交感神经系统负责唤起我们的身体反应，使身体变得兴奋；副交感神经系统呢，负责降低人的身体反应，使反应的动作减慢。由于这两种神经系统的功能刚好相反，一种被激活时，另一种就会得到相应的抑制。

通常来说，外向者的身体更倾向于使用交感神经系统，只有强烈的刺激感受，才会让他感觉更舒服。比如，和一群孩子追逐打闹、吵吵嚷嚷。而内向的孩子呢，偏向副交感神经系统，即他正处在一个兴奋状态中，这时候一个新刺激的出现，例如，陌生人的闯入、父母的训斥等，都会触动副交感神经系统，使他的情绪体验迅速减弱。

如果你的孩子性格相对内向，不能很快地加入一项活动中，千万不要强迫他，这可能是某种因素促使他的神经系统难以进入兴奋状态，所以需要给他一段时间去适应。

内向孩子的潜在优势

不少家长可能会像我前面说的那位朋友一样担心，虽说喜欢独处是孩子自己的选择，但是内向的性格会不会对他的人际关系和社会交往造成障碍呢？哎，先别着急下结论，其实内向性格不但不会使孩子在人际交往中处于不利地位，甚至还有不少优势呢。具体如下：

1. 善于观察和思考

性格内向的孩子，往往有着丰富的内心世界，非常善于观察和思考。这使他们在与人合作中，总是能够提出有创意的想法和解决方案。

我前面提到那个朋友的儿子，经常一个人花很长时间观察昆虫，然后把观察到的现象和自己的想法说出来，不断向父母提问，父母也给他买了不少有关昆虫和其他动物的书籍，引导他去查阅。老师知道这件事后，就在班里组织了几个观察小组，写观察日志。结果，这个男孩所在小组完成的观察日志，总是班里最受欢迎的。

2. 创造力和想象力

内向的孩子，也经常显示出更强的创造力和想象力。这些能力可以帮助他们，在群体中获得自信。

我看过一部纪录片，叫作《关键的 7 岁》，讲的是澳大利亚的一项纵向研究项目，通过对 11 名儿童的跟踪观察，从气质与个性的角度，探讨影响孩子成长的关键因素。

片中，一位名叫 Ben 的小男孩令人印象深刻。Ben 的性格内向，由于早产，他的语言发育也相对迟缓。但是，Ben 找到了另一种表达想法的方式——非凡的创造力，他在科学、手工课上总能设计出令人眼前一亮的作品，这让他在同学面前有了表达自己的机会，也为他赢得了内心的掌控力。

3. 同理心能力

研究发现，内向的孩子会比外向的孩子更容易设身处地地感受他人的处境，显示出较强的同理心能力。

我们知道，同理心是一种重要的社交技能，也是人们建立良好人际关系、获得友谊的重要条件之一。本书在前面有关同理心的那一章节中分享过一个小姑娘的例子，这个孩子身形瘦小，性格也相对内向，却凭着良好的同理心能力，成为班里最受欢迎的孩子之一。

可见，性格内向，既不等于胆小羞怯，也不意味着孤僻自卑。只要能够获得合适的帮助和引导，内向的孩子不但能够发挥出他们思维上的优势，而且能在群体中找到自己的位置，建立自信心。

给内向孩子父母的三点建议

如果你家恰好有个性格内向的宝贝，我给你准备了三点建议，供你参考：

1. 建立尊重信赖的亲子关系

很多内向的儿童表达情绪的方式会比较内敛，这或许给人一种乖巧独立的感觉，但并不等于他们不需要大人支持和抚慰。相反，内向的孩子可能因为心思更细腻、敏感，需要父母更多的耐心和理解，父母既要接纳和欣赏孩子的个性，又要帮他们寻找到最合适的方式，逐渐建立与外界的交流渠道。

前段时间有一部比较火的纪录片《零零后》，里面有两个内向性格的孩子：锡坤和一一，他们各自家庭不同的教育方式，对他们的成长造成了截然相反的影响。

小男孩锡坤的妈妈可谓是一位称职的母亲。可能由于锡坤从小好奇心重，既喜爱探索又容易闯祸，妈妈总是一刻不放松地关注着儿子的一举一动，事无巨细地照顾他，甚至可以说她几乎把全部生命都用来照顾儿子了。由于担心儿子过于内向的性格将来在社会上会吃不开，妈妈试图通过一次次强迫儿子在同学面前表演魔术帮儿子树立自信，但事与愿违，妈妈的焦虑、不接纳反而让儿子失去了自我成长的空间，增加了他的紧张和羞愧感。

与锡坤形成鲜明对比的是，小女孩一一虽然也是个内向的孩子，但她从不因为自己内向而自惭形秽，相反，她从小就能在独处中怡然自得。当记者问她："别人都有好朋友，为什么你不需要呀？"当时只有 3 岁的一一回答："每个人都有自己的选择。"你很少见到那么小的孩子，眼神里却能透出如此独立和坚定的光芒。从这个孩子身上，你几乎能想象出父母的教育带给她的力量。

一一的父母本就是安静并喜欢独处的人，所以他们对女儿的性格很接纳，并不刻意改变她，允许她按照自己的节奏慢慢适应，在孩子需要帮助的时候，又能及时陪伴，给予引导和启发，为孩子走出困境提供助力。一一从小做事就慢慢的，一个人按照自己的节奏看书、弹琴、吃饭，即使别的小朋友都吃完了，只剩她一人，她仍不改变自己的节奏，从容地咀嚼着饭菜。

后来，随着一一长大，她有了自己的朋友，并且开始享受和朋友畅所欲言的时光，但是那份恬静、淡然、知性、有自信的气质永远不会改变。

你看，亲子之间建立的这种充满尊重、安全和信赖的情感联结太重要了。这种关系，不是说你要时刻关注孩子的一举一动，而是在尊重和接纳孩子天性的基础之上，既不怀疑孩子，又不与其他孩子盲目攀比，并用各种方式让孩子知道，他需要你的时候，你就在身边；有问题时，他可以随时向你求助。

比如，你可以和孩子约定几个只有你和他两个人才知道的暗号，可以是一个口号，或者一个特殊的手势，来表示他的求助；或者，你给他一个什么手势，这个手势代表放心，让他感到心安。

另外，内向的孩子可能比外向的孩子更需要亲密交流，通过与爸爸妈妈或其他和他形成安全联结的抚养者交流，内向的孩子会逐渐找到合适的方式，表达他的意见和想法。

作为父母的你，每天无论多忙，都一定要抽出时间和孩子沟通，听听他的感受和意见。比如，鼓励他给你讲讲最近他正在痴迷的恐龙的故事。你可以用很虚心的态度向他请教，翼龙的习性是什么呀？它是鸟吗？有多大……在和孩子对话的过程中，你需要尽量把速度放慢，留给孩子思考问题的时间。

通过这些方式，孩子内心的安全感会更加稳固，他会把这种安全稳固的心理联结，作为他在未来理解和适应人际环境的参考基础。

2. 帮孩子找到最合适的表达方式

我曾经看过一部电影《寻找梦幻岛》，在影片中，剧作家詹姆斯·巴里与一个有四个调皮男孩的家庭交上了朋友。四兄弟中的老三彼得是个性格内向、不太合群的孩子。

巴里发现彼得对写作很感兴趣，就专门买来一个日记本，鼓励彼得把他所有的想法都写下来。在巴里的鼓励下，彼得真的开始尝试写作，还用他自己创作的剧本，和兄弟们共同排演了话剧，在兄弟们当中找到了自己的位置。剧作家巴里以彼得为原型，创作出了他最著名的作品《小飞侠》。

其实，每个孩子都是渴望与人交流的。孩子是否能充满自信地融入到社会交往的过程中，一个很重要的条件，就是他是否能够在人际交往中感到自信和放松。作为父母，如果能鼓励孩子发展自身的兴趣，就是为他在人际交往中找到属于自己的位置打通了渠道。

3. 给孩子充分准备的时间

研究发现，内向的孩子在做事之前，需要有足够的时间去思考和想象即将发生的事情，这能为他顺利融入一个社交环境做好足够的准备和心理调整。所以，在进入一个社交环境之前，给予孩子充分准备的时间是非常必要的。你可以分两步来为他创造准备的时间。

第一步，安排日程和计划，提前做准备。

当孩子可能面临一个新环境，这个环境是他平时生活中不太熟悉的，你一定要提前 2 ～ 3 天告诉孩子，他可能会遇到什么人，可能会发生什么情况，并和他讨论，遇到这些情况时，要怎么去处理。

举个例子，假如周末你要带孩子去一个朋友家做客，你要怎么做？你可以事先就和孩子商量："我们要去看一个阿姨，这个阿姨是你认识的，上次过生日还送过你礼物。她家有个小哥哥，他有很多小汽车的模型，你可以和他一起玩……"

为了帮助孩子适应这个环境，你需要和孩子一同做计划，例如，一同挑选送给小哥哥的礼物。同时，你也可以问问孩子："对于这次活动，你有什么担心的地方想和妈妈讲吗？"如果孩子说："如果小哥哥不让我玩他的玩具怎么办？"你就可以事先和孩子商量出遇到这种情况的解决办法，降低孩子对未知情况的焦虑感。

第二步，提供熟悉的人和环境，逐渐适应。

另一个帮内向孩子适应环境的方法，就是在征求孩子的意见后，邀请孩子相对熟悉的朋友一起来家里玩，或组织相邻的家庭共同出游。

由于内向的孩子更喜欢一对一的交流，所以一开始最好只邀请一个小朋友。你可以给每一个孩子都安排特别的任务角色，比如，让孩子轮流当老师，把他最擅长的知识教给别的小朋友。在这个过程中，孩子会更加放松地展示自己的能力，因而会变得更自信。渐渐地，孩子也就能把和亲近小朋友交往的经验运用到和其他孩子交往的过程中，逐渐适应新环境，让自己成为一个更加多样化的人。

激发孩子自身的力量，让“小受气包”强大起来

我咨询过一个 7 岁的男孩，他身形偏瘦，眼睛又圆又亮，一副很机灵的样子。但是，男孩的父母却很发愁地和我说，孩子在学校总受欺负，当别人打他、捉弄他的时候，他只有一个对策：哭。结果这一哭，反而招得其他孩子更容易欺负他。时间一长，男孩甚至有些厌学了。

对于儿子受欺负的事，男孩父母的观点也不一致。妈妈认为，儿子入学比别的孩子稍早，长得瘦小，性格也相对胆怯，长大一些自然就会好了。但是学校有责任采取相应措施，严厉惩治欺负人的现象。而爸爸却认为妻子太娇惯儿子了，男孩子就应该勇敢一些，遇事不要总哭哭啼啼的，谁欺负你，你就打回去，对方也就不敢再欺负你了。

孩子在学校受欺负，究竟该让他打回去，还是采取措施保护他？这也是令不少父母感到纠结的问题。这一节，我就来和你聊聊，孩子在学校受了欺负该怎么办。

欺凌对孩子的成长影响巨大

首先需要明确的是，孩子儿时受欺凌的经历，包括认为自己受欺凌的经历，对他成长的影响将是巨大的，父母绝对不可以忽视。

英国伦敦大学国王学院的一项研究表明，孩子在入学早期受到同辈的欺负或伤害，会极大地增加他将来在遇到挫折时自我伤害的风险。因此，在发现孩子受欺负时，父母一定要及时引导他学习预防和应对的措施，避免这种经历可能给孩子带来自我认识和人际交往上的伤害。

爸爸妈妈需要先问问自己：我接下来要采取的措施，只是为了解决自己对孩子受欺负这件事的不满情绪，还是要让孩子逐渐增强自我保护和解决问题的能力，有勇有谋地捍卫自己的尊严和权利？你一定会选后者，对不对？

我们在面对孩子受欺负事件时，要避免两种态度：

- 避免过度怜悯和过度保护。

容易被欺负的孩子，往往具有在家娇惯、依赖性强、缺乏解决问题能力等特点。有的家长一听说自己孩子受了委屈，可能事情还没搞清，就着急去找对方家长理论。有的家长可能还会这样劝孩子：“宝贝太可怜了，他们怎么能这么欺负人呢？以后离他们远点儿，尽量在家玩吧！”

这种做法能确保孩子不受欺负吗？并不能。这不但会增加孩子的依赖性，让他相信“我就是胆小懦弱，别人都爱欺负我”，会使孩子变得更加自卑和退缩，而且还可能造成孩子在同伴中被孤立的局面。

- 避免不问青红皂白，一味地叫孩子“打回去”。

孩子受欺负后，哭着来找你，不少父母既心疼，又怒其不争，这气一上来，出口就对孩子喊："他欺负你，你就还击啊！什么主意都没有，就知道哭，别人能不欺负你吗？"

可想一想，孩子受了欺负，回来找你帮忙，这就是他的主意啊。你是孩子最信任的人，他在遇到困境时只能向你求助。这时，如果父母既不给孩子支持和安慰，也不给予具体指导，反而训斥孩子，直接叫他"打回去"，可能会导致什么后果？

要是孩子真打回去，并且打赢了，这或许会暂时帮他摆脱受欺负的状况，但也会让他养成用武力解决问题的习惯，增加孩子的攻击性行为，对人际交往反而不利。更糟的是，如果孩子没打赢，又不敢再向你求助，再面临欺凌时，他缺乏求助的对象，就会产生更多的退缩和逃避行为。成年后，他可能只会用退缩的方式面对问题。

读到这儿，你可能会问，对孩子保护太多不行，直接让他打回去也不行，那要怎么做，才能让孩子不受欺负呢？这需要父母激发孩子自身的力量，让他真正变得强大起来。你可以通过以下四步来完成：

一、做好预防，给予孩子支持和力量

只要是在学校或其他你监控不到的环境里，孩子在人际关系里面临的伤害都是未知的，但是你仍然可以通过一些预防措施，让孩子尽量少遭遇伤害。主要有以下三种措施：

1. 让孩子理解哪些行为代表"不友好"，如果遭遇，一定在第一时间告诉父母

小年龄段的孩子面对欺凌，可能会感到不知所措，甚至认为是自己的错，不敢告诉父母。这就会给霸凌者（包括成人和其他强势儿童）创造更多机会，对孩子施加伤害。

所以你一定要让孩子清晰地了解到，别人具体什么样的行为代表不友好，例如，不经允许，突然抢走他的私人物品不还；故意凑到面前吓唬他、嘲笑他；对他进行身体伤害，使他感到恐惧、难受；碰了他身体的哪些不能碰的部位……一旦发生这些事情，绝不能容忍，一定要在第一时间告诉爸爸妈妈，然后你们一起想办法，共同解决这件事情。

2. 让孩子知道，遭受不友好的行为，不要感到羞耻，这不是他的错

在孩子成长的过程中，看绘本和动画片都是非常有效的引导方法。父母可以借助绘本和动画片，让孩子了解那些欺负别人的人的内心状态。有位妈妈告诉我，她 6 岁的女儿最喜欢动画片《疯狂动物城》，于是她就买了一套迪士尼出版的《疯狂动物城》绘本送给女儿，作为孩子每天的睡前读物。在故事中，小兔子朱迪小时候时常受到小狐狸吉丁的欺负，但吉丁直到长大后才承认，他之所以爱欺负人，其实是他内心不自信。

通过这个故事，妈妈告诉女儿，欺负人的人，自己心里也会感到害怕，感到不舒服。后来有一次，女儿在班里被调皮孩子欺负，她真的就在心里不断地告诉自己："你不会伤害到我，我很强壮，你才是那个弱小的人。"当孩子有内心的声音做支持，真的会变得坚强起来。

3. 让孩子长期加强体格训练

容易受欺负的孩子，大多数不仅体形过于瘦小或偏胖，而且体能比较弱，性格上也相对缺乏自信。所以，加强孩子体能方面的锻炼，是非常好的提升力量感和建立信心的途径。你可以让孩子选择一些适合他的提升体能的锻炼项目，比如，参加跆拳道课程可以提升协调能力，增强自信；参加篮球训练可以增强孩子的反应和判断能力，并学会与人合作。

孩子在锻炼一段时间后，就可以鼓励他借助体育课或联欢会的方式，在小朋友面前表演一下，这不但会给他自己增添自信，也会对爱欺负人的孩子起到很大的震慑作用。

二、引导孩子阐明问题，辨清情绪和需要

孩子在学校受了委屈，父母要做的第一件事是什么？是迫不及待地去帮孩子解决问题吗？绝不是。在解决问题之前，有一个重要环节可不能落下，那就是要搞清楚这件事的来龙去脉，以及孩子对这件事的感受和需求，再以此为依据，寻找解决方案。

首先，引导孩子阐明事件情况。

怎么询问孩子事件的原委，这也是个技术活。儿童很容易受成人暗示的影响，如果父母经常使用暗示性语言询问孩子，例如，“是不是有人欺负你了？”或者“学校有人打你吗？”孩子就很容易形成“受害者心理”，和同学相处时，会无意识地寻找自己被伤害的线索，同学推搡打闹时碰了他，一句无心的玩笑，都可能被孩子当成自己受欺负的证据。

建议父母发现孩子不太开心时，只针对他的情绪直接询问：“你看起来心情不好，好像很生气哦，能告诉妈妈，今天遇到什么事情了吗？”如果孩子当时的情绪比较激动，无法叙述事情的经过，父母就需要先停下来，抚慰一下孩子激动的情绪，比如，把孩子抱在怀里，轻拍他的胳膊和后背，告诉他：“你看起来很生气，也很委屈。但是没关系，妈妈会一直陪着你。”直到孩子平静下来后，你再去了解事情的原委。

对于年龄小的孩子，他可能难以具体地描述他遇到的问题，你可以使用游戏的方式从侧面了解孩子的遭遇。比如，如果你想了解孩子和小朋友相处的状况，就可以和孩子玩“幼儿园”的游戏，找几个乐高小玩具扮演孩子自己和小伙伴，在这个过程中，你可以故意制造出一些问题，比如，小伙伴们都想要同一个玩具，看看孩子在游戏中是如何反应和处理的。由

于孩子很善于无意识地模仿，你也就大致了解到他在学校的情况了。

接下来，辨清孩子的情绪取向和心理需求。

孩子对人际冲突事件的情绪感受，会直接影响他对这件事的处理方式和自我评价。在引导孩子解决问题之前，父母需要了解孩子真正的情绪反应和内心需求。

前面提到的那位经常受欺负的男孩的妈妈，给我讲过这样一个例子：一次儿子放学回来，哭着说同学抢了他的新帽子玩，他向那个同学要，对方却把帽子扔在地上，还踩了两脚。这时，妈妈要怎么对孩子说？

如果我是男孩的妈妈，会首先弄清孩子不开心，是因为心疼自己的新帽子，还是因为别人抢了帽子而感到委屈和伤自尊。针对物品，我会问孩子："你的帽子被别人踩脏了，你很心疼是吗？"针对自尊，我会问他："他们这样抢你帽子，你很生气，觉得他们不尊重你，对吗？"

弄清楚孩子的情绪指向和心理需求，你才能更有针对性地和孩子共同寻找满足这个心理需求的方案。

三、共同寻找解决方案

在这个过程中，父母要坚持两个信念：第一，始终让孩子感受到父母对他的支持，父母会一直站在他的身边，给足他安全感和信任；第二，注重激发孩子自身的力量，让他学会保护自己，捍卫自己的尊严和权利。

我们首先要问孩子，他希望爸爸妈妈怎么去帮助他。小年龄段的孩子，往往需要大人进行干预，比如，直接找到对方孩子和他的家长，问明情况，及时调解两个孩子的关系。

孩子再大些，会直接表达自己的愤怒，希望找回自己的尊严。这时，你需要教给孩子一些面对欺凌时的应对策略，比如，直视对方眼睛，放大声音坚定地告诉他：“这是我的帽子，你马上把它还给我，不然我就告诉老师了！”或者“放手，我叫你放手，否则我就不客气了！”这时，孩子要尽量声音大、气势足，并毫不胆怯，这不仅能起到震慑对方的作用，也会给自己增添很大的自信和底气。

当孩子有了足够的判断能力，你还要教给他一些预判冲突、躲避危机的方法。例如，在班里一定要有一两个关系比较铁的朋友，平时多和好朋友在一起玩；记住并且避开那些喜欢欺负人或脾气容易暴躁的同学，一旦看到他们朝自己走过来，尽量快地跑到人多的地方去。

四、日常多加练习

刚才我们说的对付欺凌的方法，只是简单地教给孩子还不够，还需要通过不断练习，让孩子真正地体验和掌握。不少容易受欺负的孩子本身性格比较胆怯，建议你通过角色扮演的方法，制造一些假设的场景，让孩子不断练习如何应对。

比如，拿玩具熊当作霸凌者，让孩子练习如何勇敢、大声地制止对方的行为。在这个过程中，要让孩子不断去熟悉自己这种坚定、有气势的感觉，并体验这种感觉带给自己的能力感和自信心。如此一来，在真正遇到问题的时候，孩子才更容易释放出他自身的力量，让自己逐渐强大起来。

自我认同，让孩子拥有自我保护的心理能量

对父母们来说，除学习外，孩子的身心健康、安全问题一直是大家最操心的事。之前国内外相继报出一些令人震惊的新闻，这些触目惊心的事件都有一个共同的特点，就是受害者身心所遭受的伤害时间久、程度深，对性格和生命的影响巨大。

我的朋友圈中，有相当一部分人都是教育工作者，大家经常会从各个方面讨论该如何教孩子学会自我保护，例如，告诉孩子如何识别坏人特征，隐私的地方不许任何人碰，遇到危险如何逃脱，如何找人求助等，足以说明现在的教育者对儿童安全的重视程度。但这并不是说，我们对孩子的安全教育已经做到位了，相反，相当多的家庭对孩子的安全教育仍是不足的，需要从更多的方面给予重视。除了安全知识以外，我们要让孩子拥有自我保护的心理能量，要注重对孩子性格的培养，让孩子成为独立自信、有主见的人，这些都是让孩子免遭坏人控制的重要前提。

培养孩子正向的自我认同

自我认同是一个人对自我价值形成的一种稳定的判断、感受和认可程度，是情商高的重要标志之一，也是自信心和自尊感形成的基础。一个拥有充分自我认同的孩子，在面临外界无端的指责、言语的侵犯时，不会轻易受到影响，从而陷入自我怀疑和自我贬低的旋涡中。

培养孩子自我认同感，可以通过让孩子学会自我激励来实现。提到自我激励，有些父母可能会不以为然，觉得不就是夸奖孩子吗。有位爸爸干脆给我留言说："我觉得现在的孩子之所以那么脆弱，老师、家长批评两句就大哭大闹，甚至跳楼自杀，就是因为被夸得太多了，最后恃宠而骄，经不住一点打击。"

这话听上去有些道理，但自我激励并不等于夸奖，导致孩子脆弱的也不是"被夸"本身，而是以控制孩子行为为目的的虚无的夸奖，让孩子失去了自我认同能力。真正的自我激励，既不是盲目自信，也并非自吹自擂，而是让孩子在做事的过程中随时都能捕捉到积极正向的情感体验，看到自己努力的价值，对自己的能力充满信任。

举个例子你就更清楚了。期末考试成绩公布后，小男孩沛沛眼泪汪汪地回到家，对爸爸说："同学们都嘲笑我，说我是假的数学之星，磊磊才是真的数学之星。"原来，沛沛的数学成绩一直是班里的第一名，他自己也非常喜欢解数学题。但这学期新转来一个叫磊磊的男孩，数学和沛沛不相上下，这次期末考试，除常规试题外，老师还出了道难度较大的加分题，结果沛沛只解出了一步，而磊磊则成为班上唯一一个完美解开这道题的人。于是同学们自然而然就把"数学之星"的"殊荣"转给了磊磊。

爸爸认真听完了儿子的委屈，问沛沛："你喜欢数学吗？"沛沛点头说"喜欢"。"解数学题时，你是什么感觉？"沛沛想了想，说："解题的过程特别有趣，有点像名侦探柯南侦破案件一样，把看似隐藏起来的信息，通过已知的条件，顺着各种‘蛛丝马迹’给‘逮’出来。那一刻我感到特别爽。”

“对呀！”爸爸赞扬了儿子富有想象力的形容，说，“你能像一个侦探一样去解题，发现其中的奥秘，感受到了乐趣，这就说明你特别棒，是个善于思考和解决问题的人。至于是不是有人也很会解题，这次是不是做得更好，他能影响你是一个喜欢数学、善于解决问题的人吗？”“不能，我还是那个我，我一样能把数学学好！”沛沛开心地笑了。

你看，沛沛爸爸在引导儿子自我激励的过程中，既没有教孩子盲目地自我夸耀，也没有教孩子和别人比较而沾沾自喜，而是帮助孩子不断在做事的过程中看到自己的优势和进步，体验从付出到获得的过程，这种体验会带给孩子能力感和喜悦感，是自主动力的来源。

哈佛大学心理学博士，被称为“情商之父”的丹尼尔·戈尔曼认为，自我激励是情商的主要内容之一，可以让人们调动和控制自我情绪，产生充满自信、乐观的积极情绪。懂得自我激励的孩子，能够在逆境中鼓励自己，即使遭遇外界的贬低和非议，仍然可以保持对自我价值的肯定，追求自己的目标，因而拥有强大的自我保护的心理能量。

建立边界意识，维护自己的权利和底线

建立边界意识，父母不仅要让孩子对自己的身体有边界意识，更要重视建立内心的边界意识。这要求父母从小引导孩子了解什么是自己的权利，尊重孩子的权利，分清什么是父母的事，什么是孩子自己的事。

或许跟受到儒家传统提倡的“仁者礼让”思想有关，我们这一代人，从小就被教育要懂得“谦让”“分享”，很多小孩子在学会数数之前，“孔

融让梨”的故事就已经烂熟于心。然而，缺乏了权利意识的“谦让”，不但不能让孩子真正体验到分享的快乐，反而伤害了孩子自身的价值感，他会相信自己无足轻重，别人比自己重要，那么他的内心始终充满匮乏，常被自卑所包围。

我自己是经历了很多挫折才终于深刻地明白这个道理的。我也是在被教导要“谦让”的环境中成长起来的，小的时候经常被周围的成人强迫“分享”。印象最深的一次是，我不同意把奶奶给我的一块肉骨头让给表妹，妈妈狠狠地打了我一巴掌，并把肉骨头从我手里夺走，塞到表妹的手里。我当时委屈得大哭，大人们却放下心来，他们相信我慢慢会懂得“谦让”的道理。

于是，我逐渐养成了一个习惯，但凡和家里的表弟、姐妹们分东西，我总是等到大家挑完后，再默默地把剩下的那份拿走；学校每学期发新课本，哪怕传到我这里还有好几本，我也一定会选一本最破的，才能放心收好。仿佛只有这样，内心才会获得安宁。我一直被自卑感所裹挟，总觉得自己不配得到好的，唯有处处谦让才心安理得。

直到上了六年级，一次我独自去天文馆玩，被一群孩子中间的透视镜吸引住了。耐心等待了好久，好不容易等到那些孩子扔下透视镜去了别的地方，我趴到透视镜前，从中望去，啊，可以看到八大行星的运行轨迹。正当我打算看仔细些时，旁边响起了一个成人的声音：“小姑娘，让小弟弟看一下好吗？”我回头一看，一位爸爸领着一个小男孩急切地望着我。按以往的习惯，我会马上把透视镜让给他们，但不知怎的，好奇心战胜了心中的不安，我对那位父亲说了句：“叔叔，等我看完后就给你们看。”然后，就继续趴到透视镜前仔细地看起来，父子俩也耐心地在一旁等待着。那天，我满意地使用完透视镜，把它让给身后的父子时，不知怎的，一种特别喜悦的感觉充满了胸膛，回家的路上，感觉头也抬得比之前高了。

成年后，再回头来看这件小事，我终于明白了那种美好感觉的来源，并不是因为看到了行星运行轨迹，而是在维护自己的权利后，头一次有了那种充实而自信的力量。只有当一个孩子了解自己的权利是什么，享受到被尊重的感觉，可以理直气壮地维护属于自己的权利时，他才能实实在在地理解分享和尊重他人的意义。

成人需要引导孩子从小就认识并维护自己的权利，并尊重他人的权利。0～3岁的孩子，对自我认知的能力尚处于萌芽阶段，语言的发展和使用也相对较弱，这时就需要借助成人的力量，成人既要给予孩子安全感（告诉他“别担心，爸爸妈妈在你身边”），又要为孩子做出维护自己权利的良好示范。

例如，当自己家孩子的玩具被别的孩子随便抢走了，你可以当着孩子的面对那个孩子（或家长）说：“这是我家乐乐的画笔，你不能随便拿哦，你要想用，要问问乐乐愿不愿意借给你。”相反，如果是自家孩子抢了别人的东西，你也需要教给孩子如何尊重别人的物品所有权。

4岁以上的孩子，语言表达能力已经发展到一定程度，你需要多让孩子练习自己维护权利和表达需求。比如，在上一篇中，我建议父母平时通过亲子游戏的方法，让孩子练习勇敢地大声向对方（侵犯人的一方）说“这是我的橡皮，你不能随便拿，马上把它还给我”，从而维护自己的权利。

培养批判性思维，让孩子拥有质疑的勇气

关于这一点，很多父母都会感到困惑：培养孩子批判性思维，允许他质疑，这不就是鼓励他顶嘴，不听话吗？我想说，这种判断大概是对批判性思维的一种误解。批判性思维简单来说，是一种对思维的反省能力，是一种包含了对事物解释、分析、评估、推理、假设、验证等多种认知过程

的综合技能。

由此可见，一个拥有批判性思维的孩子，并非只会单纯地反驳、顶嘴，相反，这样的孩子往往对事物充满好奇和探究精神，喜欢直面问题并进行理性的思考，而不会被他人的言语困住头脑。让孩子拥有质疑的勇气，其实就是让孩子从小养成这样一个习惯：善于独立思考，并大声阐述自己的想法，不轻易把做判断的权利交给他人。这样的孩子往往拥有稳定的自我意识，在困难和霸凌面前，能够凭着强大的自信和主场意识，形成良好的自我保护机制。

一个孩子的批判性思维能力并不是一朝一夕形成的。我们已经知道，批判性思维是一种综合的认知能力，这就需要父母在日常与孩子相处的过程中，有意识地引导孩子进行练习。

1. 认真对待孩子的提问

不少父母面对孩子各种各样问题的时候，总是喜忧参半，喜的是孩子比较好学，忧的是孩子没完没了地提问，容易把自己搞烦，于是常用敷衍的态度面对孩子的提问，而敷衍和轻视正是孩子提升学习兴趣和思维能力的最大杀手。

其实当孩子提问的时候，恰恰是培养孩子思辨能力的最好时机。比如，一个孩子问妈妈："为什么始祖象不像现在的大象，有那么长的鼻子啊？"这位妈妈就带着孩子去动物园观察和思考大象的长鼻子可以用来做什么，然后，又带着孩子上网和去书店查阅资料，了解始祖象的生活环境是什么样的。通过这个过程，孩子不断丰富自身的知识，提升探究事物因果关系的能力，尤其是当他自己发现答案的时候，眼里的那种自信和满足感，绝不是被父母随便敷衍就可以获得的。

2. 鼓励孩子质疑并给出理由

父母和孩子交流，或者与孩子一同读绘本和做游戏，都是很好的培养他质疑能力的好机会。在和孩子读绘本的时候，我们可以通过提问，引导孩子不拘泥于书本的结论，而是充分发表自己的见解，寻找其他可能的答案。比如，你可以问："如果你是大灰狼，会用什么方式进入小猪的屋子？""三只小猪还可以用什么方法打败老狼？"当孩子对父母的要求提出反抗时，我们也可以利用这个机会引导孩子去分析和思考问题。比如，你可以这样说："嗯，你觉得你的方法比妈妈的好，能告诉我这个方法好在哪里吗？"通过不断地练习和复盘，孩子会逐渐养成对自己和他人的结论进行思考、推理和验证的习惯，慢慢地，孩子不但掌握了逻辑判断的方法，更建立起一套不被他人左右的积极的自我评价体系。

有位男孩的妈妈给我讲过这样一件事，这个男孩在8岁的时候查出右眼偏弱视，需要每周有5天遮住好眼，练习用弱视的眼睛看东西。一天，妈妈接到老师的电话，说班里有好几个调皮的孩子取笑这个男孩为"独眼龙"，没想到老师还没有来得及干涉，这个小男孩自己就化解了危机。原来，这个小男孩平时很爱读书，父母也经常鼓励他用自己学过的知识去探究问题的本质。所以，当听到别的孩子喊自己"独眼龙"时，他不慌不忙地告诉那几个孩子："你们知道什么是'独眼龙'吗？独眼龙是古代一位射箭名将的外号，因为他射箭时总是闭着一只眼瞄准目标，又快又准，从来不会失手。所以，你们是想说我像他一样很厉害吗？"那些取笑他的孩子听了后自感无趣，渐渐地，也就没有人这么叫了。

老师听见后，不得不佩服他小小年纪就能如此泰然自若，并不会因为别人的嘲笑和不认同就自我否定，相反，还能用丰富的知识和理性的思考来阐述自己的见解，有勇气对嘲笑自己的人说："你说的不算，我有我自己的判断。"

这样的孩子，拥有积极稳定的自我认同感，在成长的道路上，会越来越多地积累自我保护的心理能量。

新时期，如何培养男孩和女孩的社会适应能力

一位爸爸给我留言，说上个月妻子刚刚给他生了个可爱的“小棉袄”，望着孩子萌萌的小脸，初为人父的他抱起孩子就舍不得放下，发誓要尽洪荒之力给女儿提供最好的教育。于是他问我，有没有什么好方法，可以把女儿培养成一个高情商、快乐、有良好社会适应性的孩子？

其实，培养一个高情商的孩子，方法是否合适、有用，永远比所谓的正确更重要。现在我借着这位爸爸的话题，从女孩和男孩性别差异的角度，谈谈在新时代如何根据这两种性别的心理发展特点和需要培养孩子的社会适应能力。

如何增强女孩的自尊和勇气

心理学家曾做过一个关于男女性别在自尊问题上的纵向研究，发现孩子在小学时期，自尊水平差距不大，但是随着年龄的增长，尤其是进入青春期之后，男孩的自尊水平倾向于增加，而女孩却在降低，而且两者之间的差异非常明显。

什么是自尊呢？就是一个人如何看待和评价自己的一种核心信念，你是否对自己有积极的态度，感到自己是独特的、有价值的人。

男孩和女孩之间自尊感的差异有两方面的原因：一方面是生理原因，在女孩的大脑中，负责表达和处理复杂情感的区域更发达，这会使她们比男孩更容易对挫折感到沮丧、忧虑和恐惧；另一方面是社会原因，传统观念对女性的评价，例如只有漂亮、温柔才有价值，女性能力没有男性强等，都可能影响女孩对自我的认同。

那么我们该如何培养女孩的社会适应性，增强她们的自尊和勇气呢？可以从以下三个方面入手：

1. 鼓励孩子独立思考，给予孩子更多的自主决定权

不少父母夸奖女儿，习惯用“乖”“听话”“懂事”来形容孩子。实际上，大部分女孩也确实显得比男孩更容易接受指令，这是因为跟男孩相比，女孩先天对听觉信息和语音语调更敏感。但是，过度强调让女孩听话、顺从，不但难以让孩子在成长的过程中发展批判性思维能力，让孩子缺乏自主性，变得人云亦云，更糟糕的是，孩子会因为缺乏表达意见、想法的能力和勇气而感到自卑，即使做得再出色，也会因为担心自己不优秀，达不到别人眼中的“完美”，而难以获得自我掌控感。

2019年年底，北大女生包丽因为不堪男友精神控制而自杀的事件轰动了全国。很多人除了为包丽美丽而短暂的一生扼腕叹息之外，也不免产生困惑：一个学法律的天之骄女怎么会一步步走入他人布好的精神摧残的陷阱，甚至甘愿相信自己是一块垃圾？虽然我们无法了解她具体的成长经历，但是有理由相信，一个孩子，只有当她从小建立起独立的思考能力和稳定充分的自我评价体系，成年后才不会因为他人的贬低、评判和指责，就轻易改变对自我的认识。

这就要求父母在和孩子相处的过程中，放弃强大的优越感，以一种平等的姿态认真专注地倾听孩子的想法。哪怕孩子的想法在你眼里是可笑的、不现实的，但是如果你能以欣赏的眼光去捕捉孩子话语中的闪亮之处，以及她行为背后的心理需求，孩子就能充分地感到被尊重、被接纳的力量，她会挺起胸膛自由自在地表达自己的想法，而不用担心被责骂和评判，在这个过程中，孩子的自信也将一步步建立起来。

如果你觉得孩子的想法中有不现实的地方，可以在认真倾听完她的想法后，再引导孩子针对这件事本身（而不是让孩子感到你在评价她这个人）进行更深刻的思考。

一位妈妈和 7 岁的女儿去参加学校举办的特卖会，女儿执意要用她精致的玩偶去换同学的一盒装饰用的珠子，显然，那盒珠子的价值远远低于她的玩偶。

妈妈并没有马上劝阻女儿，告诉她这个交易是不等价的，而是用好奇的口吻问女儿："你为什么想要那盒珠子呀？"女儿说，她要用那盒珠子装饰她很重要的一个手工课作品。妈妈觉得女儿说得很有道理，因为女儿的手很巧，她也特别喜欢做手工。于是妈妈接着问："但是，你也很喜欢你的玩偶呀，一定要用它换吗？"女儿很认真地回答："可是我觉得那盒珠子更重要，而且我也答应同学用这个玩偶换了，说话要算数呀！"

最后，女儿高高兴兴地用她的玩偶换了珠子，回家去装饰她的手工作业了。这位妈妈只是提出了她的疑问，引导女儿去思考。但是在女儿心中，手工作业和友情的价值要远远大于这个玩偶，这是女儿自己的选择，所以她很尊重女儿的决定。

父母从小就要给女儿创造更多的选择和自我决定的机会，这会激发孩子创意性的想法和主动学习、积极表达的欲望，孩子在今后的成长中才会变得更自信。这体现在孩子日常生活的各个方面。

在陪女儿玩游戏时，你要注意，尽量少给她明确的指导，比如，避免直接和孩子说：“咱们来玩厨房游戏吧，你当厨师！”而是让她拥有充分的自主选择权。

你可以这样和孩子说：“哇，这儿有好多漂亮的积木呢，你想要用它们做什么呢？”让孩子来指导游戏，你要跟着她的思路走。

平时对于孩子自己的事情，父母也需要多去引导和鼓励孩子表达自己的想法，给她做选择和决定的机会。

2. 多给女儿提供挑战和探索世界的机会

研究发现，在遭遇考试失败时，女孩更倾向于采取永久性的向内归因，认为自己能力不行，而男孩则容易采用暂时性的归因，比如，认为只是这一次准备不充分。在这种情况下，仅仅给女儿口头的鼓励是远远不够的，父母要提供更多的机会，带孩子勇敢地探索和挑战世界，让她对自己的能力充满信心。

你可以利用节假日的时间，带孩子参加一些社会性的活动或志愿者活动，也可以做一些挑战型的运动，比如滑雪、登山或一些球类运动。在这些运动中，让孩子体验不断迎接困难和挑战的感受，跌倒后再爬起来，一步步坚持，直到最后能力逐渐增强。

一位爸爸曾在一档电视节目中回忆了他女儿的成长故事。虽然女儿从出生起就患有先天性疾病，但这一点都不影响她长成一个健康阳光、充满自信的女孩。事实上，从女儿 1 岁半起，爸爸就开始带她去爬山，后来父女俩几乎每隔一两个月就会去爬一次山，到了 5 岁时，女儿就可以完全靠自己徒步征服海拔 2000 米、行程 17 公里的高山了。

此外，爸爸还带女儿到北京十三陵水库，做二十四节气科学观察，收集气温、水温数据和动植物标本。坚持了 7 年，二十四个节气，共 160 多次，风雨无阻，从未间断。这些不但提高了女儿的身体素质和克服挫折的能力，而且让她形成了自信、独立、勇敢、坚毅的性格，这都是影响她一生的宝贵财富。

3. 帮助孩子理解“美丽、漂亮”的多种内涵

从前面的章节中咱们已经知道，要尽量少表扬孩子“聪明、漂亮”这样天赋类的特征，以免孩子在做事时过度在意表现目标而非掌握目标。然而，在女孩的成长过程中，传统价值观的影响、社会媒体的宣传和同伴间的比较，很难让她不去关注外表。但是作为父母，你可以帮孩子理解“美丽、漂亮”的多种内涵。

比如，你可以告诉孩子：“刚才练琴时，那么难的曲子，你一直坚持没放弃，你侧着头认真练习的样子真美。”

“今天妈妈去教室，看到你认真帮同学讲数学的样子，觉得我女儿怎么这么好看呀！”

“哇，你搭配的这身衣服很有创意呀，又精神又漂亮！”

这样，孩子就知道了，漂亮不仅指外表的美，更意味着认真、坚持、善良、助人、会思考、有创意。

帮助男孩有效释放精力和建立责任感

说完女孩，咱们再来聊聊如何培养一个具备社会适应性的男孩。

我居住的地方是一个比较大的小区，每天晚饭后到天黑之前的一段时间，小区的院子几乎成了孩子们的乐园。这时若是从楼下经过，定要眼观六路、耳听八方，稍不注意，就可能从什么地方冒出个虎头虎脑的小家伙儿，撞到你身上，吓你一跳。放眼望去，在院子里尖叫着，相互推推搡搡、追逐打闹的几乎是清一色的男孩，大部分女孩都在一旁玩着公共运动器械或做着有规则的游戏。

养过男孩的父母们都有这样的体会，男孩确实比女孩好动些，也更容易被动态的事物吸引。男孩的大脑天生对空间比较敏感，因而比女孩需要更广的空间。尤其是在工作和学习的时候，如果把男孩限制在狭小的空间里，比如，让他乖乖地坐在书桌前不许动，他很容易感到无聊和焦虑，因而坐立不安，四处乱动，学习效果也会大打折扣。这也就是为什么男孩在课堂上更容易出现各种违反纪律的行为。

此外，男孩大脑前额叶皮层的发育相对女孩要慢一些，这就导致男孩6岁之前在自我调节和情绪控制方面相对较弱。当然，这些情况只是暂时的，只要引导得当，男孩会在之后的成长中迅速追赶上来，并展现出自己的优势特点。这就需要父母在男孩成长的不同阶段，发挥各自的教养优势。

1. 妈妈和男孩的互动

很多男宝妈都抱怨儿子没有女儿好带。在我经手的案例中，当妈妈们迫切期望自家的男宝能够早点独立、懂事时，都很容易陷入两种矛盾的大坑中。一种坑是行为上的替代。看到孩子做事无法达到自己的预期，就急着上手去替孩子做，好像你替孩子把事情做了，就等于孩子会做这件事了。我见过不少已经考上大学的“天之骄子”，还要把自己的脏衣服带回家让父母清洗，这就太夸张了。

另一种坑是语言上的否定和控制。不少妈妈一看到孩子身上各种不对的行为，就忍不住在旁边批评和指责。你可能会说，孩子身上有问题，难道不该给他指出来吗？纠正孩子的错误自然没有问题，关键是要看你批评孩子的方式能否达到纠正他错误的目的。

那么，妈妈们怎么做才能培养出高适应力的男孩呢？我的建议如下：

· 不娇惯也不强迫，为孩子的成长搭“台阶”。

我们已经知道了在各个阶段培养孩子独立性的最好方式，那就是一步步帮孩子“搭台阶”，引导孩子不断缩短他的现有水平与较高一级水平之间的差距。这既可以体现在你对孩子行为的引导上，也可以表现在培养孩子独立思考的能力上。

我有次去朋友家做客，午饭前我看见朋友不满 2 岁的儿子奇奇正站在洗手池旁发愣，见我过去，他一边冲我张开双臂，一边说：“洗手，抱。”意思是让我帮他洗手。朋友正在厨房忙着，撇头看见儿子，就对他喊：“奇奇先让阿姨洗，等会儿妈妈给你洗。”我观察了一下，水池虽然不高，但奇奇还是够不到，如果把旁边的一个凳子搬过来，让奇奇站在上面，这个高度就应该够了。我把那个小凳子拿了过来，放在了洗手池前，用微笑的眼神鼓励奇奇，奇奇看看凳子又看看我，犹豫了一下后，真的自己爬上了凳子，这个高度刚好可以够他伸出手拧开水龙头。我走过去和他一起洗起了手，他也学着我的样子，擦了香皂，搓了小手。那天孩子特别兴奋，不停地张开小手让他妈妈看，这是他第一次自己洗干净的手。

除了行为，在孩子独立思考的能力方面，建议妈妈们多用启发式的疑问句引导孩子，而少用命令性质的祈使句和指责性的反问句。

有位妈妈和我抱怨，儿子总是因为上课随便讲话而被老师留堂。妈妈的做法是每次把儿子训斥一顿，勒令他马上改正。比如，“和你说过多少次了，你每次都和我保证上课一定不乱说话了，结果呢？以后你要再被老师留堂，我就不去领你了，我丢不起这个人！”如果我们总是用这种方式训斥和强迫孩子改正问题，效果往往适得其反，孩子会无意识地相信自己就是一个不招人喜欢、难以自控的人，这反而会令他丧失自信，用更加逆反的行为来保护自己。

所以，在孩子面临困难和问题的时候，你要根据孩子当前的能力水平，引导他自己思考问题的原因和解决问题的策略，也就是运用本书之前提到的“最近发展区”的理论，不断地用启发式问话的方法，帮孩子找到他“跳一跳，够得到”的小挑战，并鼓励他去接受这个挑战。

“我知道你上课说话大部分时候都不是故意的，你能回忆一下，什么时候你最忍不住想要说话吗？”

“咱们来头脑风暴一下，看看有多少好方法，能够让你管住自己的小嘴巴，怎么样？”

可以想象，当一个孩子遇到困难时，首先选择的不是逃避和依赖大人，而是不断尝试用各种方法去解决问题，积累越来越多战胜困难的方法和经验，那么他的意志会在这个过程中获得锤炼，自尊和自信也会逐步建立起来。这正是孩子成长的必经之路。

· 学会适当示弱。

我辅导过一个初一的男孩，之前学习成绩比较差，每天回家总想着怎么糊弄老师，少做一点作业，和父母的关系也比较紧张，尤其是和妈妈，他总嫌妈妈管他太多，干涉他的自由。有一次，他妈妈不小心把手臂摔骨折了，而爸爸又恰好在外地负责一个产品项目。爸爸匆忙地赶回家把他妈妈安排了一下，马上又要回到工作中去。

在我的建议下，父子俩做了一次恳谈，爸爸对儿子说：“儿子，爸爸需要你帮我做一件事——照顾好妈妈，我们把这作为男人之间的约定，你看可以吗？”这个孩子郑重地答应了爸爸的请求。但是，已经习惯处处为儿子操心的妈妈却不放心。她问我：“老师，这孩子平时我催他、管他，他都不动，我一病他还不放羊了？”我告诉这位妈妈：“你既然现在需要休息，就扮演好病人的角色，让孩子扮演好照顾者的角色，看看会发生什么变化。”

他妈妈只好将信将疑地放手让儿子去“操心”，刚开始几天，男孩还不以为然，后来看妈妈真是疼得很厉害，他就想起和爸爸的约定，开始学着买菜、做饭，照顾妈妈。说来也怪，原来他妈妈催他、管他，他都不愿写作业，现在反而能够按时完成了。

我问这个孩子："是什么让你有这么大的动力，既能把妈妈照顾好，还能自觉学习呢？"孩子不好意思地挠着头说："我答应我爸要照顾好我妈，可不能食言啊。我要不好好完成作业，老师在这个时候请家长，那还不得把我妈气倒啊？我不想让老师抓到把柄。"结果，因为这段时间的努力，孩子做了那么多家务，学习成绩反而提高了一大截，他在学习上找到了自信，也学会了承担责任。

当然，我可不是说家长一定要靠生病才能让孩子成长。但是，妈妈一定要学会适当地弱化自己的角色，比如，告诉孩子，妈妈今天特别累，需要他去承担一下家务；或者家里要决定什么事，也让孩子参与进来，耐心地去听他的意见。当孩子感到他很有能力去做一些"妈妈做不好的事情"，自己有了更多承担责任的机会，他才能真正对自己建立责任意识。

《养育男孩》一书中有这样一句话："每个男孩心里都住着一个男子汉，妈妈要做的，就是给予他尊重，帮助他成为他心中的男子汉。"希望妈妈能适当地放手，尊重自己的孩子，让他健康成长。

2. 爸爸和男孩的互动

在我经手过的案例中，不少妻子都会抱怨丈夫对孩子的照顾过于粗线条，拿孩子当"猪"养。其实，恰恰是父亲这种粗线条的养育方式，给予了男孩成长需要的空间，也为男孩提供了最直接的男性榜样。

著名教育家卡尔·威特说过："儿子总会向他的父亲学习，父亲不仅是儿子最初的教师，还是他可以学习的榜样。"事实上，男孩对自己的性别认同，以及责任感和价值观的建立，都离不开父亲的榜样作用。

研究发现，每天被父亲陪伴不少于 2 小时的男孩，比那些每天和父亲接触不足1小时的孩子，有更融洽的人际关系和良好的抗压能力。当然，如果你是孩子的爸爸，就要知道陪伴孩子最重要的不是时间，而是质量。在陪孩子的时候，你需要放下手头的工作，远离手机和电视，全身心地投入。

· 鼓励孩子在做中学。

给男孩提供更多的身心独立空间，给他设计一些安全保护的规则范围，尽量不限制他的创造性活动，提供更多机会，允许他通过跑、跳、攀爬等各种运动来释放精力。

而且，要想启发男孩学习的积极性，通常需要给他更多的触觉和运动感知的体验。爸爸可以利用这一特点，多带孩子通过动手操作进行体验式学习。比如，通过做各种动力机械模型，让孩子学习物理知识；通过旅行，让孩子体验各种风土人情、历史文化。

我有个小外甥，几乎每个假期父亲都会带他出门旅行，而且要去什么地方、如何策划路线和做攻略，小家伙都想要积极地参与进来，提出自己的意见和想法。孩子还不到9岁时，爸爸就把做旅行策划的任务交给了他，为此他还去查阅了不少旅行信息。正因为亲身体验过了，他对在旅行中学到的知识印象非常深刻，是班里的知识小达人。可见，足够独立的空间和自主决定的机会，对提升男孩的学习兴趣和自我管理能力具有非常重要的促进作用。

· 体育运动和团体活动。

大部分男孩为什么天生爱动啊？这是因为男孩血液中的多巴胺含量比

较高，这会增加冲动和冒险行为的概率。而且，男孩流经脑干的血流量比女孩多，这会使男孩容易处在比较活跃的状态。身体运动对男孩的心智发展是非常重要的。家长每天至少要保证孩子有 30 分钟到 1 小时的体育运动时间。

一般对于 4 岁以下的孩子，体育运动主要以练习跑、单双腿跳、拍球和做一些平衡运动为主。到了 4 岁以上，孩子身体协调能力有了很大发展，能够更好地控制身体，这个时候就可以视孩子的兴趣而定，和孩子玩一些互动性的游戏，如打羽毛球或者做一些类似于登山这种拓展类的运动。在运动过程中，你对孩子的引导和示范，在他遇到挫折时的积极鼓励，都会对孩子养成阳光、健康、阳刚的性格起到关键的作用。

另外，让孩子参加足球、篮球这样的团体运动，也对提升孩子的社会适应性非常有作用。这既可以有效地锻炼孩子合作、沟通和抵抗挫折的能力，又能让他理解纪律、规则的含义，正确地看待输赢，能为孩子未来的人际交往和职场合作提供非常宝贵的经验。